COLEÇÃO EXPLOSANTE

A REVOLUÇÃO MOLECULAR

FÉLIX GUATTARI

ORGANIZAÇÃO, TRADUÇÃO E PREFÁCIO
LARISSA DRIGO AGOSTINHO

7 PREFÁCIO, por Larissa Drigo Agostinho

[1] REVOLUÇÃO MOLECULAR E LUTA DE CLASSES

23 O fim dos fetichismos
35 As lutas do desejo e a psicanálise
42 Micropolítica do fascismo
63 Partido centralista ou máquina de guerra revolucionária
67 O capital como integral das formações de poder
91 Plano sobre o planeta

[2] A EUROPA DOS CAMBURÕES E/OU A EUROPA DOS NOVOS ESPAÇOS DE LIBERDADE

109 Sociais-democratas e eurocomunistas diante do Estado
125 Milhões e milhões de Alices em potencial
133 O encontro de Bolonha de setembro de 1977
152 Sobre a repressão na Europa
162 Como um eco da melancolia coletiva
170 Carta aos intelectuais italianos a respeito das prisões de 7 de abril
173 A autonomia possível

[3] MICROPOLÍTICAS DO DESEJO E DA VIDA COTIDIANA

181 Sentido e poder
198 Mary Barnes ou o Édipo antipsiquiátrico
211 A respeito da terapia familiar
215 Antipsiquiatria e antipsicanálise
224 A rede "Alternativa à psiquiatria"
228 Pelo 138º aniversário da lei de 1838
235 *Loucos de desamarrar*
238 Devir mulher
244 Devir criança, malandro, bicha
268 As drogas significantes
276 A miséria de hoje
279 A justiça e o fascismo ordinário
291 As rádios livres populares
297 Conclusão

APÊNDICE

303 Telegrama máquina: dezenove linhas-máquina
304 Túmulo para um Édipo
309 O dinheiro na troca analítica
312 O SPK (Heidelberg, 1971)
317 Os psiquiatras contra o franquismo (Espanha, 1975)
320 La Borde, um lugar histórico
329 A 17ª Câmara Correcional, 1974
335 A questão dos tribunais populares
340 Programa

343 *Sobre o autor*

PREFÁCIO
DIAGNÓSTICO, SÓ SE FOR SOCIAL
LARISSA DRIGO AGOSTINHO

1980 é o ano de publicação da edição francesa deste *A revolução molecular*. 1980 é o ano em que, por convenção, teve início o que chamamos hoje de neoliberalismo. O livro traça um diagnóstico do nosso tempo, antecipando muitas das questões que estão hoje no primeiro plano do debate político. Mas além de trazer uma avaliação da natureza dos problemas que ainda nos assolam, ele nos defronta com os limites das análises que continuamos reproduzindo.

O interesse deste livro é, por essa razão, duplo. Ele nos oferece um método, um pensamento filosófico e analítico que funciona criando conceitos para nos colocar diante do que ainda não fomos capazes de pensar, e esse método não se reduz a uma explicação abstrata, ele é produto de uma prática e impulsionado por ela. Um método de análise e ação, mas não um programa.

"Revolução molecular" é o nome de um duplo movimento, uma mutação no capitalismo e no interior da vida social. Guattari analisa essa transformação como militante de esquerda e psicanalista, como marxista, e esquizoanalista. Essa análise vai justamente partir dos pontos cegos da psicanálise e do marxismo, o que envolve traçar uma crítica dos limites do estruturalismo em ambas.

Nesse sentido, a esquizoanálise indica um ponto de virada no interior de certa tradição psicanalítica que vai de Freud a Lacan, passando por Reich. Ela surge da impossibilidade de unir marxismo e psicanálise, da necessidade de criar conceitos necessários para pensar o desejo dentro da vida social e não apenas do ponto de vista do indivíduo. Mais do que isso, porém, ela produz uma análise renovada da vida social, política e econômica mediante uma crítica da teoria marxista (e althusseriana), pensando o capitalismo a partir da perspectiva subjetiva. Trata-se de articular a transformação social com a transformação subjetiva, seja ela uma mutação nas formas de servidão ou na forma de reivindicar e lutar por liberdade e igualdade.

A primeira edição francesa do livro foi publicada em 1977 pela *Recherches*. A versão de 1980 publicada pela Éditions 10/18, que serviu de base para esta edição, foi bastante reformulada por Guattari: os textos que discutem semiótica foram excluídos e os ensaios de intervenção e de análise de conjuntura adicionados.[1] Para esta edição brasileira, acrescentamos como apêndice alguns dos textos mais relevantes da edição de 1977, os quais traçam um diagnóstico clínico do que foi feito de melhor em termos de luta, teoria e prática antimanicomial ou antipsiquiátrica na Europa: o SPK alemão, a clínica de La Borde, a luta contra o franquismo e a psicoterapia institucional. Há ainda as notas de Félix Guattari a respeito do julgamento de um processo contra a revista *Recherches*, produto do trabalho do coletivo CERFI, que na época ainda recebia financiamento público.[2] Trata-se do julgamento do dossiê "Três bilhões de pervertidos" (como eram chamados os homossexuais pela psiquiatria e pela psicanálise), um número dedicado à homossexualidade, em que os "pervertidos" falam sobre sua própria sexualidade.

---

1   Em 1981 foi publicada pela editora Brasiliense uma edição de mesmo título com seleção de textos e tradução de Suely Rolnik. Dos 25 textos presentes naquela edição, 17 estão reproduzidos aqui. Outros podem ser encontrados na coletânea *Psicanálise e transversalidade* (trad. Adail Ubirajara Sobral e Maria Stela Gonçales. São Paulo: Ideias e Letras, 2004).

2   O Centre d'Études, de Recherches et de Formation Institutionnelles [Centro de estudos, pesquisas e formação institucional] foi um coletivo de pesquisa em ciências humanas fundado por Félix Guattari e ativo entre 1967 e 1987. O centro reunia colaboradores de diversas áreas, como filósofos, sociólogos, economistas e urbanistas. Entre seus colaboradores mais conhecidos está Gilles Deleuze, Guy Hocquenghem e Michel Foucault.

A segunda parte do livro reúne textos "de circunstância". Eles tratam do movimento autonomista italiano e das prisões de seus representantes na década de 1970, do filme *Alemanha no outono*, do debate sobre a luta armada na Alemanha e em outros países da Europa. Alguém poderia questionar o interesse desses textos hoje, à primeira vista "datados", contudo, tais textos são significativos não apenas como documentos que recuperam uma história que muitos gostariam que tivesse ficado definitivamente para trás (como a experiência da autonomia italiana), mas também pelas conclusões e pelos acertos nas análises de conjuntura – ainda pertinentes e ainda raras, mesmo para quem conhece a fundo a bibliografia sobre esses temas. Eles trazem igualmente uma contribuição metodológica. É por meio da leitura de textos de análise de acontecimentos cotidianos que podemos observar esse método guattariano, que parte sempre do menor para o maior, do particular para o geral, do molecular para o molar.

Na terceira parte do livro, que reúne diversos desses casos "moleculares" que servem para pensar o mais global, está "O ódio de Troyes" (p. 284), uma análise do assassinato de uma criança que teve extensa cobertura na imprensa francesa em 1976. O autor parte desse acontecimento, ocorrido na cidade de Troyes, para teorizar sobre um movimento coletivo, fascista, desencadeado por um "amplo consenso repressivo". Por que casos como esse despertam a fúria e o desejo de repressão? Porque eles mostram que o horror pode habitar o coração do modelo branco dominante adulto normal pequeno-burguês. Tomando um caso aparentemente isolado, Guattari se propõe pensar a sociedade e seu funcionamento como um todo, recusando-se a entendê-lo como exemplo de microfascismo ou regressão. Ele identifica ali o surgimento de um novo fascismo baseado na fusão do Executivo e do Judiciário.

O papel que o Executivo passou a assumir nesse momento, procurando controlar os "sentimentos do povão", é duramente criticado. Todas as formas de racismo e preconceito, todas as formas de microfascismo que levam ao que ele chama de "racismo contra o jovem, contra o árabe, contra o judeu, contra a mulher, contra o gay, contra qualquer coisa..." [p. 286] são

9

capturadas por essa operação, que, conforme mostra Guattari, mais legitima do que ameaça o poder das instituições, do Executivo, do Judiciário e do Legislativo.

Eis a importância do conceito de autonomia em Guattari. É preciso enfrentar o sistema de delegação do poder que nos exime de tratar dessas questões nos espaços onde elas ocorrem, que nos impedem de nos responsabilizarmos e de nos mobilizarmos efetivamente em torno das possíveis soluções. O fascismo se alimenta, portanto, de uma estrutura de poder que não difere daquela vigente em uma suposta democracia, na qual o poder, assim como nas ditaduras, é delegado a um ou a alguns poucos.

Guattari salienta que essas questões sempre foram deixadas de lado pelo marxismo e pelo movimento operário, que chegava até mesmo a evocar a noção de justiça popular, a despeito das denúncias constantes que fazia sobre a estrutura e o funcionamento da esfera jurídica. Ao longo das últimas décadas, com a defesa da continuidade dos poderes constitucionais, a esquerda tendeu a evadir a questão fundamental de como lidar em um nível de proximidade humana, no plano da vida diária, com problemas cujo encaminhamento é comumente terceirizado para esses poderes, como casos de brutalidade, estupro, tirania, entre outros. É ingênuo imaginar que, de um momento para outro, o "povo" vai começar a fazer uma "boa justiça", uma "boa escola", um "bom exército" etc. São a justiça, a escola, o exército, o escritório enquanto tais, sugere Guattari, que devem mudar.

O objetivo desta publicação é também expandir e transformar a recepção da obra de Félix Guattari no Brasil e impulsionar outras maneiras de pensar sobre o lugar da psicanálise na construção de diagnósticos e análises da vida social. A popularização do termo "micropolítica" se deu no mesmo cenário em que floresceram no mundo as lutas de desejo. Ou seja, o que vimos desde então foi uma tentativa cada vez maior de expor o caráter político de certas dissidências dentro da vida social, politizar a sexualidade, politizar as relações homem-mulher. Não mais tratar os assuntos que dizem respeito à família e aos casais como questões privadas e sim como questões que dizem respeito ao conjunto da sociedade. Tratava-se sobretudo de reconhecer o caráter político das questões em torno do desejo. Mas agora talvez possamos dar um passo além e entender a complexidade desse quadro que começava a se desenhar nos anos 1970 e dentro do qual estamos cada vez mais imersos.

———

Maio de 68 é ao mesmo tempo a expressão da falácia da social-democracia europeia e o último suspiro de uma contestação seguida por uma reação ou contrarrevolução. Veio uma crise econômica, em geral assinalada em 1973, mas que é também a expressão de uma crise produzida pelo fim da colonização na África e no Sudeste Asiático. A Europa perdeu muitas de suas colônias, era preciso todo um reajuste econômico e político. Como ela manteria a hegemonia depois dessa perda? A última experiência desse calibre ocorrera com as independências na América, contemporâneas da Revolução do Haiti e da Revolução Francesa. E se engana quem acredita que esses grandes movimentos de transformação econômica e política não são acompanhados de grandes transformações nas maneiras de viver e desejar em sociedade. As guerras de independência na Ásia e na África vão produzir um novo ciclo de colonização que requer outras formas de intervenção, sobretudo em relação à população civil e sua administração.

Em "Plano sobre o planeta", Guattari destaca as transformações nas relações geopolíticas entre Leste e Oeste e Norte e Sul, alertando também para a criação de zonas periféricas e subdesenvolvidas nos países de Primeiro Mundo e zonas de superdesenvolvimento, principalmente tecnológico, nos países subdesenvolvidos, um processo que criou novas zonas e novas formas de superexploração do trabalho. Ou seja, já no início do neoliberalismo ele indicava a necessidade de considerarmos no plano internacional o trabalho e sua restruturação no capitalismo neoliberal.

Suas análises são originais porque buscam conjugar as lutas de desejo, que transformam a política, com o contexto social e econômico em que elas estão inseridas, quer dizer, ele busca compreender a relação entre o lugar dessas lutas e a perda de poder dos Estados e governos nacionais diante das redes capitalistas e multinacionais de poder. Perda essa que vai ficar cada vez mais acentuada ao longo das primeiras décadas do século XXI. No interior do projeto neoliberal, ou no contexto das revoluções moleculares, o que vemos é "a decadência dos capitalismos de Estado em benefício de tecnoestruturas e de poderes multinacionais", ou seja,

> a desterritorialização dos centros de decisão em relação às entidades nacionais é acompanhada da promoção relativa de um certo número de países do Terceiro Mundo, correlata de uma tensão durável sobre o conjunto dos mercados de matérias-primas; de uma pauperização absoluta de centenas de milhões de habitantes desses países que não participam da decolagem econômica; de uma superexploração de regiões. [p.94]

Nesse ensaio, ele levanta duas hipóteses que podem até mesmo coincidir: a consolidação do capitalismo que ele chama de mundial, integrado, e a perda progressiva de poder e controle pelos poderes estabelecidos. A confluência desses dois fatores talvez seja responsável pelo que encontramos hoje no cenário global: por um lado, uma explosão de lutas, da Primavera Árabe ao *Estalido* chileno; por outro, a ascensão de governos fascistas. A oscilação entre esses dois polos se daria, segundo Guattari, a partir do equilíbrio ou do desequilíbrio entre três elementos: o domínio do consenso majoritário; as lutas sociais clássicas; as revoluções moleculares. Nesse cenário, em que as lutas sociais de caráter clássico foram cedendo terreno para novas lutas e o consenso majoritário foi progressivamente avançando para a direita, compreender como chegamos aqui é tarefa prioritária.

Operaísmo, autonomia e esquizoanálise

O que se chama "autonomia" foi uma ruptura ou um processo de radicalização da esquerda que começou em 1950 em Gênova, na maior manifestação contra o fascismo na Itália depois do fim da Segunda Guerra Mundial, retomando a luta antifascista num momento em que o fascismo voltava a ocupar lugares de poder nos governos. Essa extrema esquerda recusava as medidas de austeridade tomadas diante da crise econômica e a participação da esquerda na implementação dessas medidas; ela recusava uma aliança com a direita.

Em meados dos anos 1960, Mario Tronti, e com ele todo o operaísmo, apostava que a Itália atravessava o momento particular que precederia a estabilização capitalista em seu nível de alta maturidade. Da mesma maneira, o movimento operário italiano parecia se encontrar na fase imediatamente anterior ao assentamento social-democrático clássico. Tronti apostava que aquele momento da luta de classes na Itália tenderia a dividir esses dois processos, colocando-os em contradição com o objetivo de "atingir pela primeira vez, na base de uma experiência revolucionária original, a maturidade econômica do capital em presença de uma classe operária politicamente forte".

As lutas operárias se estenderam de 1969 até 1978, um período que pode ser dividido em dois momentos. O primeiro é o momento operaísta, orientado pela leitura de *O capital* feita por Tronti e pelas teorizações e práticas daí decorrentes, incluindo a copesquisa, uma aliança entre trabalhadores e intelectuais nas fábricas que rendeu valiosas análises da situação do operariado. Esse primeiro momento, que culmina com a greve na Fiat em 1969, enseja o momento autônomo, que visava a levar a luta na fábrica para a cidade. Se o operaísmo transformou a leitura de *O capital* a partir da realidade da fábrica, a autonomia trouxe para a cena política uma nova forma de organização. Ela se desenvolveu fora dos partidos e dos sindicatos, como uma esquerda extraparlamentar.

Esse contexto italiano é uma referência para a reflexão de Deleuze e Guattari. Em *O anti-Édipo* (1972), Deleuze define a

13

autonomia como uma transformação dos sujeitos políticos e das formas de lutas; seu trabalho com Guattari consiste em compreender as mudanças no capitalismo que levaram a essas transformações e suas consequências.

O movimento histórico de configuração do trabalhador livre foi um processo de espoliação radical. Para produzir um trabalhador livre foi preciso subtrair sua capacidade de produção, seu conhecimento, suas ferramentas de trabalho. O trabalhador perde a terra, deixa de ser proprietário dos materiais necessários para a produção e deixa de ser responsável pela distribuição e venda do produto do trabalho.

A tese mais radical de *O anti-Édipo* consiste em levar esse processo de desterritorialização, do ponto de vista simbólico, às últimas consequências, identificando-o com o processo mesmo de funcionamento do capitalismo. Os autores entendem que a sociedade capitalista é esquizofrênica na medida em que se constitui destruindo as formas de vida que a precedem, ao mesmo tempo que visa recorrer aos mitos que as sustentavam.

A revolução molecular continua esse trabalho iniciado em *O anti-Édipo*, mas à maneira guattariana, isto é, prolongando os argumentos apresentados em *Psicanálise e transversalidade* (1972) e conjugando diagnósticos, análises políticas e econômicas com estudos da vida social pensados do ponto de vista clínico ou psicanalítico. Guattari afirma que as sociedades capitalistas liberam o desejo como nenhuma outra formação histórica foi capaz de fazer, mas para controlar a reprodução social elas precisam encontrar uma forma de organizá-lo. A destruição dos territórios tradicionais que torna as forças produtivas capazes de liberar a energia molecular do desejo é um processo irreversível: "Ainda não podemos apreciar a dimensão revolucionária dessa revolução maquínica e semiótica". Mais do que exclusivamente um livro de filosofia, este é também um conjunto de textos de intervenção no debate público que nos mostra a forma como Guattari entendia sua atuação intelectual e militante. E podemos completar que essa revolução continua em curso com a internet e adquiriu outras proporções e outras dimensões que também não conseguimos avaliar. Certo é, e isso é muito interessante na análise de Guattari, que esse processo é acompanhado de um desenvolvimento das forças repressivas, que, por sua vez, tendem a se miniaturizar.

Transforma-se, com isso, o que entendemos por subjetividade, nosso lugar no mundo e nossa relação com ele. Daí o conceito de máquina, de máquina desejante. Pensar o desejo como um maquinismo significa apostar em um domínio que envolve "signos que não são simbólicos nem da ordem dos sistemas significantes do poder". Por outro lado, é preciso pensar a semiótica do poder, no interior da qual o sujeito deixa de ser um corpo, um dado natural e positivo, transparente, dotado de consciência e vontade para se transformar em uma engrenagem da máquina, em um resíduo da máquina social. Estamos cortados do mundo, separados dele, e esquizofrenia é o nome desse processo operado pelo capitalismo do ponto de vista social. Mas esse processo não é unicamente um processo de destruição de formas de vida e territórios existenciais, ele pode se tornar a abertura para a criação de novas formas de vida, com a condição de sermos capazes de resistir às recuperações territorializantes, às "diversas utopias do 'retorno a'. Retorno às fontes, à natureza, à transcendência...". Essas utopias, na realidade, só nos reconduzem a dicotomia e à separação entre o campo do desejo e o campo da produção reconhecidamente útil.

Além da experiência dentro e fora do Partido Comunista e de uma série de grupos de esquerda, Guattari era psicanalista, tendo trabalhado não só em consultório, como também na clínica de La Borde, onde viveu durante anos. Seus conceitos emergiram justamente de sua prática clínica no interior da psicoterapia institucional, que surge no contexto da Segunda Guerra Mundial, na clínica de Saint-Alban, onde pacientes, funcionários, médicos e não médicos se viram impelidos a participar ativamente da vida comum para garantir a sobrevivência do grupo. Saint-Alban se tornou assim um ponto especial de organização da Resistência Francesa, e François Tosquelles, a figura emblemática dessa experiência, pensava as instituições como espaços de liberdade onde era preciso vagabundear à vontade para que os encontros pudessem acontecer. Assim, em sua clínica, a relação analista-analisando não é tão central como no interior da psicanálise pensada a partir do divã.

A transferência transversal, que não se dá entre médico e paciente, mas entre pacientes ou funcionários da clínica, só é possível, no entanto, quando são rompidas as hierarquias entre médicos e pacientes e entre médicos e outros funcionários. Ela se tornou possível, portanto, dentro do contexto da autogestão, no interior das experiências da anarquia catalã. É nesse contexto que Guattari cria o conceito de transversalidade para pensar o funcionamento da transferência na clínica, conceito que se transformaria em método e finalidade das organizações e de seu pensamento clínico e filosófico. Uma transferência que não ocorre entre dois sujeitos separados por um suposto saber, mas transversalmente, entre pacientes, entre paciente e estagiário etc., permite a criação de laços que não obedecem necessariamente às hierarquias sociais e de poder. Daí seu interesse para o campo político. Guattari queria pensar de que maneira transformar organizações falidas e nada democráticas, como partidos políticos e sindicatos, em organizações políticas que não fossem nem verticais nem horizontais. É nesse ponto que se situa a transversalidade.

Vem daí também a centralidade dos grupos. A instituição na psicoterapia institucional é entendida como um espaço que faz um grupo, não um espaço fechado, mas um espaço que, por repetição, torna possível a constituição de laços, de relações transferenciais. O eu, o sujeito ou o indivíduo deixam de ser protagonistas da clínica. A esquizoanálise vai pensar justamente conjuntos sociais e formações históricas.

A questão que se coloca é a relação entre sujeitos e lutas coletivas. Deleuze e Guattari identificam uma contradição entre a psicanálise e o marxismo com base na indagação de Reich, fundador de clínicas sociais em Viena e Berlim nos anos 1920 e 1930: "Por que os esfomeados não roubam, por que os trabalhadores não fazem greves?". Em sua análise da psicologia do fascismo, Reich distingue, a partir de Freud, entre os investimentos libidinais, em sua maioria compostos de identificações imaginárias, e a racionalidade e concretude das posições de classe. A irracionalidade das identificações imaginárias leva a classe operária, assim como a pequena burguesia, a trair seus interesses racionais de classe. Vida social e vida libidinal se mantêm separadas e independentes entre si. Para Guattari, se quisermos de fato compreender a natureza da alienação, bem como dos processos de emancipação, é preciso criar conceitos que permitam pensar a vida social como resultado do desejo, como produzida pelo desejo. Aqui retornamos ao surgimento da esquizoanálise como campo, justamente no ponto inassimilável entre marxismo e psicanálise. Se Guattari é tão incisivo em suas críticas contra o freudismo e a centralidade do complexo de Édipo é porque, para ele, "a própria ideia de uma teoria e de uma separação entre um exercício privado do desejo e um campo público das lutas de interesse conduz implicitamente à integração capitalista" [p. 25].

A esquizoanálise é assim concebida como:

> uma luta política em todos os *fronts* da produção desejante. Não se trata absolutamente de restringir-se a um só domínio. O problema da análise é o do movimento revolucionário. O problema do movimento revolucionário é o da loucura, o problema da loucura é o da criação artística... A transversalidade exprime precisamente esse nomadismo de *fronts*. O inconsciente é, antes de tudo, um agenciamento social: o agenciamento coletivo das enunciações virtuais. [p. 29]

A esquerda institucional e o horizonte de ruptura

Em "Sociais-democratas e eurocomunistas diante do Estado", Guattari se debruça sobre a esquerda institucional. Embora datado dos anos 1980, o ensaio continua relevante. Para o autor, ao buscar consenso e hegemonia, a esquerda acaba minando as possibilidades de invenção dentro do próprio campo e criando a sensação cada vez mais aguda de que não há esperança de uma grande transformação como resultado das urnas. Soma-se a isso o uso da grande imprensa e da indústria cultural, ou ao menos de sua linguagem e semiótica. Guattari mostra como a esquerda institucional contribui para os processos de homogeneização produzidos pelo capitalismo, apontando os fatores de desmobilização: o eleitorado vai se tornando cada vez mais passivo.

Guattari discute então os limites de um governo de esquerda (apontando sua tremenda eficácia em conter todo e qualquer radicalismo à esquerda, sempre que ocupou o poder), salientando as limitações de suas ações e o caráter falacioso de suas promessas. "De que meios dispõem os dirigentes dos partidos de esquerda para intervir na crise, para intervir a respeito da sabotagem dos patrões e dos meios de negócios, na fuga de capitais, na insatisfação do exército, na pressão do capitalismo internacional?". Sua única função parece ser a de acalmar as massas. A esquerda não tinha como lidar, nesse começo dos anos 1980, com uma dupla transformação que fazia dessa crise uma crise muito diferente das outras: a perda de relevância das ações dos Estados nacionais em face das forças do capitalismo integrado mundial e uma transformação social que leva os sujeitos a uma procura por "identidades", "que lhes permitam assumir não apenas suas necessidades quantitativas, mas também suas posições singulares de desejo".

Mas a crítica de Guattari não se reduz aos descaminhos da esquerda (especialmente do Partido Comunista), que só merecia esse nome na teoria e, às vezes, nem isso. Não se trata apenas de responsabilizá-la pelo surgimento ou retorno do fascismo. Sua crítica visa apontar uma transformação social em curso no pós-guerra, uma transformação estreitamente ligada ao surgimento das formas atuais de fascismo. O Maio de 68 francês nos faz ver sua face "libertária". (Mas nós, que vivemos nesse mesmo ano o AI-5 em plena ditadura militar no Brasil, sabemos que a liberação se paga com mais repressão e o crescimento econômico, com mais exploração.)

A crítica aos partidos se estende a toda e qualquer organização política. Dos partidos aos grupelhos, o espírito é sempre o mesmo: conter e canalizar, canalizar o desejo contendo-o. Assim, Guattari revela como as formas de organização funcionam como verdadeiros sistemas repressivos e que a função dos acontecimentos – Maio de 68 é só um exemplo, poderíamos citar nosso Junho de 2013 – é justamente implodir os grupelhos e provocar uma nova ordenação dos jogos de força.

Hoje, podemos afirmar que os caminhos mais radicais dentro da esquerda brasileira parecem ter sido bloqueados pela necessidade comum de vencer a extrema direita, que, no entanto, continua reinando no Congresso como há vinte anos. Toda e qualquer radicalidade à esquerda será empurrada cada vez mais para a margem, enquanto a radicalidade da direita ganha cada vez mais espaço dentro da política institucional.

A nova forma de autoritarismo da extrema direita se propaga no mesmo ritmo em que as lutas políticas se multiplicam.

> considerando a desadaptação das antigas fórmulas fascistas, stalinistas e talvez também social-democratas, o capitalismo é levado mais uma vez a buscar, em seu seio, novas fórmulas de totalitarismo. Enquanto não as encontrar, será pego no contrapé por movimentos que se colocarão, para ele, em *fronts* imprevisíveis (greves selvagens, movimentos autogestionários, lutas de imigrados, de minorias raciais, subversão nas escolas, nas prisões, nos hospícios, lutas pela liberdade sexual etc.). Essas novas provações, nas quais não se está mais lidando com conjuntos sociais homogêneos, cuja ação possa ser facilmente canalizada para objetivos unicamente econômicos, tem como consequência fazer proliferar e exacerbar respostas repressivas. [p. 60]

Essa é, a meu ver, a tarefa que o pensamento de Guattari nos coloca, o caminho e a questão que ele nos endereça: refletir sobre essas revoltas que não se reduzem a objetivos econômicos, que não podem ser completamente resolvidas por eles. Isso ocorre ao mesmo tempo que os governos, que os Estados nacionais, vão perdendo seu espaço de poder na economia.

O que é evidente não apenas no caso europeu, mas também nas periferias do capitalismo, assombradas por um fantasma de soberania, o mito do desenvolvimento econômico, que só reforça sua dependência. É diante dessa perda de poder e controle sobre a economia que os discursos fascistas tendem a ficar cada vez mais fortes, até constituírem o núcleo mesmo dos discursos políticos.

LARISSA DRIGO AGOSTINHO é analista, tradutora, mestre e doutora em letras pela Universidade de Paris IV, mestre em filosofia pela Universidade de Paris I e professora assistente do Instituto de Biociências, Letras e Ciências Exatas da Universidade Estadual Paulista (Unesp). É autora de *A linguagem se refletindo: Introdução à poética de Mallarmé* (Annablume, 2020) e *Desejos ingovernáveis. Rimbaud e a Comuna* (n-1 edições, 2021).

[1] REVOLUÇÃO MOLECULAR E LUTA DE CLASSES

O FIM DOS FETICHISMOS
[ENTREVISTA A ARNO MUNSTER]

Atrás de Marx e de Freud, atrás da marxologia e da freudologia, há a realidade de merda do movimento comunista e do movimento psicanalítico.[1] É daí que se tem de partir e é para aí que se tem de voltar. E, quando falo de merda, quase não chega a ser uma metáfora: o capitalismo reduz tudo ao estado de merda, isto é, ao estado de fluxos indiferenciados e descodificados, dos quais cada um deve tirar sua parte, de um modo privado e culpabilizado. É o regime da permutabilidade: qualquer coisa, em proporções "justas", pode equivaler a qualquer coisa. Marx e Freud, por exemplo, reduzidos ao estado de mingau dogmático, puderam ser postos no comércio sem nenhum risco para o sistema. O marxismo e o freudismo, cuidadosamente neutralizados pelos corpos constituídos do movimento operário, do movimento psicanalítico e da Universidade, não só não atrapalham mais ninguém, como até se tornaram os guardiões da ordem estabelecida. Demonstração, pelo absurdo, de que é impossível sacudi-la para valer. Pode-se objetar que não se devem imputar a essas teorias os desvios de práticas que as reivindicam, que sua mensagem original foi traída, que é preciso justamente voltar às fontes, rever as traduções defeituosas etc. É a armadilha fetichista. Não há nenhum exemplo, no campo das ciências, de um tamanho respeito aos textos e às fórmulas enunciadas pelos grandes sábios. O revisionismo aí é regra geral. Não se para de relativizar, de dissolver, de deslocar as teorias constituídas. As que resistem são permanentemente atacadas. O ideal não é absolutamente mumificá-las, mas sim abri-las para outras construções tão provisórias quanto, contudo mais bem asseguradas no terreno da experiência. O que conta, em última análise, é

---

1 Texto publicado originalmente como "La fin des fétichismes: *interview* à propos de *L'Anti-OEdipe* par Arno Munster". *Frankfurter Rundschau*, 17 jan. 1973. [N. E.]

a utilização que é feita de uma teoria. Não se pode, portanto, deixar de lado a atualização do marxismo e do freudismo. É preciso partir das práticas existentes para chegar aos vícios de origem das teorias, pois de um modo ou de outro elas se prestam a tais distorções. A atividade teórica dificilmente escapa à tendência do capitalismo, que é de ritualizar, de recuperar toda prática, por menos subversiva que seja, cortando-a dos investimentos desejantes: a prática teórica só pode esperar sair de seu gueto abrindo-se para as lutas reais.

A primeira tarefa de uma teoria do desejo deveria ser a de procurar discernir as vias possíveis para sua irrupção no campo social, em vez de caucionar o exercício quase místico da escuta psicanalítica de consultório, tal como esta evoluiu desde Freud. Da mesma maneira, todo desenvolvimento teórico que tem por objeto as atuais lutas de classes deveria preocupar-se antes com sua abertura à produção desejante e à criatividade das massas. O marxismo, em todas as suas versões, deixa escapar o desejo e pende para o lado do burocratismo e do humanismo, ao passo que o freudismo não só permaneceu, desde a origem, estranho à luta de classes como também não parou de desfigurar suas descobertas primeiras sobre o desejo inconsciente a fim de tentar arrastá-las, algemas em punho, para as normas familiais e sociais da ordem dominante. Recusar-se a encarar essas carências fundamentais, tentar mascará-las, é o mesmo que fazer acreditar que os limites internos de tais teorias sejam realmente intransponíveis.

Há duas maneiras de consumir enunciados teóricos: a do universitário, que ama *ou* deixa o texto em sua integridade, e a do amador apaixonado, que o ama *e* o deixa ao mesmo tempo, manipula-o como lhe convém, tenta se servir dele para esclarecer suas coordenadas e orientar sua vida. O que interessa é tentar fazer com que um texto funcione. E, desse ponto de vista, o que continua vivo no marxismo e no freudismo não é a coerência de seus enunciados, mas uma enunciação em ruptura, um certo jeito de varrer o hegelianismo, a economia política burguesa, a psicologia universitária, a psiquiatria da época etc.

A própria ideia de uma conjunção entre dois corpos separados, o marxismo e o freudismo, falseia a perspectiva. Pedaços de marxismo podem e devem contribuir para uma teoria e uma prática relativas ao desejo; pedaços de um freudismo podem e devem contribuir para uma prática relativa à luta de classes. A própria ideia de uma teoria e de uma separação entre um exercício privado do desejo e um campo público das lutas de interesse conduz implicitamente à integração capitalista. A propriedade privada dos meios de produção está intrinsecamente ligada à apropriação do desejo pelo ego, pela família e pela ordem social. Começa-se neutralizando no trabalhador todo e qualquer acesso ao desejo, pela castração familiarista, pelas ciladas do consumo etc., para apoderar-se em seguida, sem dificuldades, de sua força de trabalho. Separar o desejo do trabalho: eis o imperativo primeiro do capital. Separar a economia política da economia desejante: eis a missão dos teóricos que se colocam a seu serviço. O trabalho e o desejo estão em contradição apenas no quadro de relações de produção, de relações sociais e de relações familiares bem definidas: as do capitalismo e do socialismo burocrático. Não há alienação do desejo nem complexos psicossexuais que sejam radical e definitivamente separados da repressão e dos complexos psicossociais. Dizer, por exemplo, dos chineses de hoje, que seu maoismo continuaria a estar na dependência de um Édipo universal equivaleria a considerar o próprio maoismo como algo de eterno, sempre renascendo de suas cinzas. Mas é óbvio que a história não anda nesse sentido. Do ponto de vista do desejo, um revolucionário francês, após o Maio de 68, é de uma *outra raça* que a de seu pai em junho de 1936.[2] Não há nenhum Édipo possível entre um e outro! Nem rivalidade nem identificação. Não há continuidade na mudança. E, se é verdade que a história contemporânea é

---

2 Em junho de 1936, durante o governo da Frente Popular, ocorreu uma greve geral na França que resultou no Acordo de Matignon, com a conquista de diversas reivindicações operárias, como a redução da jornada de trabalho para quarenta horas semanais, férias remuneradas de duas semanas e expressivo reajuste salarial. [N. T.]

feita justamente desse tipo de ruptura, então os teóricos da coisa social e os da coisa psicanalítica têm mais é de se arranjar para fazer uma séria reciclagem.

[ARNO MUNSTER] *Você acha possível desedipianizar a psicanálise, sem seu revolucionamento total, bem como o quadro institucional da psiquiatria?*

[FÉLIX GUATTARI] Nem as instituições psiquiátricas nem a psicanálise são campos fechados. Não há uma luta particular a ser travada nas empresas com os operários, uma outra nos hospitais com os doentes e uma terceira nas universidades com os estudantes. O problema da universidade – isto ficou bem claro em 68 – não é *dos* estudantes e *dos* professores, mas do conjunto da sociedade, na medida em que se questiona tanto a relação entre a transmissão de conhecimento, a formação de quadros, o desejo das massas, as exigências da indústria etc. Que resposta foi dada pelo poder do Estado à agitação no meio estudantil? Recentralizar o problema no próprio objeto, reduzi-lo à estrutura e à organização da Universidade. Isso também ocorre com a psiquiatria e as sociedades de psicanálise: a questão não é saber como se poderia, atualmente, modificar a prática do psiquiatra e do psicanalista ou a atitude dos grupos de doentes, porém, mais fundamentalmente, como funciona a sociedade, para que se tenha chegado a uma situação dessas. Uma sociedade que sobrecodifica toda produção pela lei do lucro tende a separar definitivamente a produção desejante da produção social. O desejo oscila mais para o lado do privado; e o social, para o do trabalho rentabilizado. Trata-se de colocar a seguinte questão: será que uma produção de desejo, um sonho, uma prática amorosa, uma utopia concreta um dia acabarão conquistando, no plano social, a mesma dignidade de existência que uma produção mercantil de automóveis ou de enlatados? O valor de um bem depende menos do binômio força de trabalho/meio técnico (capital variável/capital constante) do que da divisão que determinará o que do desejo será recebido ou rejeitado. O que interessa ao capitalismo são as diferentes máquinas de desejo e de produção que ele poderá conectar à máquina de exploração: seus braços, se você é varredor de rua, suas capacidades intelectuais, se você é engenheiro, suas capacidades de sedução, se você é garota-propaganda; quanto ao resto, ele não só está pouco ligando como não quer nem ouvir falar. Tudo que fale em nome do restante não faz senão perturbar a ordem de seu regime de produção. Assim sendo, as máquinas desejantes vivem formigando nas máquinas industriais e sociais, mas são constantemente vigiadas, canalizadas, isoladas umas das outras, esquadrinhadas. Trata-se de saber se esse modo de controle que consideramos legítimo, inerente à condição social do homem, pode ou não ser superado.

Ao atacar a fixação da psicanálise no Édipo, no superego, vocês estão atacando também parte da herança teórica de Freud.

Freud não compreendeu grande coisa da esquizofrenia. Muitas das lutas de tendências internas ao movimento psicanalítico se esclareceriam se as considerássemos do ângulo dessa hostilidade fundamental de Freud para com a psicose. A psicose e a revolução foram dois objetos-tabu. A normalidade era identificada com a aceitação do viver em família. Freud menosprezava o delírio, por exemplo o do presidente Schreber. Ele menosprezava também as mulheres. Sua representação da sexualidade e da sociedade é inteiramente falocêntrica. Em "Análise terminável e interminável", o problema da castração surge como a rocha derradeira contra a qual se depara a psicanálise: o homem recusa a castração necessária porque não quer ser "como uma mulher", enquanto a mulher não aceita a falta do pênis etc. Freud não depreende, de forma alguma, o caráter de luta política subjacente a esse gênero de "resistência". Tanto a mulher quanto o homem recusam a castração. A noção-chave é a de superego. A questão é saber se o superego é uma formação egressa do meio social e transmitida por intermédio da família – de tal forma que o indivíduo venha a desejar a repressão e a assuma através de toda uma série de substituições, a começar pelo pai – ou se se trata de aceitá-lo como um corte necessário da tópica psíquica, único acesso do sujeito a um equilíbrio justo e única garantia ao ego de uma boa adaptação à realidade. De acordo com essa última perspectiva, a autoridade do pai e as imagens da hierarquia social seriam apenas acessórios dessa sacrossanta castração. Trata-se, pois, de uma opção: ou o desejo acaba desejando a repressão e se faz seu cúmplice – encontrando assim um estatuto para si, talvez neurótico, talvez angustiado, mas de qualquer forma um estatuto! – ou se revolta contra a ordem vigente e se faz encurralar por todos os lados.

A fim de tentar avançar um pouco nessas questões, há uns doze anos eu tinha formulado a noção de *transversalidade* para exprimir a capacidade de uma instituição remanejar "os dados de acolhida do superego", de tal forma que alguns sintomas, algumas inibições, pudessem vir a ser suprimidos.[3] A modificação do "coeficiente local de transversalidade" implica a existência de um foco erótico, um eros de grupo, um grupo-sujeito que assuma a política local, mesmo que parcialmente. Assim, uma formação social pode modificar a "causalidade" inconsciente que desencadeia a atividade do superego. Essa modificação de acolhida dos dados do superego pode chegar a um remanejamento estrutural da tópica. Nessas condições, a problemática da repressão e do recalque muda completamente de sentido. A psicanálise é, pura e simplesmente, reacionária quando cauciona o que se passa na escola, na família, no exército etc. Nenhuma deiscência intelectual, nenhum *splitting* do ego, nenhuma falta, nenhuma castração poderia justificar a intervenção do terceiro repressor. Por mais que se diga que não se trata mais do pai real, mas sim de uma lógica estrutural que vai permitir ao sujeito fundar-se como desejo na ordem significante e que lhe é necessário, custe o que custar, renunciar a seus prazeres imaginários indiferenciados para aceder ao "simbólico" (o simbólico é a sobremesa, não é para quem quer, é para quem pode, toda a questão está aí), toda essa tralha teórica não serve senão para justificar o conforto da escuta analítica.

---

3 *Psicanálise e transversalidade* [1972], trad. Adail Ubirajara Sobral e Maria Stela Gonçalves. Aparecida: Ideias e Letras, 2004.

Deixem a sociedade fazer o que bem entender! Do desejo a gente se incumbe; lhe arranjaremos uma terrinha secreta no espaço do divã. E, diga-se de passagem, funciona, e como! A psicanálise funciona muito bem, é justamente o que a torna tão perigosa. É a droga capitalista por excelência. Não basta denunciá-la, é preciso implantar algo que a torne inútil, sem o menor interesse.

Uma das consequências seria a de deslocar o terreno da luta contra a psicanálise no domínio social, de se disputar no terreno da política.

Concebo a esquizoanálise como uma luta política em todos os *fronts* da produção desejante. Não se trata absolutamente de restringir-se a um só domínio. O problema da análise é o do movimento revolucionário. O problema do movimento revolucionário é o da loucura, o problema da loucura é o da criação artística... A transversalidade exprime precisamente esse nomadismo de *fronts*. O inconsciente é, antes de tudo, um agenciamento social: o agenciamento coletivo das enunciações virtuais. Somente num segundo momento se recortarão nos enunciados o que é teu, o que é meu e o que é da lei. O inconsciente desconhece a propriedade privada dos enunciados tanto quanto a do desejo. O desejo é sempre extraterritorial, desterritorializado, desterritorializante, ele passa por cima e por baixo de todas as barreiras. Por mais que a psicanálise retalhe seus conceitos, passando-os por um crivo linguístico, lógico, antropológico, ela nunca sai de seu domínio de origem, que é o do familiarismo e do capitalismo. Ela desempenha para o capitalismo o papel de religião sobressalente. Sua função é preparar o terreno da repressão, "personalizá-la", como se diz para os carros Renault 16. O pecado e a confissão não funcionam mais como antes. É preciso afrouxar as rédeas do desejo. Os *gadgets* não bastam, é preciso algo que não gaste nunca, que seja impermeável e que nunca apodreça: uma prostituição subjetiva, um ritual interminável. Uma vez que o sujeito esteja dependente dessa nova droga, não é mais preciso temer que ele venha a se investir verdadeiramente numa luta social. A realidade deve permanecer à porta do consultório. Não se trata propriamente de defender os valores do capitalismo, apenas de fingir que eles não existem. A luta revolucionária deve ocupar-se dessa dicotomia entre a produção social e as produções de desejo, em toda parte onde a repressão familiarista se exercer contra a mulher, a criança, os adictos, os alcoólatras, os homossexuais etc. Portanto seria impossível que essa microluta de classes se restringisse apenas ao terreno da psicanálise.

Qual seria o lugar da psicanálise nas lutas de emancipação?

Ela está recoberta por uma tal crosta que, na verdade, não vejo muito o seu lugar nas lutas sociais senão como força de apoio para a reação. O que não quer dizer que se deva condenar todo e qualquer exercício da análise, mesmo o da análise dual. Porém duas ordens de questões se colocam: de um lado, o deslocamento da análise em direção a grupos-sujeitos conectados com a realidade política ou com uma atividade de autoanálise criadora; de outro lado, uma luta contínua contra a reinjeção de esquemas sociais repressivos. Uma análise de grupo, por exemplo, do tipo [Samuel Richard] Slavson ou [Henry] Ezriel, pode ser tão nociva quanto uma análise dual se não se discernir a função real dos polos parentais: o que intervém do pai e da mãe na relação neurótica? O pai intervém como polo simbólico integrador ou, a despeito de si, como um posto avançado da hidra social? Tomemos um exemplo na obra de Kafka.

Num momento em que K., personagem de *O processo*, já está quase libertado do poder de seu processo edipiano, ele vai à casa do pintor Titorelli, que lhe mostra suas telas. Elas são todas absolutamente idênticas. Um psicanalista poderia ver aí um mecanismo narcisista de fechamento das identificações com o mesmo, desencadeando um sistema de desdobramento. A esquizoanálise não procurará detectar a chave de tal mecanismo; ela se esforçará em seguir as vias de diferenciação que partem daí, a proliferação de novas intensidades, o desencadeamento de novos ramos do rizoma inconsciente... Ela jamais considerará que a questão seja o ego, o pai, a mãe como polo identificatório. Para ela não existe pai em geral. Para os psicanalistas tradicionais, ao contrário, é sempre o mesmo pai, sempre a mesma mãe, sempre o mesmo triângulo. É o mesmo pai que trabalha no banco, que vai à fábrica, que é trabalhador imigrante, que é desempregado, que é alcoólatra. O pai não é senão o elemento de uma máquina social indeterminada. Todavia, de fato, cada constelação familiar é inteiramente diferente segundo o contexto em que se situa. Você não depara com o mesmo tipo de relação com a autoridade paterna numa favela de Abidjã ou numa cidade industrial da Alemanha. Não se trata do *mesmo* complexo de Édipo, da mesma homossexualidade. Parece idiota ter de repetir tamanhas obviedades, e, no entanto, é preciso denunciar sem parar este gênero de falcatrua: *não existe estrutura universal do espírito humano e da libido!*

O esquizoanalista é, então, alguém que quer fazer uma síntese entre a análise da economia social e a da economia libidinal nesta sociedade?

Talvez síntese não seja a palavra certa. Trata-se, sobretudo, de não reduzir as coisas a um esqueleto lógico, mas, ao contrário, de enriquecê-las, seguir as cadeias, as pistas reais, as implicações sociais. A repetição dá origem à diferença. A repetição aqui não constitui o fim de alguma coisa, o encerramento de um processo, mas, ao contrário, ela marca um limiar de desterritorialização, a indicação de uma mutação desejante. A repetição de uma mesma imagem, a representação congelada, a catatonia podem ser respostas a uma agressão. Por exemplo, as fotos não desempenham o mesmo papel na vida de Kafka e em sua obra. Somos levados a constantes idas e vindas entre o ódio e a fascinação. Enquanto funcionário qualificado (de modo algum mísero burocrata), Kafka se confrontava com seu próprio desejo microfascista de controlar o outro, de, por exemplo, dominá-lo no contexto de uma hierarquia burocrática. O outro, congelado numa foto, é controlado a distância, cristalizado numa espécie de submissão, cabisbaixo, olhar evasivo. Após o encontro com Felice, as coisas mudam. A libido se faz mais conquistadora. O objetivo continua sendo possuir o outro a distância, mas não da mesma maneira. Kafka quer possuir Felice somente através do jogo de cartas de amor. Não se trata mais de uma Felice-objeto, mas daquilo que há nela de mais vivo. A imagem não mais está congelada, ela prolifera sobre si mesma: a identidade se multiplica; através das cartas, nos deparamos com inumeráveis Felices e inumeráveis Kafkas. A posse, portanto, não se dá mais pelo exterior, mas sim pelo interior. A sedução amorosa, o assujeitamento semiótico tornam-se, então, exercícios muito mais complicados. Não se trata mais de um fenômeno imaginário global, mas de uma espécie de técnica de feitiço, pondo em jogo tanto o charme literário quanto o prestígio ligado aos títulos e às funções. Pouco a pouco teremos acesso às conexões sociais que "seguram" Felice e Kafka, que os alienam ao mesmo meio. Com efeito, ambos são burocratas fascinados pela potência da burocracia. (E, em parte, a denúncia que Kafka faz dessa burocracia não passa de uma denegação.) A análise de uma nova espécie de "perversão" da carta, de uma perversão burocrática, nos conduz assim à perversão da burocracia putrefata da Áustria-Hungria e ao caldo de cultura de onde surgirá o eros nazista. É lógico que isso tudo é demasiado esquemático, mas gostaria apenas de indicar que, se nos contentamos em depreender numa análise apenas a identificação impossível de Kafka com seu papai comerciante, deixamos de lado toda a dinâmica social da libido. Kafka não é, como se disse por aí, um escritor do século XIX, prisioneiro de seus conflitos familiares. É um escritor do século XXI, que descreve em estado nascente um processo cujo alcance mal começamos a apreender.

Em O anti-Édipo, *falando de esquizoanálise, vocês evocam uma identificação possível entre o analista, o doente e o militante. O que quer dizer isso exatamente?*

Nós nunca falamos de *identificação* entre o analista e o esquizofrênico. Nós dissemos que o analista, tanto quanto o militante, o escritor ou quem quer que seja, está mais ou menos engajado num processo esquizo. E nós sempre distinguimos o processo esquizo do esquizofrênico de hospital, cujo processo esquizo está precisamente bloqueado ou girando em falso. Nós não dissemos que os revolucionários deveriam identificar-se com os loucos que estão girando em falso, mas sim que deviam fazer seus empreendimentos funcionarem à maneira do processo esquizo. O esquizofrênico é um sujeito que, por uma razão qualquer, entrou em conexão com um fluxo desejante que ameaça a ordem social, mesmo que apenas no seu entorno imediato. Este intervém imediatamente para dar um basta nisso. Trata-se aqui da energia libidinal em seu processo de desterritorialização, e não da estagnação desse processo. O analista, assim como o militante, deve derivar com o processo e não se colocar a serviço da repressão social edipianizante, dizendo por exemplo: "tudo isso é porque você tem uma *tendência* homossexual" (é assim que se pretende interpretar o delírio do presidente Schreber), ou ainda "é porque em você não houve boa fusão entre pulsão de morte e eros". A esquizoanálise terá algo a ver com uma perspectiva revolucionária se for verdade que, no futuro, as agitações sociais se tornarão, como pensamos, absolutamente inseparáveis de uma profusão de *revoluções moleculares* ao nível da economia do desejo. Quando se trata de arrebentar as fechaduras, os axiomas do capitalismo, as sobrecodificações do superego, as territorialidades primitivas reconstituídas artificialmente etc., o trabalho do analista, o do revolucionário, o do artista se encontram.

A clínica de La Borde teria uma significação particularmente importante no sentido do seu projeto de libertação ou seria preciso considerá-la como uma meia solução com todas as características do atual reformismo da psicanálise?

Efetivamente ela é uma tentativa reformista, prisioneira do Estado, da Seguridade Social, da representação que os doentes têm da doença, da ideologia médica e da hierarquia social, do dinheiro etc. Portanto, nesse sentido, ela é apenas uma experimentação em pequena escala, facilmente reprimida e até mesmo recuperada. Isso posto, ela está suficientemente em ruptura com o resto da sociedade para fornecer meios de reflexão a um certo número de pessoas. Se eu tivesse de trabalhar como psicanalista de gabinete ou como professor, teria certamente muita dificuldade em questionar, por exemplo, os dogmas psicanalíticos e marxistas. É modificando progressivamente as tutelas que pesam sobre o desejo que um trabalho de equipe pode constituir máquinas analíticas e militantes de um novo tipo. Assim como me parece ilusório apostar numa transformação paulatina da sociedade, penso que as tentativas microscópicas, por exemplo comunidades, comissões de bairro, a organização de uma creche numa faculdade etc., podem desempenhar um papel absolutamente fundamental. É trabalhando em pequenas tentativas como essas que se contribui para o desencadeamento de grandes fraturas como a do Maio de 68. O 22 de Março,[4] no início, era quase uma farsa! Nesse campo, acredito num reformismo permanente da organização revolucionária. Mais valem dez fracassos repetidos ou resultados insignificantes que uma passividade embrutecida em face dos mecanismos de recuperação e das manipulações burocráticas dos militantes profissionais.

---

4 Grupo formados por estudantes de ciências humanas da Universidade de Nanterre. No contexto das lutas contra a Reforma Fouchet, os estudantes ocuparam, no dia 22 de março de 1968, o prédio da administração da Universidade em protesto contra a prisão de um estudante, membro do Comitê Vietnã. A reintegração do prédio pela polícia foi o ponto de partida para o Maio de 68. [N. T.]

AS LUTAS DO DESEJO E A PSICANÁLISE

A questão com que se defronta o movimento operário revolucionário é a de uma defasagem entre[1]

— as relações de força aparentes, ao nível da luta de classes
— e o investimento desejante real das massas.

O capitalismo não só explora a força de trabalho da classe operária como também manipula em seu proveito as relações de produção, insinuando-se na economia desejante dos explorados. A luta revolucionária não poderia ser circunscrita somente ao nível das relações de força aparentes. Ela deve desenvolver-se em todos os níveis da economia desejante contaminados pelo capitalismo (ao nível do indivíduo, do casal, da família, da escola, do grupo militante, da loucura, das prisões, da homossexualidade etc.).

Os objetos e os métodos de luta se diferenciam segundo esses níveis. Objetivos do gênero "pão, paz, liberdade..." requerem a existência de organismos políticos inseridos no campo de relações de força e, consequentemente, agrupando forças, constituindo blocos. Inelutavelmente, essas organizações se propõem a ser "representativas", coordenar as lutas, propor-lhes uma estratégia e uma tática. Entretanto, a luta contra o fascismo "microscópico" – aquele que se instaura no seio das máquinas desejantes – não poderia se dar através de "delegados", de "representantes", de blocos definitivamente identificados. O "inimigo" varia de rosto: pode ser o aliado, o camarada, o responsável ou si próprio. Nunca se pode estar seguro de que não se vá resvalar a qualquer momento para uma política burocrática ou de prestígio, uma interpretação

---

1   Texto originalmente proferido como palestra de abertura do encontro Psychanalyse et Politique, ocorrido em Milão, mai. 1973, e publicado em Armando Verdiglione (org.), *Psicanálise et sémiotique* (Paris: Union Générale d'Éditions, 1975). [N. E.]

paranoica, uma cumplicidade inconsciente com os poderes vigentes ou uma interiorização da repressão.

Estas duas lutas podem não se excluir mutuamente:

— a luta de classes, a luta revolucionária de libertação, implica a existência de *máquinas de guerra* capazes de se opor às forças opressivas, tendo para isso de funcionar com um certo centralismo ou, ao menos, estar sujeitas a um mínimo de coordenação;

— a luta dos agenciamentos coletivos, no *front* do desejo, exercendo uma análise permanente, uma *subversão de todos os poderes*, em todos os níveis.

Não é absurdo esperar derrubar o poder da burguesia substituindo-o por uma estrutura que reconstitua a forma desse poder? A luta de classes na Rússia, na China etc. mostrou-nos que, mesmo depois da derrubada do poder da burguesia, a forma de tal poder podia se reproduzir no Estado, na família e até nas fileiras da revolução. Como impedir o poder centralizador e burocrático de se sobrepor à coordenação necessária que uma máquina de guerra revolucionária implica? No plano global, a luta implica etapas, intermédios. Em sua dimensão microscópica, o que está em causa é, de imediato, uma espécie de passagem direta ao comunismo, uma liquidação imediata do poder da burguesia, na medida em que esse poder é encarnado pelo burocrata, pelo líder ou pelo militante.

O centralismo burocrático é absorvido permanentemente pelo movimento operário a partir do modelo centralista do Capital. O Capital controla, sobrecodifica a produção, dominando os fluxos monetários e exercendo um poder de coerção no quadro das relações de produção e do capitalismo monopolista de Estado. O mesmo gênero de problema se coloca com o socialismo burocrático. Mas a produção real prescinde completamente dessa espécie de sobrecodificação que só faz entravá-la. As maiores máquinas produtivas das sociedades industriais poderiam perfeitamente passar sem esse centralismo. É claro que uma outra concepção das relações entre a produção, a distribuição e o consumo etc., entre a formação e a pesquisa, conduziria à explosão dos poderes hierárquicos e despóticos, tal como eles existem no seio das relações sociais atuais. A partir daí, a capacidade de inovação dos trabalhadores poderia ser liberada. O fundamento do centralismo, portanto, não é econômico, mas político. O centralismo no movimento operário conduz ao mesmo gênero de esterilização. É preciso admitir que as lutas mais eficazes e mais amplas poderiam ser coordenadas fora do alto escalão burocrático! Mas com a condição de que a economia desejante dos trabalhadores seja liberada de sua contaminação pela subjetividade burguesa, que faz deles cúmplices inconscientes da tecnocracia capitalista e da burocracia do movimento operário.

Convém, no entanto, não se permitir cair na dicotomia simplista:

— centralismo "democrático";
— anarquismo, espontaneísmo.

Os movimentos marginais e as comunidades certamente nada têm a ganhar caindo no mito de um retorno à era pré--tecnológica, de um retorno à natureza; ao contrário, eles têm mais é de enfrentar a sociedade real, as relações sexuais, familiares, reais etc. Mas, por outro lado, deve-se reconhecer que o movimento operário organizado se recusou, até agora, a levar em consideração sua própria contaminação pelo poder burguês, sua própria poluição interna. E nenhuma ciência constituída poderia ajudá-lo nesse caminho atualmente. Nem a sociologia nem a psicossociologia, nem a psicologia nem muito menos a psicanálise tomaram o lugar do marxismo nesse campo! O freudismo, sob a aparência de ciência, propõe como normas insuperáveis os próprios procedimentos da subjetivação burguesa, a saber: o mito de uma necessária castração do desejo, sua submissão ao triângulo edipiano, uma interpretação significante que tende a cortar a análise de suas implicações sociais reais.

Evoquei uma liquidação possível do centralismo tecnocrático da produção capitalista. E isso a partir de uma outra concepção das relações entre a produção, a distribuição e o consumo, por um lado, e a produção, a formação e a pesquisa, por outro. É algo que tenderia obviamente a transformar por completo os modos de relação com o trabalho, em particular a cisão entre o trabalho reconhecido como socialmente útil (pelo capitalismo, pela classe dominante) e o trabalho "inútil" do desejo. O conjunto da produção, tanto a produção do valor de troca quanto a do valor de uso, tanto a individual quanto a coletiva, é tomada sob a tutela de uma organização que impõe um certo modo de divisão social do trabalho. O desaparecimento do centralismo capitalista acarretaria, em contrapartida, um remanejamento profundo das técnicas de produção. Podem-se conceber relações de produção no contexto de uma indústria altamente desenvolvida, da revolução informática etc., que não sejam antagônicas com a produção desejante, artística, onírica... Dito de outra forma, a questão que se coloca é saber se é possível sair da oposição entre valor de uso e valor de troca. A alternativa que consiste em dizer "recusemos toda forma desenvolvida de produção, retornemos à natureza" só faz reproduzir a cisão entre os diferentes campos de produção: a produção desejante, a produção social reconhecidamente útil.

Os indivíduos, enquanto indivíduos, são fabricados pelo capitalismo para responder aos imperativos de seu modo de produção. A ideia de que haveria desde o começo, na base da sociedade, indivíduos, grupos de indivíduos, sob a forma de família etc., é produzida para as necessidades do sistema capitalista. Tudo o que se constrói, no estudo das ciências humanas, em torno do indivíduo como objeto privilegiado só reproduz a cisão entre o indivíduo e o campo social. A dificuldade com a qual nos defrontamos, desde que queiramos abordar uma prática social concreta, é que jamais estamos lidando com indivíduos. Enquanto a linguística, por exemplo, se contentava em definir seu objeto em termos de comunicação entre indivíduos, omitia completamente as funções de integração e coerção sociais da língua. A linguística apenas começou a se destacar da ideologia burguesa com o estudo dos problemas levantados pela conotação, pelo contexto, pelo implícito etc. e por tudo aquilo que a linguagem efetua fora de uma relação abstrata entre indivíduos.

Um grupo, uma classe não são constituídos por indivíduos; é a aplicação redutora das relações de produção capitalistas sobre o campo social do desejo que produz um fluxo de indivíduos decodificados como condição para a captação da força de trabalho. Os acontecimentos do Maio de 68 na França revelaram em grande escala um novo tipo possível de consistência molecular do campo social. Mas, diferentemente do que ocorreu na Itália, eles não chegaram a instaurar uma verdadeira ruptura no movimento revolucionário, em particular no que diz respeito à economia do desejo. Se tal ruptura tivesse de fato ocorrido, ela provocaria consequências político-sociais consideráveis! Tudo o que se pode dizer é que, desde que se deu um enfraquecimento relativo do stalinismo, desde que parte considerável da juventude operária e estudantil se destacou dos modelos militantes tradicionais, houve não uma fratura importante, mas pequenas fugas de desejo, pequenas rupturas no sistema despótico reinante nas organizações representativas.

A fratura do Maio de 68 na França foi recuperada após algumas semanas. Pode-se até dizer duas semanas. O que não impede que ela tenha tido consequências extremamente profundas e que continuam se fazendo sentir em diferentes níveis. Mesmo que seus efeitos não se manifestem mais na escala de um país inteiro, ela prossegue sob a forma de infiltração nos meios os mais variados. Surgiu uma nova visão, uma nova abordagem dos problemas militantes. Antes de 68 seria inconcebível considerar, por exemplo, que intervenções em favor dos prisioneiros comuns tivessem um sentido político qualquer; seria inconcebível considerar que homossexuais pudessem fazer manifestações de rua e defender sua posição particular em relação ao desejo. Os movimentos de libertação das mulheres, a luta contra a repressão psiquiátrica etc., mudaram completamente de sentido e de método. Os problemas se colocam, portanto, de outra maneira, mas sem que realmente tenha havido uma fratura. Isso se deve certamente à ausência de uma grande máquina de guerra revolucionária. É preciso reconhecer que uma série de representações dominantes continua a exercer seus estragos no seio dos próprios grupos revolucionários. Foi empreendida uma crítica do burocratismo dos sindicatos: o princípio da "delegação de poder" ao partido de vanguarda, o sistema de "correia de transmissão" entre as massas e o partido foram questionados, mas os militantes permanecem prisioneiros de muitos preconceitos da moral burguesa e de atitudes repressivas com respeito ao desejo. (É talvez o que explica o fato de que, no Maio de 68, não tenha havido contestação da psicanálise como ocorreu com a psiquiatria. A psicanálise conservou uma certa autoridade na medida em que alguns dos preconceitos psicanalíticos foram encampados pelo movimento.)

A verdadeira fratura só se efetuará a partir do momento em que questões do burocratismo das organizações, das atitudes repressivas dos militantes com relação a suas mulheres, seus filhos etc., seu desconhecimento do problema do cansaço, da neurose, do delírio (é comum a recusa de se ouvir alguém que "destrambelha"..., arrebenta-se logo com a pessoa, dá-se rapidamente a pessoa por "acabada", considera-se que ela não tem mais lugar na organização e chega-se até a afirmar que se tornou perigosa...), se não passarem ao centro das preocupações políticas, ao menos forem consideradas como sendo tão importantes quanto qualquer tarefa de organização; tão importantes quanto a necessidade de se enfrentar o poder burguês, o patrão, a polícia... A luta deve ser travada em nossas próprias fileiras, contra nossa própria polícia interior. Não se trata absolutamente de um *front* secundário, como alguns maoistas consideraram, de uma luta complementar de objetivos marginais. Enquanto se mantiver a dicotomia entre a luta no *front* das classes e a luta no *front* do desejo, todas as recuperações continuarão possíveis. É significativo que após o Maio de 68 a maior parte dos movimentos revolucionários não tenha compreendido a importância da fissura que se revelara com a luta estudantil. Bruscamente, estudantes e jovens trabalhadores "esqueceram" o respeito ao saber, o poder dos professores, dos contramestres, dos responsáveis etc. Romperam com uma certa forma de submissão aos valores do passado e abriram uma nova via. Pois bem, tudo isso foi creditado ao espontaneísmo, isto é, a uma forma transitória de expressão, que deveria ser ultrapassada numa etapa "superior" pelo estabelecimento de organizações centralistas. O desejo surgiu na massa; seu quinhão lhe foi dado; esperou-se que ele se acalmasse e se disciplinasse. Não se compreendeu que esse novo tipo de revolta seria, doravante, inseparável de todas as lutas econômicas e políticas futuras.

MICROPOLÍTICA DO FASCISMO

A proposta de uma micropolítica do desejo não consiste em estabelecer uma ponte entre a psicanálise e o marxismo como teorias já constituídas.[1] Isso não me parece nem desejável nem possível. Não creio que um sistema de conceitos possa funcionar convenientemente fora de seu meio de origem, quer dizer, dos agenciamentos coletivos de enunciação que o produziram. Quando falo de desejo, não estou tomando essa noção emprestada da psicanálise ortodoxa ou da teoria lacaniana. Não pretendo fundar um conceito científico; tento, simplesmente, esboçar um conjunto teórico provisório no qual está em questão o funcionamento do desejo no campo social. Se, por um lado, não é possível sustentar juntos, numa mesma frase, o prazer e o gozo com a revolução – não se pode dizer que exista um "prazer da revolução" ou um "gozo da revolução" –, por outro, ninguém se espanta, hoje, ao ouvir falar de um "desejo de revolução" ou de um "desejo revolucionário". Isso me parece estar ligado ao fato de que o sentido geralmente dado ao prazer e ao gozo é inseparável de um certo modo de individuação da subjetividade, que encontra uma espécie de realização no espaço do divã. Não ocorre o mesmo com a libido e o desejo.

O desejo não está intrinsecamente ligado a uma individuação da libido. Uma máquina de desejo encontra formas de individuação, ou seja, de alienação. Não há desejo em si nem repressão em si. O desejo e a repressão funcionam numa sociedade real e são marcados por cada uma de suas etapas históricas; não se trata, pois, de categorias gerais transponíveis de uma situação para outra.

---

1   O texto, originalmente uma palestra no colóquio Psicanálise e Política ocorrido em Milão em dezembro de 1973, foi publicado primeiro como "Micropolitique du désir" em Armando Verdiglione (org.), *Psychanalyse et Politique*. Paris: Seuil, 1974. [N. E.]

MICRO E MACROPOLÍTICAS DO DESEJO

A distinção que proponho estabelecer entre micropolítica e macropolítica do desejo deveria funcionar como algo que tenderia a liquidar a pretensa universalidade dos modelos aventados pelos psicanalistas e que servem para estes se precaverem contra contingências políticas e sociais. Considera-se óbvio que a psicanálise concerne ao que se passa em pequena escala, quando muito a da família e da pessoa, ao passo que a política concerne apenas a grandes conjuntos sociais. Queria mostrar que, ao contrário, há uma política que vise tanto ao desejo do indivíduo quanto ao desejo que se manifesta no campo social mais amplo. E isso sob duas formas: seja a de uma micropolítica relativa tanto aos problemas individuais como aos problemas sociais, seja a de uma macropolítica relativa aos mesmos campos (indivíduo, família, problemas de partido, de Estado etc.). O despotismo que, frequentemente, caracteriza as relações conjugais ou familiares provém do mesmo tipo de agenciamento libidinal que aquele existente no campo social. Inversamente, não é absurdo abordar um certo número de problemas sociais em grande escala, por exemplo, os do burocratismo e do fascismo, à luz de uma micropolítica do desejo. O problema, portanto, não é construir pontes entre campos já constituídos e separados uns dos outros, mas instituir novas máquinas teóricas e práticas, capazes de varrer as estratificações anteriores e estabelecer as condições para um novo exercício do desejo. Não será mais possível, nesse caso, contentar-se em descrever objetos sociais preexistentes. Trata-se, também, de intervir ativamente contra todas as máquinas de poder. (As do poder do Estado burguês, do poder das burocracias de qualquer natureza, do poder escolar, do poder familiar, do poder falocrático no casal como as do poder repressivo do superego sobre o indivíduo.)

Três modos de abordagem da questão do fascismo

Podemos esquematizar três modos de abordagem dessas questões: um primeiro, sociológico, que qualificaremos de analítico-formalista; um segundo, neomarxista, sintético--dualista; e um terceiro, analítico-político. O primeiro e o segundo mantêm a separação entre os grandes e os pequenos conjuntos sociais, ao passo que o terceiro tenta ultrapassá-los.

O pensamento *sociológico* analítico-formalista propõe--se distinguir *traços comuns* e separar *espécies*, seja por um método de *analogias sensíveis* – e, nesse caso, procurará fixar pequenas diferenças relativas: por exemplo, distinguir as similitudes e os traços particulares que caracterizaram os três tipos de fascismo, o italiano, o alemão e o espanhol –, seja por um método de *homologias estruturais* – e, nesse caso, procurará fixar diferenças absolutas: por exemplo, entre o fascismo, o stalinismo e as democracias ocidentais. De um lado, minimizam-se as diferenças para extrair um traço comum; do outro, ampliam-se as diferenças para separar planos e constituir espécies.

O pensamento *sintético-dualista neomarxista* pretende superar tal sistema não separando jamais a descrição teórica de uma prática social militante. No entanto, geralmente essa prática encontra seu limite em um modo de corte de caráter diferente: entre a realidade do desejo das massas e as instâncias que supostamente as representam. O modo de pensamento sociológico procede coisificando os objetos sociais e desconhecendo o desejo e a criatividade das massas; o do pensamento militante marxista tenta superar esse desconhecimento, mas constitui-se ele próprio em um sistema coletivo de representação do desejo das massas. Ele reconhece a existência de um desejo revolucionário apenas na medida em que consegue impor-lhe a mediação da representação teórica do marxismo e da representação prática do Partido, que supostamente é sua expressão. Instala-se, assim, todo um mecanismo de correias de transmissão entre a teoria, a direção dos partidos e os militantes, de modo que as inúmeras diferenças que atravessam o desejo das massas encontram-se "massificadas" e reduzidas a formulações padronizadas, das quais se pretende justificar a necessidade em nome da coesão da classe operária e da unidade de seu partido. Passou-se da impotência de um sistema de representação mental à impotência de um sistema de representatividade social. De fato, não é por acaso que esse método de pensamento e de ação neomarxista perde-se em práticas burocráticas; isso se deve ao fato de ele nunca ter realmente livrado sua pseudo-dialética de um dualismo obstinado entre a representação e a realidade, entre a casta dos portadores das boas palavras de ordem e as massas que se pretendem alfabetizar e catequizar. Encontraremos esse dualismo redutor por toda parte: ele contamina a concepção da oposição esquemática entre a cidade e o campo dos neomarxistas, suas alianças internacionais, sua política do campo da paz e do campo da guerra etc. Esse sistema de bipolarização de qualquer problema, que gira em torno de um objeto terceiro, nem por isso constitui uma "síntese dialética", uma vez que ele coloca, essencialmente, em jogo o poder do Estado e o contrapoder do Partido, que não para de reproduzir quase *ipsis litteris* a mesma modalidade de poder. Qualquer luta parcial é reportada a esse tipo de objeto terceiro ambíguo; tudo deve adquirir *significação* a partir dele, até mesmo quando a história real o mostra como ele é, ou seja, um logro, da mesma forma que ocorre com o objeto fálico da relação triangular edipiana. Aliás, poder-se-ia dizer desse dualismo e do objeto transcendente por ele erigido que eles constituem o núcleo do édipo militante com o qual deverá se confrontar uma análise política.

Uma perspectiva *analítica-política* não poderia senão recusar o corte tradicional entre os grandes conjuntos sociais e os problemas individuais, familiares, escolares, profissionais etc. Não mais se trataria de reduzir mecanicamente a problemática das situações concretas a uma simples alternativa de classes ou campos e pretender encontrar todas as respostas a partir da ação de um partido revolucionário, único, depositário único da verdade teórica e prática. Portanto, uma micropolítica do desejo não mais se proporia *representar* as massas e *interpretar* suas lutas. Isso não quer dizer que ela condene, *a priori*, toda ação de partido, toda ideia de linha, de programa, ou mesmo de centralismo; mas ela se esforça para situar e relativizar sua ação em função de uma prática analítica que se opõe palmo a palmo aos hábitos repressivos, ao burocratismo e ao maniqueísmo moralizante que contaminam atualmente os movimentos revolucionários. Ela deixaria de se apoiar em um objeto transcendente para buscar segurança; não mais se centraria num só ponto: o poder de Estado – e a construção de um partido representativo capaz de conquistá-lo, no lugar das massas. Ela investiria, ao contrário, uma multiplicidade de objetivos ao alcance imediato dos mais diversos conjuntos sociais. É a partir do acúmulo de lutas parciais – mas esse termo já é equívoco, pois elas não são parte de um todo já constituído – que poderiam desencadear-se lutas coletivas de grande envergadura.

Uma multiplicidade de desejos moleculares

A ideia de micropolítica do desejo implica, portanto, um questionamento radical dos movimentos de massa que são decididos centralizadamente e põem em marcha indivíduos serializados. O que se torna essencial é pôr em conexão uma multiplicidade de desejos moleculares, conexão essa que pode desembocar em efeitos de "bola de neve", em provas de força em grande escala. Exatamente o que aconteceu no começo do movimento de Maio de 68: a manifestação local e singular do desejo de pequenos grupos entrou em ressonância e em seguida em interação com uma multiplicidade de desejos reprimidos, isolados uns dos outros, esmagados pelas formas dominantes de expressão e representação. Em tal situação, não se está mais em presença de uma *unidade* ideal, representando e mediando interesses *múltiplos*, mas de uma *multiplicidade equívoca* de desejos cujo processo secreta seus próprios sistemas de referência e regulagem. Essa multiplicidade não é composta de sistemas padronizados e ordenados, que se poderiam disciplinar e hierarquizar em função de um objetivo central. Ela se estratifica, segundo diferentes conjuntos sociais, segundo a faixa etária, o sexo, a origem geográfica e profissional, as práticas sexuais etc. É uma convergência dos desejos e dos afetos das massas, e não seu agrupamento em torno de objetivos padronizados, que funda a unidade de sua luta. A unificação, aqui, não mais é antagônica com a multiplicidade dos desejos como era o caso quando estes eram "tratados" por uma máquina totalitário--totalizante de um partido representativo.

A fala fora do sujeito

Nessa perspectiva, a expressão teórica não mais se interpõe entre o objeto social e a práxis. O objeto social é posto em condições de tomar a palavra, sem ter de recorrer a instâncias representativas para exprimir-se. Tal coincidência entre a luta política e a análise do desejo supõe, por conseguinte, que o "movimento" permanece na escuta constante de qualquer pessoa que se exprima a partir de uma posição de desejo, mesmo e sobretudo que ela se situe "fora do assunto". Em família, reprime-se uma criança a torto e a direito, e isso continua na escola, no quartel, na fábrica, no sindicato, na célula do partido. É preciso estar sempre "no assunto" e "na linha". Contudo, o desejo, por sua própria natureza, tem sempre a tendência de "sair do assunto" e partir para a deriva. Um agenciamento coletivo de enunciação articulará algo do desejo sem relacioná-lo a uma individuação subjetiva, sem enquadrá-lo num assunto preestabelecido ou em significações previamente codificadas. A análise, nessas condições, não poderia instaurar-se "acima" do estabelecimento dos termos e das relações de força, "após" a cristalização do *socius* em diversas instâncias: ela participa dessa cristalização. Ela se tornou diretamente política, e a divisão do trabalho entre os especialistas do fazer tende a se atenuar.

OS AGENCIAMENTOS COLETIVOS DE ENUNCIAÇÃO

Os agenciamentos coletivos de enunciação produzem seus próprios meios de expressão – pode tratar-se de uma língua especial, de uma gíria, do retorno a uma língua antiga. Eles trabalham ao mesmo tempo os fluxos semióticos, os fluxos materiais e os fluxos sociais. O face a face, sujeito-objeto e a tripartição entre o campo da realidade, o campo da representação ou da representatividade e o da subjetividade são profundamente modificados. O agenciamento coletivo é, ao mesmo tempo, sujeito, objeto e expressão. O indivíduo não mais é aquele que responde universalmente pelas significações dominantes. Aqui, tudo pode participar da enunciação – tanto indivíduos como zonas do corpo, trajetórias semióticas ou máquinas ligadas em todas as direções. O agenciamento coletivo de enunciação faz interagir os fluxos semióticos, os fluxos materiais e os fluxos sociais, muito aquém da retomada que se pode fazer num *corpus* linguístico ou de uma metalinguagem teórica. Como é possível tal passagem? Pode-se pretender dar plena liberdade à diversidade dos discursos em uma sociedade industrial altamente diferenciada? Como um objeto social – um grupo-sujeito – poderia substituir o sistema das representações e as ideologias? À medida que avanço em minha exposição, um paradoxo se impõe: estou sentado numa cadeira, em frente a um público sabiamente acomodado numa sala; tudo o que digo tende a estabelecer que uma verdadeira análise política não poderia depender de uma enunciação individuada, menos ainda quando se trata de um conferencista estranho à língua e aos problemas de seu auditório. Um enunciado individual só tem alcance na medida em que pode entrar em conjunção com agenciamentos coletivos, que já estão funcionando efetivamente... Minha fala corre o risco de se destruir a si mesma. Minha única "porta de saída" está na sala, pois, com efeito, um discurso desse tipo só poderia se sustentar na condição de ser revezado por aqueles que o escutam... ou que o suportam.

A ANÁLISE MICROPOLÍTICA DO FASCISMO

Voltemos à questão do fascismo e às suas relações com o stalinismo e as "democracias" do tipo ocidental. Não se trata, para nós, de fazer comparações redutoras, mas, ao contrário, tornar os modelos complexos, e isso até o ponto em que todo o processo em jogo esteja sob controle. A análise aqui não é gratuita, ela diz respeito tanto ao presente quanto ao passado.

Toda espécie de fascismo, toda espécie de stalinismo e toda espécie de democracia burguesa existiram até hoje. E esses três conjuntos se deslocam em numerosos subconjuntos, desde que se venha a considerar a situação de seus principais componentes, como a máquina industrial, a máquina bancária, a máquina militar, a máquina político-policial, as tecnoestruturas estatais, a igreja etc. O importante seria chegar a ressaltar os componentes sobre os quais repousaram de fato essa ou aquela fórmula de poder. Os sistemas totalitários contemporâneos inventaram um certo número de protótipos de partido policial; o partido policial nazista, por exemplo, mereceria ser estudado em comparação com o partido policial stalinista; talvez eles sejam mais próximos um do outro do que os componentes estatais correspondentes a cada um desses sistemas. Seria interessante distinguir as diversas espécies de máquinas de desejo que entram em sua composição. E perceberíamos, então, que não podemos nos contentar em ver as coisas com tanta distância.

Molecularizar os objetos de análise

De fato, a análise só pode progredir se progressivamente avançar no sentido de uma molecularização do objeto, o que lhe permite captar sua função no seio dos grandes conjuntos sociais de forma precisa. Não há *um* partido nazista; não só o partido nazista evoluiu, como em cada período teve uma função diferente, segundo os diversos campos nos quais interveio. A máquina ss de Himmler não era a mesma que a dos sa, e ambas eram diferentes das organizações de massas, tal como as concebiam os irmãos Strasser. No próprio seio da máquina ss, descobriríamos que certos aspectos de inspiração quase religiosa – lembramos que Himmler desejava que os ss fossem formados segundo métodos similares aos dos jesuítas – coexistiam com práticas francamente sádicas, como as de um Heydrich. Não se trata aqui de uma pesquisa gratuita, mas sim de uma recusa das simplificações que nos impedem de apreender a *genealogia* e a *permanência* de certas maquinarias fascistas. A Inquisição já havia instalado uma certa máquina fascista que só se efetivaria muito mais tarde com o partido jacobino, os partidos bolcheviques, os partidos fascistas etc. Tal análise dos componentes moleculares do fascismo poderia, assim, concernir aos mais variados campos, tanto na escala macropolítica quanto na escala microscópica. Ela deveria nos permitir apreender melhor como o mesmo fascismo, sob outras formas, continua funcionando, hoje, na família, na escola ou numa seção sindical.

A máquina totalitária

Há inúmeras maneiras de abordar essas questões do desejo no campo social. Podemos ignorá-las pura e simplesmente ou reduzi-las a alternativas políticas simplificadas. Também podemos procurar apreender suas mutações, seus deslocamentos e as novas possibilidades que abrem para uma ação revolucionária. O stalinismo e o fascismo foram considerados, por muito tempo, de ordens de definição radicalmente diferentes, ao passo que as diferentes formas de fascismo foram classificadas numa mesma rubrica. No entanto, as diferenças são, talvez, muito maiores entre os próprios fascistas do que entre certos aspectos do stalinismo e certos aspectos do nazismo. Sem querer forçar comparações nem desembocar em amálgamas – do tipo dos de Hannah Arendt, denunciados por Jean-Pierre Faye[2] –, somos obrigados a admitir a

---

2   Cf. Jean-Pierre Faye, *La Critique du langage et son économie*. Paris: Galilée, 1973.

continuidade de um mesmo maquinismo totalitário, buscando seu caminho através de *todas as estruturas* fascistas e stalinistas, democrata-burguesas etc. Sem voltar até o Baixo Império de Diocleciano e Constantino, podemos apontar sua filiação, nas condições do capitalismo, desde a repressão contra os *communards* de 1871 até suas formas atuais. Diferentes "fórmulas" de captura do desejo das massas foram assim produzidas pelos diferentes sistemas totalitários, em função da transformação das forças produtivas e das relações de produção. Deveríamos fazer um esforço para extrair sua *composição maquínica* – um pouco como uma espécie de composição química, mas uma química social do desejo que atravessa não apenas a História, mas também o conjunto do espaço social.

A transversalidade histórica das máquinas de desejo sobre as quais se apoiam os sistemas totalitários é inseparável de sua transversalidade social. A análise do fascismo não poderia, portanto, ser uma simples especialidade de historiador, pois aquilo que ele pôs em marcha ontem, repito, continua a proliferar sob outras formas no conjunto do espaço social contemporâneo. Toda uma química totalitária trabalha as estruturas do Estado, as estruturas políticas e sindicais, as estruturas institucionais e familiais, e até as estruturas individuais, na mesma medida em que se pode falar de uma espécie de fascismo do superego na culpabilidade e na neurose.

As montagens maquínicas infra-humanas do capitalismo

A evolução da divisão social do trabalho acarretou a constituição de conjuntos produtivos cada vez mais gigantescos. Mas esse agigantamento da produção provocou uma molecularização cada vez mais acentuada dos elementos humanos que eles colocavam em jogo nos agenciamentos maquínicos da indústria, da economia, da formação, da informação etc. Nunca é um homem que trabalha – e pode-se dizer o mesmo quanto ao desejo –, mas um agenciamento de órgãos e máquinas. Um homem não mais se comunica diretamente com seus semelhantes: os órgãos, as funções participam de uma "montagem" maquínica que coloca em conjunção cadeias semióticas e todo um entrecruzamento de fluxos materiais e sociais. (Exemplo: na direção de um carro, os olhos leem a estrada praticamente sem intervenção da consciência; a mão e o pé estão integrados às engrenagens da máquina etc.) Em contrapartida ao fato de suas técnicas de servidão maquínica[3] terem explodido as territorialidades humanas tradicionais, as forças produtivas estão hoje aptas a liberar a energia "molecular" do desejo. Não podemos avaliar, ainda, o alcance revolucionário dessa revolução maquínico-semiótica, mas ela é manifestamente irreversível. É, aliás, o que leva os sistemas totalitários e socialistas burocráticos a aperfeiçoar e miniaturizar ininterruptamente seus sistemas repressivos.

A determinação da composição maquínico-semiótica das diferentes formações de poder constitui, portanto, a meu ver, uma condição essencial das lutas micropolíticas do desejo, seja qual for o campo. Na falta de tal análise, oscila-se constantemente entre uma posição de abertura revolucionária "aventurista" e uma posição de fechamento totalitário. A análise molecular não pode ser senão a expressão de um agenciamento de potências moleculares que associa teoria a prática. Não se trata, pois, como quiseram nos acusar, de tomar a História pelo lado mesquinho das coisas ou pretender, como Pascal, que, se o nariz de Cleópatra fosse mais comprido, o curso da história teria mudado. Trata-se apenas de não perder o impacto do maquinismo totalitário que não para de evoluir, adaptar-se à mercê das relações de força e das transformações da sociedade. O papel de Hitler enquanto indivíduo portador de um certo tipo de competência certamente foi desprezível, mas seu papel como cristalizador de uma

---

3 No sentido da cibernética [N.E.: No original, "*asservissement*", cuja tradução mais direta é servidão, mas no campo da cibernética pode ser traduzido como servomecanismo, nome dado a um sistema de controle que utiliza *feedback* para monitorar e ajustar continuamente seu comportamento em resposta a mudanças no ambiente ou nos objetivos do sistema. Esse *feedback* permite que o sistema se autorregule, buscando alcançar e manter um estado desejado ou uma meta específica.]

nova figura dessa máquina totalitária foi e continua sendo fundamental. Hitler ainda está vivo! Ele circula nos sonhos, nos delírios, nos filmes, nos comportamentos torturadores dos policiais, nos bandos de jovens que veneram seus ícones, sem nada conhecerem do nazismo!

As cristalizações fascistizantes

Paremos um pouco na questão histórica que continua a "trabalhar" de maneira subterrânea os assuntos políticos mais atuais. Por que o capitalismo alemão, depois da debandada de 1918 e da crise de 1929, não se contentou em se apoiar numa simples ditadura militar? Por que Hitler, e não o general Von Schleicher? Daniel Guérin diz a esse respeito que o Grande Capital hesitou em "privar-se deste meio incomparável, insubstituível, de penetrar em todas as células da sociedade que são as organizações das massas fascistas".[4] Efetivamente, uma ditadura militar não teria conseguido esquadrinhar as massas com a mesma eficácia que um partido organizado de modo policial. Uma ditadura militar não capta a energia libidinal da mesma maneira que uma ditadura fascista, ainda que alguns de seus resultados possam parecer idênticos, ainda que se chegue aos mesmos tipos de métodos repressivos, às mesmas torturas, aos mesmos campos etc. A conjunção na pessoa de Hitler de pelo menos quatro séries libidinais fez cristalizar nas massas a mutação de um novo maquinismo desejante:

— um certo estilo plebeu que lhe dava condições de apoiar-se em pessoas mais ou menos marcadas pelas máquinas social-democratas e bolcheviques;
— um certo estilo veterano de guerra, simbolizado pela Cruz de Ferro da guerra de 1914, que lhe dava condições de neu-

---

4 Daniel Guérin, *Fascisme et Grand Capital* [1945]. Paris: Maspero, 1965.

tralizar os elementos do Estado-maior militar – já que não podia ter a sua total confiança;

— um oportunismo de negociante, um certo jogo de cintura, uma debilidade que lhe dava condições de negociar com os magnatas da indústria e das finanças, deixando-os crer ao mesmo tempo que poderiam controlá-lo e manipulá-lo facilmente;

— enfim, e talvez seja o essencial, um delírio racista, uma energia paranoica louca, o que o colocava em sintonia com a pulsão de morte coletiva que havia exalado das pilhas de ossos da Primeira Guerra Mundial. É óbvio que essa descrição é demasiado esquemática! Mas o ponto sobre o qual quero insistir, e que aqui só posso evocar, é o fato de que as condições locais da "irresistível ascensão" do Führer, a cristalização maquínica singular de desejo que se operou em Hitler não poderiam ser consideradas negligenciáveis!

Permanência do fascismo

A micropolítica que merece estar em jogo nesse nível e, repito, não se reduz em absoluto a questões de ordem biográfica ou psicanalítica continua a existir para além do período considerado e encontra-se, hoje, sob as mais diversas formas, no seio do tecido social do capitalismo contemporâneo e dos países que se pretendem socialistas. Tudo me leva a pensar, na verdade, que as novas microcristalizações fascistas que não param de proliferar sob nossos olhos, no seio do poder do Estado, nos partidos, nos sindicatos, nos grupelhos, através da informação, dos atos racistas etc., apenas estão assumindo o lugar das antigas no mesmo filo maquínico do totalitarismo. Sob o pretexto de que o papel do indivíduo na história seria desprezível, somos aconselhados a ficar de braços cruzados diante das gesticulações histéricas ou das manipulações paranoicas dos tiranos locais e dos burocratas de toda espécie. O papel de uma micropolítica do desejo será, ao contrário, opor-se a uma tal renúncia e recusar-se a deixar passar toda e qualquer fórmula de fascismo, seja qual for a escala em que se manifeste. O cinema e a televisão gostariam de nos sugerir constantemente que o nazismo, no fundo, não passou de um mau momento, uma espécie de erro histórico e, também, uma bela página de história para os heróis. Que era emocionante ver essas bandeiras do capitalismo e do socialismo misturadas! Queriam nos fazer acreditar na existência de um antagonismo real entre o eixo fascista e os aliados. Na verdade, o que estava em questão era a *seleção* de um modelo certo. A fórmula fascista ia de mal a pior. Tornara-se necessário eliminá-la e encontrar uma melhor.

Radek havia definido o nazismo como algo exterior à burguesia; ele o comparava a uma série de círculos de ferro com a qual a burguesia tentava consolidar "o barril rebentado do capitalismo". Mas a imagem era uma tentativa exagerada de tranquilizar. O fascismo permaneceu exterior à burguesia apenas em termos; e ela só decidiu rejeitá-lo a partir do momento que se convenceu de que, em razão de sua instabilidade e do desejo demasiadamente poderoso que ele despertava nas massas, o fascismo ameaçava implodir os regimes da democracia burguesa.

A seleção das máquinas totalitárias

Aceito na fase paroxística da crise, o "remédio" mostrou-se depois mais perigoso que o próprio mal. No entanto, o capitalismo internacional não podia cogitar eliminá-lo senão na medida em que tivesse a seu alcance outros meios para controlar a luta de classes, outras fórmulas totalitárias para dominar o desejo das massas. A partir do momento que o stalinismo negociasse tal fórmula de substituição, a aliança com ele se tornava possível. A ditadura stalinista apresentava inúmeras vantagens em relação à hitleriana. Os regimes fascistas, efetivamente, não conseguiam cercar o problema como deviam. A "missão impossível" conferida a seus líderes consistia essencialmente em:

1. estabelecer um compromisso entre diferentes formações de poder que procurassem manter sua autonomia: a máquina militar, as facções político-policiais, o aparelho econômico etc.;[5]
2. reprimir e canalizar a efervescência revolucionária sempre capaz de ressuscitar no contexto apocalíptico da época. Liquidando uma por uma as antigas classes políticas, as nacionalidades colonizadas mais turbulentas, os velhos bolcheviques, os jovens burocratas etc., a máquina stalinista iria muito além da máquina nazista no aperfeiçoamento do modelo repressivo. Os nazistas exterminaram milhões de judeus e centenas de milhares de militantes de esquerda; na medida em que esses extermínios incidiam sobre elementos que eles consideravam exteriores à sua raça, sobre bodes expiatórios, esses extermínios tinham algo de sacrificial. Não se pode dizer que os nazistas atacaram sistematicamente os dirigentes da burguesia alemã. O método stalinista foi totalmente diferente. A força do burocratismo soviético talvez tenha sido a de ter espalhado o terror, inclusive em seu próprio seio, muito além do que os ss foram levados a fazer, em certas circunstâncias, no seio do aparelho de enquadramento nazista. De qualquer maneira, a aliança entre as democracias ocidentais e o totalitarismo stalinista não tinha de modo algum o objetivo de "salvar a democracia". Tratava-se, antes de tudo, de eliminar uma máquina louca que ameaçava seu próprio sistema de dominação.

Durante todo esse período, uma espécie de crise de fim de mundo tomou conta do planeta. Todos os antigos mecanismos reguladores social-democratas, sindicais etc. – a partir dos quais os antigos equilíbrios puderam ser mantidos – se revelaram carentes. É verdade que não devemos esquecer que

---

5   Nem é preciso repetir que estamos simplificando as coisas ao extremo. Não houve, por exemplo, uma atitude homogênea por parte dos capitalistas. Krupp, de início hostil a Hitler, só aderiu a ele mais tarde.

as organizações de esquerda haviam sido previamente liquidadas na Itália e na Alemanha. Mas por que elas desabaram como castelos de cartas? Elas nunca haviam proposto uma verdadeira alternativa às massas, nada que pudesse captar sua vontade de luta e sua energia de desejo ou, pelo menos, desviá-las da religião fascista (as análises de Reich, sobre esse aspecto, me parecem definitivas). Muitos argumentavam que os regimes fascistas, quando surgiram, trouxeram um mínimo de soluções econômicas aos problemas mais urgentes – retomada econômica artificial, reabsorção do desemprego, programa de grandes obras, controle de capitais – e opunham essas medidas, por exemplo, à impotência dos governos social-democratas da República de Weimar. As pessoas se contentam com explicações como: os socialistas e os comunistas tinham um programa ruim, dirigentes ruins, organização ruim, alianças ruins. E a enumeração de suas fraquezas e traições não acabaria nunca. Mas nada nessas explicações dá conta do fato de que a nova máquina desejante totalitária tenha podido cristalizar-se nas massas a ponto de ser sentida pelo próprio capitalismo internacional como mais perigosa do que a ditadura nascida da Revolução de Outubro. O que não se quer ver é que a máquina fascista, em sua forma italiana ou alemã, ameaçava o capitalismo e o stalinismo, porque as massas investiam nela uma fantástica pulsão de morte coletiva. Ao reterritorializar seu desejo em um chefe, um povo, uma raça, elas aboliam, numa fantasia de catástrofe, uma realidade que elas detestavam e na qual os revolucionários não tinham sabido ou querido tocar. A virilidade, o sangue, o espaço vital, a morte substituíam, para elas, um socialismo demasiadamente respeitoso dos valores dominantes. E isso, apesar da má-fé intrínseca do fascismo, das falsas provocações às raias do absurdo, de todo o teatro de histeria coletiva e debilidade que os trazia de volta a esses mesmos valores. Em todo caso, a mistificação e a sedução deviam ser muito mais intensas do que no stalinismo. As significações fascistas acabam caindo numa representação composta de amor e morte, Eros e Tânatos confundindo-se num só. Hitler e os nazistas lutavam pela morte, até e inclu-

57

sive a da Alemanha. E as massas alemãs aceitaram segui-los até a destruição delas próprias. Seria, de fato, difícil compreender de outra maneira que elas tenham aceitado continuar a guerra tantos anos depois de a terem manifestamente perdido. Ao lado de um tal fenômeno, a máquina stalinista, sobretudo vista de fora, parecia muito mais sensata. Ela não era apenas implacável. Ela era, sobretudo, muito mais estável. Assim, não é de se espantar que os capitalismos inglês e norte-americano não tenham relutado muito em aliar-se a ela. Após a liquidação da Terceira Internacional, ela se apresentava como um sistema de reposição para controlar as massas. Quem melhor do que a polícia stalinista e seus agentes, no período de reconstrução, teria condições de controlar os movimentos mais turbulentos da classe operária, das massas coloniais e das minorias nacionais oprimidas?

Máquinas totalitárias capitalistas

Diferentemente do fascismo, as máquinas totalitárias capitalistas, ao mesmo tempo que captam a energia do desejo dos trabalhadores, esforçam-se para dividi-los, particularizá-los e molecularizá-los. Infiltram-se em suas fileiras, em sua família, em seu casamento, em sua infância; instalam-se no coração de sua subjetividade e de sua visão de mundo. O capitalismo teme os grandes movimentos de multidões. *Ele procura apoiar-se em sistemas automáticos de regulagem.* É o papel que é destinado ao Estado e aos mecanismos de contratualização entre os "parceiros sociais", aos Equipamentos Coletivos e aos meios de comunicação de massa. E, quando um conflito transborda os quadros preestabelecidos, procura circunscrevê-lo a guerras econômicas ou guerras locais. Desse ponto de vista, somos obrigados a reconhecer que a máquina totalitária stalinista está prestes a ser totalmente superada por aquela do totalitarismo ocidental. O que era a qualidade do Estado stalinista em relação ao Estado nazista tornou-se o seu principal defeito em relação aos Estados "democráticos". O Estado stalinista tinha a vantagem de uma maior estabilidade em relação ao fascismo; o partido não era colocado no mesmo plano da máquina militar, da máquina policial e da máquina econômica. Ele sobrecodificava rigorosamente todas as máquinas de poder e esquadrinhava implacavelmente as massas. Além disso, conseguia segurar as rédeas da vanguarda do proletariado internacional. A falência do stalinismo clássico – que é, sem dúvida, um dos traços mais marcantes do período atual – deve-se, provavelmente, ao fato de ele não ter podido adaptar-se à evolução das forças produtivas e, em particular, àquilo que chamei de molecularização da força de trabalho. Isso se traduziu, no interior da União Soviética, em uma série de crises políticas e econômicas, por deslocamentos sucessivos de poder que restituíram, em detrimento do partido, uma autonomia de fato (relativa, porém fundamental) às máquinas do Estado, da produção, do exército, das regiões etc. Por toda parte, as questões nacionais e regionais, os particularismos, voltaram a ter um peso determinante. Isso permitiu, entre outras coisas, que os países da Cortina de Ferro recuperassem certa liberdade de ação, e que os países capitalistas recuperassem e integrassem, parcialmente, seus partidos comunistas nacionais. Desse ponto de vista, a herança de Stalin foi completamente perdida. O stalinismo sem dúvida continuou a sobreviver em alguns partidos e sindicatos, mas hoje ele funciona mais próximo do antigo modelo social-democrata e, por essa razão, as lutas revolucionárias autônomas e as lutas de desejo, como as de Maio de 68 ou da lip,[6] tenderão cada vez mais a escapar-lhe.

---

6 Fábrica francesa de relógios. Em 1973, inspirado pelos acontecimentos do Maio de 68 e diante de ameaças de reestruturação, os trabalhadores da lip ocuparam a fábrica e instituíram um sistema de autogestão que se tornou um símbolo para uma série de outras iniciativas. Entre os trabalhadores que lideraram o movimento estava o frei dominicano Jean Raguenès, que em 1978 se mudou para o Brasil para se juntar à Comissão Pastoral da Terra. [N. E.]

DESTERRITORIALIZAÇÃO DA PRODUÇÃO E
MOLECULARIZAÇÃO DO FASCISMO

O que assegura a passagem das grandes entidades fascistas clássicas à molecularização do fascismo a que assistimos hoje? De onde provém a desterritorialização das relações humanas? O que as faz perder suas bases nos grupos territoriais, familiares, no corpo, nas faixas etárias etc.? Qual é a natureza dessa desterritorialização que gera, por sua vez, a escalada de um microfascismo? Não se trata de uma mera questão de orientação ideológica, mas sim de um processo material fundamental: é porque as sociedades industriais funcionam a partir de máquinas semióticas que decodificam cada vez mais todas as realidades, todas as territorialidades anteriores, é porque as máquinas técnicas e os sistemas econômicos são cada vez mais desterritorializados que elas têm condições de liberar fluxos de desejo cada vez maiores; ou, mais exatamente, é porque seu modo de produção é forçado a operar essa liberação que as formas de repressão também são levadas a se molecularizar. Uma simples repressão maciça, global, cega não é mais suficiente. O capitalismo é obrigado a construir e impor seus próprios modelos de desejo; e é essencial para sua sobrevivência que ele consiga que as massas que ele explora interiorizem esses modelos. Convém atribuir a cada um: uma infância, uma posição sexual, uma relação com o corpo, com o saber, uma representação do amor, da honestidade, da morte etc. As relações de produção capitalistas não se estabelecem somente na escala dos grandes conjuntos sociais; é desde o berço que eles moldam um certo tipo de indivíduo produtor-consumidor. A molecularização dos processos de repressão e, por consequência, essa perspectiva de uma micropolítica do desejo não estão ligadas a uma evolução de ideias, portanto, mas a uma transformação dos processos materiais, a uma desterritorialização de todas as formas de produção, quer se trate da produção social ou da produção desejante.

Por não dispor de modelos comprovados, e considerando a desadaptação das antigas fórmulas fascistas, stalinistas e talvez também social-democratas, o capitalismo é levado mais uma vez a buscar, em seu seio, novas fórmulas de totalitarismo. Enquanto não as encontrar, será pego no contrapé por movimentos que se colocarão, para ele, em *fronts* imprevisíveis (greves selvagens, movimentos autogestionários, lutas de imigrados, de minorias raciais, subversão nas escolas, nas prisões, nos hospícios, lutas pela liberdade sexual etc.). Essas novas provações, nas quais não se está mais lidando com conjuntos sociais homogêneos, cuja ação possa ser facilmente canalizada para objetivos unicamente econômicos, tem como consequência fazer proliferar e exacerbar respostas repressivas. Ao lado do fascismo dos campos de concentração – que continuam a existir em muitos países[7] –, desenvolvem-se novas formas de fascismo molecular: um banho-maria no familiarismo, na escola, no racismo, nos guetos de toda natureza substitui com vantagens os fornos crematórios. Por toda parte, a máquina totalitária experimenta estruturas mais bem adaptadas à situação: isto é, mais capazes de captar o desejo para colocá-lo a serviço da economia de lucro. Dever-se-ia, portanto, renunciar definitivamente a fórmulas demasiado simplistas do gênero "o fascismo não passará". O fascismo não só já passou como continua a passar. Passa pela mais fina malha; está em constante evolução; parece vir de fora, mas encontra sua energia no coração do desejo de cada um de nós. Em situações aparentemente sem problemas, podem aparecer catástrofes de um dia para o outro.[8] O fascismo, assim como o desejo, está espalhado em peças avulsas no conjunto do campo social;

7 Uma das maiores preocupações do capitalismo contemporâneo é encontrar formas de totalitarismo adaptadas ao Terceiro Mundo.
8 Um desastre como o do Chile deveria nos fazer desconfiar, de uma vez por todas, do blá-blá-blá social-democrata – o exército chileno não era, segundo Allende, "o exército mais democrático do mundo"? Uma máquina militar enquanto tal, seja qual for o regime político do país onde está implantada, cristaliza sempre um desejo fascista. O exército de Trótski, o exército de Mao ou o de Castro não são exceção. O que, aliás, não diminui em nada seus respectivos méritos.

toma forma num lugar ou noutro em função das relações de força. Pode-se dizer que ele é ao mesmo tempo superpotente e de uma fraqueza irrisória.

Em última análise, tudo depende da capacidade dos grupos humanos de se tornarem sujeitos da história, isto é, agenciar, em todos os níveis, as forças materiais e sociais que se abrem para um desejo de viver e mudar o mundo.

PARTIDO CENTRALISTA *OU* MÁQUINA DE GUERRA REVOLUCIONÁRIA
[ENTREVISTA PARA A REVISTA *ACTUEL*]

[ACTUEL] *Já houve na história uma liberação vigorosa e durável do desejo, fora dos breves períodos de festa, de carnificinas, de guerra ou de jornadas revolucionárias?[1] Ou você acredita no fim da História... em uma revolução que seria a última e liberaria para sempre o desejo?*

[FÉLIX GUATTARI] Nem um nem outro! Nem fim da História nem excessos provisórios. Fins da História todas as civilizações conheceram muitos, geralmente nem decisivos nem liberadores. Quanto aos excessos, aos momentos de festa, também não são convincentes. Existem militantes revolucionários obcecados pelo espírito de responsabilidade que dizem: "os excessos são concebíveis 'no primeiro estágio' da revolução, mas em seguida é indispensável passarmos às coisas sérias, à organização, à reeducação". Sabemos onde isso termina: nos campos da Sibéria! Encontramos sempre o velho esquema: o avanço de uma vanguarda apta a operar sínteses, a formar um partido como um embrião de aparelho de Estado, extração de uma classe operária bem-educada; o resto é apenas um resíduo, o lumpemproletariado do qual devemos desconfiar. Estabelecer essas distinções é uma maneira de sabotar o desejo em benefício de uma casta burocrática. A distinção "vanguarda do proletariado não proletarizada" foi introduzida pelos partidos ou aparelhos de Estado com o objetivo de captar e disciplinar a força coletiva de trabalho. A boa classe operária é como a boa justiça, é como reclamar bons juízes, bons policiais, bons patrões, para melhor esmagar os fenômenos de expressão de massa, para *marginalizar* o

---

1 Trecho de entrevista publicada originalmente no número especial da revista *Actuel*, "C'est demain la veille", 1973. [N. E.]

desejo. Sobre isso, nos dizem: como vocês querem unificar as lutas pontuais sem um partido? Como fazer a máquina funcionar sem um aparelho de Estado? *Que a revolução precise de uma máquina de guerra é evidente, mas isso não tem nada a ver com um aparelho de Estado.* Que ela precise de uma *instância de análise dos desejos das* massas é certo, mas não de um *aparelho exterior de síntese.* Desejo liberado significa que o desejo sai dos impasses da fantasia individual privada: não se trata de adaptá-lo, de socializá-lo, de discipliná-lo, mas de agenciá-lo de tal maneira que seu processo não seja interrompido em um corpo social opaco e que, pelo contrário, ele alcance uma enunciação coletiva. O que conta não é a unificação autoritária, mas sobretudo uma enxameação[2] ao infinito das máquinas desejantes: nas escolas, nas fábricas, nos bairros, nas creches, nas prisões etc. Portanto, nada de alisar, de totalizar os movimentos parciais para conectá-los sob um mesmo ponto de viragem. Enquanto ficarmos numa alternativa entre o espontaneísmo impotente das massas e a codificação burocrática e hierárquica de uma organização de partido, os movimentos de liberação do desejo serão recuperados, encurralados, marginalizados...

Para você, as oposições ideológicas marcaram por definição conflitos de desejo?

Nas estruturas políticas tradicionais, encontramos sempre a velha astúcia: o grande debate ideológico acontece na assembleia geral, e as questões de organização são relegadas ao segundo plano, tratadas por comissões especializadas. São apresentadas como secundárias em relação às opções políticas, ao passo que os problemas reais sempre giram em torno das questões de organização jamais explicitadas, mas que

---

2 A enxameação é um fenômeno observado nas colmeias, quando a abelha-rainha e algumas abelhas-operárias partem a fim de construir uma nova colônia. Elas percorrem o território até encontrar um lugar propício para uma nova colmeia, podendo formar nuvens que chegam a vinte metros de comprimento. [N. T.]

"projetamos" em seguida em termos ideológicos. Na realidade, é daí que surgem as verdadeiras clivagens, no plano da relação entre o desejo e o poder, no plano dos investimentos, dos édipos de grupo, dos "super-eu" coletivos, dos fenômenos de perversão burocrática etc. É apenas em um segundo momento que as oposições políticas se constroem: o indivíduo toma certa opinião contra outra porque, no plano da organização e do poder, ele já elegeu afetivamente seu adversário e seus aliados.

Tomemos um exemplo concreto, o dos grupelhos trotskistas. De qual conflito de desejo pode se tratar aqui? Apesar das querelas políticas, cada grupo parece executar as mesmas funções em relação aos seus militantes: uma hierarquia que confere segurança, a reconstituição de um meio social, uma explicação definitiva do mundo. Eu não vejo a diferença.

Como toda semelhança entre os grupos existentes é fortuita, podemos imaginar que um dos grupos se define, primeiramente, pela fidelidade às posições fixas da esquerda comunisante durante a criação da Terceira Internacional. É toda uma axiomática, inclusive no plano fonológico – a maneira de articular certas palavras, o gesto que as acompanha – e depois, as estruturas de organização, a concepção das relações tecidas com os aliados, os "centristas", os "revisionistas"... Isso pode corresponder a uma certa figura de edipianização, um universo intangível e reconfortante, como aquele do obsessivo que perde as estribeiras se deslocamos um de seus objetos familiares. Através dessa identificação com figuras e imagens recorrentes, trata-se de atingir uma eficácia semelhante à do stalinismo – do ponto de vista ideológico, justamente. Por outro lado, conserva-se o quadro geral do método, mas assegura-se que ele seja adaptado: "é preciso ver bem, camaradas, porque, ainda que o inimigo continue o mesmo, as condições mudaram". Temos assim um grupelho mais aberto. É um compromisso: retifica-se a primeira imagem mantendo o essencial da sua estrutura; injetamos novas noções que coexistem com as antigas sem interferirem verdadeiramente umas nas outras. Multiplicam-se as reuniões e estágios e também as intervenções exteriores. Nesse tipo de desejo militante, apesar de uma vontade de mudança, parafraseando Zazie, a mesma vontade de azucrinar os militantes continua intacta. Quanto ao fundo dos problemas, você tem razão, todos esses grupelhos dizem mais ou menos a mesma coisa. Mas é interessante observar a oposição de estilos: suas definições de liderança, de propaganda, uma concepção da disciplina, da fidelidade, da modéstia, do ascetismo militante. Como dar conta dessas polaridades sem vasculhar a economia do desejo de tais máquinas sociais? Dos anarquistas aos maoistas, o leque é bastante abrangente no plano político, assim como no analítico. Sem contar a massa de gente que gira em torno desses grupos sem saber muito bem como se determinar entre o ativismo esquerdista,[3] a ação sindical, a revolta, a expectativa ou o desinteresse.

É preciso estudar em detalhe o papel exato dessas máquinas de esmagar o desejo que são os grupelhos, seu trabalho de moer e peneirar. Sempre o mesmo dilema: ser quebrado pelo sistema social ou se integrar no quadro preestabelecido das igrejinhas. Nesse sentido, Maio de 68 foi uma grande revelação. A potência coletiva do desejo chega a tal intensidade que implode todos os grupelhos. Eles se recuperaram, em seguida, participaram do retorno à ordem, à sua maneira, ao lado das outras forças repressivas, a Confederação Geral do Trabalho, o Partido Comunista, ou Edgar Faure. Não digo isso pelo prazer da provocação. É incontestável que os mesmos militantes que lutaram corajosamente contra a polícia tenham, também, feito de tudo para quebrar o movimento. A partir do momento em que abandonamos o domínio da luta de interesses para considerar a função do desejo, é preciso reconhecer que o enquadramento de certos grupelhos não pode deixar de abordar a juventude com um espírito repressor: conter o desejo liberado para canalizá-lo.

---

3 Esquerdista é a tradução de *gauchiste*, que designa especificamente a esquerda extraparlamentar, ou seja, que está fora dos partidos políticos. [N. T.]

O CAPITAL COMO INTEGRAL DAS FORMAÇÕES DE PODER

O capital não é uma categoria abstrata, é um operador semiótico a serviço de formações sociais determinadas. Sua função é assumir o registro, a regulagem, a sobrecodificação: 1) das formações de poderes próprios às sociedades industriais desenvolvidas, 2) das relações de força e dos fluxos relativos ao conjunto das potências econômicas do planeta.[1] Encontramos, sob múltiplas formas, sistemas de capitalização dos poderes nas sociedades mais arcaicas (capital de prestígio, capital de potência mágica, encarnando num indivíduo, numa linhagem, numa etnia). Mas parece que só no modo de produção capitalista é que se autonomizou um procedimento geral de semiotização de tal capitalização. Ela se desenvolveu segundo os dois seguintes eixos:

— uma desterritorialização dos modos locais de semiotização de poderes, que ficam, assim, sob o controle de um sistema geral de inscrição e de quantificação do poder;
— uma reterritorialização desse último sistema numa formação de poder hegemônico: a burguesia dos Estados-nação.

O capital econômico, expresso em linguagem monetária, contábil, de bolsa etc., repousa sempre, em última instância, sobre mecanismos de avaliação diferencial e dinâmica de poderes confrontando-se num terreno concreto. Uma análise exaustiva de um capital, seja qual for sua natureza, implicaria, portanto, considerar componentes extremamente diversificados, relativos tanto a prestações mais ou menos monetizadas – por exemplo, de ordem sexual ou doméstica (presentes, van-

---

1 Texto originalmente publicado pelo Centre d'initiative pour de nouveaux espaces de liberté [Cinel – Centro de iniciativa pelos novos espaços de liberdade], *Échafaudages*. Paris: Recherches, 1979. [N. E.]

tagens adquiridas, "benefícios secundários", mesadas, pecúlios etc.) – quanto a gigantescas transações internacionais que, sob pretexto de operações de crédito, investimento, implantações industriais, cooperações etc., não são, de fato, mais do que confrontos econômico-estratégicos. Desse ponto de vista, toda vez que o capital é insistentemente relacionado a um equivalente geral, ou moedas a sistemas de paridade fixos etc., desmascara-se a natureza real dos processos de assujeitamento e de servidão capitalistas, ou seja, o emprego de relações de força sociais e microssociais, de deslocamentos de poder, de avanços e recuos de uma formação social em relação a outra, ou de atitudes coletivas de fuga adiante inflacionistas que visam a conjurar uma perda de terreno, ou ainda de tomadas de poder imperceptíveis, que só se revelarão claramente ao final. Os padrões de referência não têm outro papel senão o de contagem, referenciação relativa, regulagem transitória. Uma verdadeira quantificação dos poderes só poderia basear-se em modos de semiotização, em conexão direta com formações de poder e agenciamentos produtivos (tanto materiais quanto semióticos), devidamente localizados em coordenadas sociais.

I. TRABALHO MAQUÍNICO E TRABALHO HUMANO

O valor do trabalho posto à venda no mercado capitalista depende de um fator quantitativo – o tempo de trabalho – e de um fator qualitativo – a qualificação média do trabalho. Sob esse segundo aspecto de servidão maquínica,[2] ele não pode ser circunscrito a um plano individual: primeiro, porque a qualificação de uma *performance* humana é inseparável de um ambiente maquínico particular; segundo, porque sua competência é sempre dependente de uma instância coletiva de formação e socialização. Marx fala, frequentemente, do trabalho como resultante de um "trabalhador coletivo", mas, para ele, tal entidade é de ordem estatística: "o trabalhador coletivo" é um personagem abstrato resultante de um cálculo

---

2   No sentido da cibernética. [N. E.: vf. nota p. 52.]

feito a partir do "trabalho social médio". Essa operação lhe permite superar diferenças individuais no cálculo do valor do trabalho, que se encontra, assim, indexado a fatores quantitativos unívocos, tais como o tempo de trabalho necessário a uma produção e o número de trabalhadores envolvidos. A partir daí, ele pode decompor esse valor em duas partes:

- uma quantidade correspondente ao trabalho necessário para a produção do trabalho;
- uma quantidade constitutiva da mais-valia, que é identificada com a extorsão de um sobretrabalho pelo capitalismso.[3]

Tal concepção da mais-valia talvez encontre correspondência numa prática contábil do capitalismo, mas certamente não em seu funcionamento real, em particular na indústria moderna. A nosso ver, a noção de "trabalhador coletivo" não deveria ser reduzida a uma abstração. A força de trabalho se apresenta sempre por meio dos agenciamentos de produção concretos, mesclando intimamente as relações sociais aos meios de produção, o trabalho humano ao trabalho da máquina. Assim, o caráter esquemático da composição orgânica do capital, que Marx divide em capital relativo aos meios de produção (capital constante) e capital relativo aos meios de trabalho (capital variável), deveria ser posto em dúvida.

———

3   Marx define a mais-valia da seguinte maneira: "A mais-valia produzida pelo prolongamento da jornada de trabalho chamo de mais-valia absoluta; a mais-valia que, ao contrário, decorre da redução do tempo de trabalho e da correspondente mudança da proporção entre os dois componentes da jornada de trabalho chamo de mais-valia relativa (*O capital*, Livro I, v. 1, cap. 10, trad. Regis Barbosa e Flávio R. Kothe. São Paulo: Ubu Editora, 2024). A taxa de mais-valia é representada pelas seguintes fórmula:

$$Tmv = \frac{\text{Mais-valia}}{\text{Cap. variável}} = \frac{\text{Mais-valia}}{\text{Valor da força de trabalho}} = \frac{\text{Sobretrabalho}}{\text{Trabalho necessário}}$$

Ele especifica que: "As duas primeiras fórmulas apresentam como relação de valores o que a terceira apresenta como relação dos tempos durante os quais esses valores são produzidos" (ibid.).

Vamos lembrar que Marx distingue a composição em valor do capital (capital constante, capital variável) de sua composição técnica "em campo", relativa à massa real dos meios de produção envolvidos na valorização de um capital, e a quantidade objetiva de trabalho socialmente necessário para produzi-los. Passa-se assim, com razão, de um jogo de valor de signo para um jogo de relação de força material e social. O modo de produção capitalista, com os progressos do maquinismo, levaria fatalmente, segundo Marx, a uma diminuição relativa do capital variável em relação ao capital constante, da qual ele deduz uma lei de baixa tendencial da taxa de lucro, que seria como uma espécie de destino histórico do capitalismo. Mas, no quadro real dos agenciamentos de produção, o modo marxista de cálculo da mais-valia absoluta baseado na quantidade de trabalho social médio – do qual uma parte seria, de certo modo, roubada pelos capitalistas – está longe de ser óbvio. O fator tempo não constitui, de fato, senão mais um parâmetro da exploração entre outros. Sabe-se, hoje, que a gestão do capital de conhecimento, o grau de participação na organização do trabalho, o espírito "da casa", a disciplina coletiva etc. também podem adquirir uma importância determinante na produtividade do capital. Quanto a isso, pode-se até mesmo admitir que a ideia de uma média social de rendimento por hora em determinado ramo, enquanto tal, não tem o menor sentido. São as equipes, as oficinas, as fábricas onde aparece, por x razões, uma diminuição local da "entropia produtiva" que fazem avançar, que "pilotam", de certo modo, esse tipo de média num ramo industrial ou num país, ao passo que a resistência coletiva operária, o burocratismo da organização etc., a freiam. Em outras palavras, são agenciamentos complexos – relativos à formação, à inovação, às estruturas internas, às relações sindicais etc. – que delimitam a amplidão das zonas de lucro capitalistas, e não uma simples extração de tempo de trabalho. Aliás, o próprio Marx identificou perfeitamente a defasagem crescente que estava se instituindo entre os componentes maquínicos, os componentes intelectuais e os componentes manuais do trabalho. Nos

Grundrisse, ele assinalou que o conjunto dos conhecimentos tende a tornar-se "uma potência produtiva imediata":

> à medida que a grande indústria se desenvolve, a criação da riqueza efetiva passa a depender menos do tempo de trabalho e do *quantum* de trabalho empregado que do poder dos agentes postos em movimento durante o tempo de trabalho, poder que – cuja poderosa efetividade –, por sua vez, não tem nenhuma relação com o tempo de trabalho imediato que custa sua produção, mas que depende, ao contrário, do nível geral da ciência e do progresso da tecnologia, ou da aplicação dessa ciência à produção.[4]

Ele insistia no caráter absurdo e transitório de uma medida do valor a partir do tempo de trabalho. "Tão logo o trabalho na sua forma imediata deixa de ser a grande fonte de riqueza, o tempo de trabalho deixa, e tem de deixar, de ser a sua medida e, em consequência, o valor de troca deixa de ser [a medida] dos valores de uso."[5]

Assinalemos aqui a fragilidade desse último paralelo: com efeito, se hoje parece que o reino absoluto da medida do tempo de trabalho está talvez prestes a desaparecer, o mesmo não ocorre com o do valor de troca! É verdade que, se o capitalismo parece ser capaz de viver sem o primeiro, é inimaginável que sobreviva a um desaparecimento do segundo, que só poderia ser efeito de transformações sociais revolucionárias. Marx considerava que a eliminação da oposição lazer-trabalho coincidiria com o controle do sobretrabalho pelas massas operárias.[6] Infelizmente, é perfeitamente concebível

---

4 Karl Marx, *Grundrisse*, trad. Mario Duayer e Nélio Schneider. São Paulo/Rio de Janeiro: Boitempo/Ed. UFRJ, 2011, pp. 587-88.

5 Ibid., p. 588.

6 "Pois a verdadeira riqueza é a força produtiva desenvolvida de todos os indivíduos. Nesse caso, o tempo de trabalho não é mais de forma alguma a medida da riqueza, mas o tempo disponível. *O tempo de trabalho como medida da riqueza* põe a própria riqueza como riqueza fundada sobre a pobreza e o tempo disponível como tempo existente apenas *na e por meio da oposição ao tempo de tra-*

que o próprio capitalismo seja levado a flexibilizar cada vez mais a medida de tempo de trabalho e adotar uma política de lazer e formação tanto mais "aberta" quanto mais ele a colonizar (quantos operários, empregados, altos executivos não passam suas noites e fins de semana preparando uma promoção de carreira!). O remanejamento da quantificação do valor a partir do tempo de trabalho não terá sido, como pensava Marx, um apanágio da sociedade sem classes! E, de fato, pelos modos de transporte, pelos modos de vida urbanos, domésticos, conjugais, pelos meios de comunicação, pela indústria do lazer e até dos sonhos... parece que nenhum instante pode escapar ao controle do capital.

Não se paga ao assalariado a duração pura do funcionamento do "trabalho social médio", mas uma disponibilidade, uma compensação para um *poder* que excede aquele que é exercido durante o tempo de presença na empresa. O que conta aqui é a ocupação de uma função, um jogo de poder entre os trabalhadores e os grupos sociais que controlam os agenciamentos de produção e as formações sociais. O capitalista não extorque um prolongamento de tempo, mas um processo qualitativo complexo. O trabalho aparentemente mais serial, por exemplo, empurrar uma alavanca, vigiar um dispositivo de segurança, supõe sempre a formação prévia de um capital semiótico de componentes múltiplos – conhecimento da língua, dos usos e costumes, das regulamentações, das hierarquias, controle dos processos de abstração progressiva, dos itinerários, das interações próprias aos agenciamentos produtivos... O trabalho não é mais, se é que foi algum dia, um simples ingrediente, uma simples matéria-prima da produção. Dito de outra forma, a parte de servidão maquínica que entra no trabalho humano nunca é quantificável enquanto tal. Em compensação, o assujeitamento subjetivo, a alienação social inerente a um posto de trabalho ou a qualquer outra função social, o é perfeitamente. É essa, aliás, a função que cabe ao capital. Os dois problemas que con-

---

balho excedente; ou significa pôr todo o tempo do indivíduo como tempo de trabalho, e daí a degradação do indivíduo a mero trabalhador, sua subsunção ao trabalho" (ibid., p. 591).

cernem, por um lado, ao valor trabalho, ao seu papel na mais-valia e, por outro, à incidência da elevação da produtividade pelo maquinismo sobre a taxa de lucro estão indissoluvelmente interligados. O tempo humano é cada vez mais substituído por um *tempo maquínico*. Como diz Marx, não é mais o trabalho humano que se insere no maquinismo: "o ser homem se relaciona com o processo de produção muito mais como supervisor e regulador".[7] Parece que o trabalho na linha de produção e as diferentes formas de taylorismo nos ramos mais modernos da economia estão em vias de depender mais dos métodos gerais de assujeitamento social do que de procedimentos de servidão específicos às forças produtivas.[8] Essa alienação taylorista do tempo de trabalho, essas formas neoarcaicas de assujeitamento ao posto de trabalho permanecem, em princípio, mensuráveis a partir de um equivalente geral. O controle do trabalho social médio ainda pode, teoricamente, encarnar-se num valor de troca dos poderes (seria possível, assim, comparar o tempo formal de alienação de um camponês senegalês ao de um funcionário do Ministério das Finanças ou de um operário da IBM!). Mas o controle real dos tempos maquínicos, da servidão dos órgãos humanos pelos agenciamentos produtivos não poderia mais ser validamente mensurado a partir de um tal equivalente geral. Pode-se medir um tempo de presença, um tempo de alienação, uma duração de encarceramento numa fábrica ou prisão; não se pode medir suas consequências num indivíduo. Pode-se quantificar o trabalho aparente de um físico num laboratório, não o valor produtivo das fórmulas que ele elabora. O valor marxista abstrato sobrecodifica o conjunto do trabalho humano concretamente destinado à produção dos valores de troca. Mas o movimento atual do capitalismo tende a que todos os valores de uso se tornem valores de troca e que todo trabalho produtivo dependa do maquinismo. Os próprios

---

7   Ibid., p. 588.

8   Numa outra ordem de ideias, vê-se claramente que o atual triunfo do behaviorismo nos Estados Unidos não é absolutamente o resultado de um "progresso da ciência", mas de uma sistematização dos mais rigorosos métodos de controle social.

polos da troca passaram para o lado do maquinismo, os computadores dialogam de um continente ao outro e ditam aos executivos as cláusulas das trocas. A produção automatizada e informatizada não extrai mais sua consistência de um fator humano de base, mas de um filo maquínico que atravessa, contorna, dispersa, miniaturiza, recupera todas as funções, todas as atividades humanas.

Essas transformações não implicam que o novo capitalismo substitua completamente o antigo. O que há é uma coexistência, estratificação e hierarquização de capitalismos de diferentes níveis que põem em jogo:

1. Os *capitalismos segmentários tradicionais*, territorializados nos Estados-nação e que secretam sua unificação a partir de um modo de semiotização monetário e financeiro;[9]
2. Um *capitalismo mundial integrado*, que não mais se apoia exclusivamente no modo de semiotização do capital financeiro e monetário e, sim, mais fundamentalmente, em todo um conjunto de procedimentos de servidão técnico-científicos, macro e microssociais, *mass-media* etc.

A fórmula da mais-valia marxista está essencialmente ligada aos capitalismos segmentários. Ela não consegue explicar o duplo movimento de mundialização e miniaturização que caracteriza a evolução atual. Por exemplo, no caso-limite em que cada ramo da indústria é inteiramente automatizado, não se enxerga onde foi parar essa mais-valia! Atendo-se rigorosamente às equações marxistas, ela deveria desaparecer completamente – o que é um absurdo! Ela deveria ser calculada, então, unicamente em função do trabalho maquínico? Por que não? Poderíamos apresentar uma fórmula

---

9   A "revolução mercantilista" poderia ser a referência. Penso em particular no grande livro de Thomas Mun *A Discourse of Trade from England into East Indies* [1609] – que representa para Marx "a cisão consciente operada pelo mercantilismo com o sistema do qual ele saiu"... Ele ficará sendo "o evangelho mercantilista" (Pléiade, t. II, p. 1499).

segundo a qual uma mais-valia maquínica corresponderia a um sobretrabalho "exigido" da máquina para além de seu custo de manutenção e reposição! Mas certamente não é tentando arranjar dessa maneira a vertente quantitativista do problema que poderemos avançar. Na verdade, em tal caso – mas também em todos os casos intermediários de diminuição muito forte do capital variável em relação ao capital constante – a extração da mais-valia escapa, em grande parte, à empresa, à relação imediata patrão-assalariados, e remete à segunda fórmula do capitalismo integrado.

A dupla equação dada por Marx, fazendo equivaler "o grau real de exploração do trabalho", a taxa de mais-valia e o tempo de sobretrabalho relativo ao capital variável, não pode ser aceita enquanto tal. A exploração capitalista leva a tratar os homens como máquinas, a pagá-los como máquinas, de maneira unicamente quantitativista. Mas a exploração, como já pudemos constatar, não se limita a isso! Os capitalistas extraem muitas outras mais-valias, muitos outros lucros, também eles inscritíveis no padrão do capital. O capitalismo se interessa tanto pelo "social" quanto os explorados! Mas enquanto para ele o maquínico precede o social e deve controlá-lo, para os explorados, ao contrário, o maquínico deveria estar submetido ao social. O que separa essencialmente o homem da máquina é o fato de ele não se deixar explorar passivamente como ela. Pode-se admitir que, nas atuais condições, a exploração concerne, em primeiro lugar, aos agenciamentos maquínicos – visto que o homem e suas faculdades se tornaram parte desses agenciamentos. A partir dessa exploração absoluta, num segundo tempo, as forças sociais entram em luta pela partilha do *produto maquínico*. Tendo se tornado relativo o critério de sobrevivência do trabalhador – como apreciar, efetivamente, o mínimo vital, a parte de valor correspondente ao trabalho necessário à reprodução do trabalho? –, todas as questões de repartição de bens econômicos e sociais tomaram-se, essencialmente, assuntos políticos – desde que se amplie o conceito de política e se integre nele o conjunto das dimensões micropolíticas que envolvem os diversos modos de viver, de sentir, de falar, de projetar o futuro, de memorizar a história...

Depois de constatar que o assujeitamento do trabalhador põe em jogo apenas de maneira acessória o fator quantitativo de "trabalho social médio", fomos levados a "descolar" a taxa de exploração da taxa da mais-valia marxista. Ao fazer isso, implicitamente a descolamos da taxa de lucro que, em Marx, é seu parente próximo.[10]

Uma confirmação dessa distinção nos é fornecida pelo fato – hoje frequente nos ramos subsidiados pelo Estado – de que empresas que "vendem abaixo do preço de custo" produzem lucros consideráveis (apesar da mais-valia teoricamente negativa, segundo a fórmula marxista, elas geram um lucro positivo). O lucro, hoje, pode depender de fatores externos não somente à empresa, mas também à Nação, por exemplo, uma exploração "a distância" do Terceiro Mundo, por intermédio do mercado internacional de matérias-primas.

Notemos, enfim, que a pretensa lei de baixa tendencial da taxa de lucro não subsistiria num campo político-econômico no qual os mecanismos transnacionais adquiriram uma tal importância que se tornou inconcebível determinar a taxa local de mais-valia que pode ser relacionada com uma taxa de crescimento local do maquinismo correspondente ao capital constante.[11] A retomada de zonas de lucros (exemplo: a pseu-

---

10 Segundo Marx, é a diminuição relativa e progressiva do capital variável em relação ao capital constante (em razão dos progressos do maquinismo e da concentração das empresas) que desequilibraria a composição orgânica do capital total de uma dada sociedade; daí "que a taxa de mais-valia, com grau constante e até mesmo crescente de exploração do trabalho, se expressa numa taxa geral de lucro em queda contínua" (*O capital*, Livro III, cap. 13, trad. Regis Barbosa e Flávio Kothe. São Paulo: Ubu Editora, 2024).

11 Uma multinacional, por exemplo, após negociações com um poder de Estado, implantará uma fábrica ultramoderna numa região subdesenvolvida. Ao cabo de alguns anos, por motivos políticos ou de "instabilidade" social, ou ainda em razão de regateios complexos, ela decidirá fechá-la. É impossível, nessas condições, demarcar um crescimento do capital fixo! Em outro campo, tal como o do aço, é um ramo da indústria ultramoderna que vai ser desativado ou localmente desmantelado em razão de problemas de mercado ou de escolhas pretensamente tecnológicas, que não são

docrise do petróleo), a criação de novos ramos industriais (exemplo: o nuclear) estão ligadas atualmente, em essência, a estratégias mundiais que levam em consideração fatores cujo número e cuja complexidade Marx não poderia imaginar.

II. A COMPOSIÇÃO ORGÂNICA DO CAPITAL MUNDIAL INTEGRADO

Diferentemente do que pensava Marx, o capital foi capaz de se descolar de uma fórmula que o teria fechado num modo de quantificação cega dos valores de troca[12] – isto é, de tomada de controle do conjunto dos modos de circulação e de produção dos valores de uso. A valorização capitalista ainda não desenvolveu o câncer maquínico que, de baixa tendencial da taxa de lucro em crises de superprodução, deveria tê-la levado ao impasse e, com isso, o capitalismo ao isolamento total. A semiotização do capital se deu um número cada vez maior de meios para estar em condições de detectar, quantificar e manipular as valorizações concretas de poder e, com isso, não só sobreviver, mas também proliferar. Qualquer que seja a aparência que mostre, o capital não é racional. Ele é hegemonista. Ele não harmoniza as formações sociais; acomoda pela força as disparidades socioeconômicas. É uma operação de poder, antes de ser uma operação de lucro. Não se deduz lucro de uma mecânica de base. Ele se impõe de cima. No passado, a partir do que Marx chamava de "o capital social de um país"[13] e, hoje, a partir de um capital mundialmente integrado. Ele é sempre constituído a partir de movimentos de desterritorialização de todos os campos da economia, das ciências e

---

mais do que a expressão de opções fundamentais concernentes ao conjunto do desenvolvimento econômico e social.

12   Como muitos antropólogos mostraram em relação às sociedades arcaicas, a troca aparente é sempre relativa às relações de força reais. A troca é sempre viciada pelo poder. (Edmund R. Leach, *Repensando a antropologia* [1961], trad. José Luís dos Santos. São Paulo: Perspectiva, 2010.)

13   K. Marx, *O capital*, Livro I.

técnicas, dos costumes etc. Sua existência semiótica insere-
-se sistematicamente no conjunto das mutações técnicas e
sociais que ele "diagramatiza" e reterritorializa nas formas
de poder dominantes. Mesmo na época em que ele parecia
centrado unicamente numa extração de lucro monetário, a
partir de atividades comerciais, bancárias, industriais, o capital – como expressão das classes capitalistas mais dinâmicas
– já conduzia fundamentalmente esse tipo de política de destruição e reestruturação (desterritorialização dos campesina-
tos tradicionais, constituição de uma classe operária urbana,
expropriação das antigas burguesias comerciais e dos antigos
artesanatos, liquidação dos "arcaísmos" regionais e nacionalitários, expansionismo colonial etc.).[14]

Não basta, portanto, evocar aqui a política do capital. O
capital enquanto tal nada mais é do que *o* político, *o* social, *o*
técnico-científico, articulados uns aos outros. Essa dimensão
diagramática geral aparece cada vez mais claramente com o
papel crescente do capitalismo estatal, como trampolim da
mundialização do capital. Os Estados-nação manipulam um
capital multidimensional: massas monetárias, índices econômicos, quantidades de "alinhamento" dessa ou daquela
categoria social, fluxos de inibição para manter as pessoas
no seu lugar etc. Assiste-se a uma espécie de coletivização do
capitalismo – quer ela esteja ou não circunscrita a um quadro

---

14 Esse movimento geral de desterritorialização deixa, ainda, sub-
sistir estratos arcaicos mais ou menos territorializados, ou, com
mais frequência, lhes dá um segundo fôlego ao transformar sua
função. Sobre isso, a atual "alta" do ouro constitui um exemplo surpreendente. Ela parece operar concomitantemente em duas direções opostas: – de um lado, como buraco negro semiótico, como
estase de inibição econômica – por outro, como operador diagramático de poder que concerne: 1) ao fato de os portadores terem
sido capazes de realizar suas intervenções semióticas na bolsa nos
"lugares certos" e na "hora certa"; 2) ao fato de ser possível, aqui e
agora, injetar crédito abstrato de poder no "momento certo" em
setores econômicos-chave do sistema. Sobre a função diagramática,
os buracos negros semióticos etc., cf.: F. Guattari, *O inconsciente
maquínico* [1979], trad. Constança César e Lucy César. Campinas:
Papirus, 1988.

nacional. Mas isso não significa em absoluto que o capital esteja degenerando! Pelo enriquecimento contínuo de seus componentes semióticos,[15] ele toma o controle, para além do trabalho assalariado e dos bens monetarizados, de uma infinidade de *quanta* de poder que antigamente ficava circunscrita à economia local, doméstica e libidinal. Hoje, cada operação particular de tomada de lucro capitalista – em dinheiro e poder social – envolve, de pouco em pouco, o conjunto das formações de poder. As noções de empresa capitalista e posto de trabalho assalariado tornaram-se inseparáveis do conjunto do tecido social, que, por sua vez, encontra-se diretamente produzido e reproduzido sob o controle do capital. A própria noção de empresa capitalista deveria se estender aos equipamentos coletivos e a de posto de trabalho, à maioria das atividades não assalariadas. De certa maneira, a dona de casa ocupa um posto de trabalho em seu domicílio; a criança ocupa um posto de trabalho na escola; o consumidor, no supermercado; o telespectador, diante da TV... Quando as máquinas na fábrica parecem trabalhar sozinhas, na verdade é o conjunto da sociedade que é adjacente a elas. Seria totalmente arbitrário considerar, hoje, o assalariado de empresa independentemente dos múltiplos sistemas de salários diferidos, de assistência e de custos sociais, afetando de perto ou de longe a reprodução da força coletiva de trabalho, que passam fora do circuito monetário da empresa e são assumidos por múltiplas instituições e equipamentos de poder. Acrescentemos a isso um ponto essencial: não só o capitalismo explora o assalariado além do seu tempo de trabalho, durante o seu tempo de "lazer", como, além disso, serve-se dele como trampolim para explorar aqueles a que sujeita em sua esfera de ação própria: seus subalternos, seus parentes não assalariados, mulheres, crianças, velhos, assistidos de toda espécie...

---

15   Para além do ouro, do papel-moeda, da moeda de crédito, das ações, dos títulos de propriedade etc., o capital se manifesta, hoje, por operações semióticas e manipulações de poder de toda espécie, envolvendo a informática e os meios de comunicação.

Sempre acabamos voltando a esta ideia central: por intermédio do sistema de assalariados, o capitalismo visa, antes de tudo, ao controle do *conjunto da sociedade*! E, de modo recorrente, parece que, em toda e qualquer circunstância, o jogo de valores de troca sempre dependeu das relações sociais e não o inverso. Mecanismos como os da inflação ilustram bem, a esse respeito, a intrusão constante do social no econômico. O que é "normal" é a inflação e não o equilíbrio de preços, pois se trata de um meio de ajustar as relações de poder em evolução permanente (poder de compra, poderes de investimento, poderes de trocas internacionais das diferentes formações sociais). Porque a mais-valia econômica está indissoluvelmente vinculada às mais-valias de poder relacionadas ao trabalho, às máquinas e aos espaços sociais, a redefinição do capital como modo geral de capitalização das semióticas de poder (e não como quantidade abstrata, universal) implica, assim, um reexame de sua composição técnica. Esta não mais se apoia em dois dados de base: o trabalho vivo e o trabalho cristalizado no seio dos meios de produção, mas em pelo menos quatro componentes, quatro agenciamentos irredutíveis uns aos outros:

1. *As formações de poder capitalistas*, que realizam um capital de manutenção da ordem, garantem a propriedade, as estratificações sociais, a repartição de bens materiais e sociais... (Sendo o valor de um bem, qualquer que seja ele, inseparável da credibilidade dos equipamentos repressivos de direito, de polícia... e também da existência de um certo grau de consenso popular a favor da ordem estabelecida.)
2. *Os agenciamentos maquínicos* relativos às forças produtivas, constitutivas do capital fixo (máquina, fábrica, transporte, reserva de matérias-primas, capital de conhecimentos técnico-científicos, técnicas de servidão maquínicas, instrumentos de formação, laboratórios etc.). Aqui, estamos no campo clássico das forças produtivas.
3. *A força coletiva de trabalho e o conjunto das relações sociais sujeitadas pelo poder capitalista*. Aqui, a força coletiva de trabalho não é mais considerada em sua face de servidão

maquínica, mas de alienação social. Ela é assujeitada às burguesias e burocracias e, ao mesmo tempo, é um fator de assujeitamento de outras categorias sociais (mulheres, crianças, imigrantes, minorias sexuais etc.). Estamos aqui no campo das relações de produção e das relações sociais.

4. *A rede de equipamentos, aparelhos de poder estatal e paraestatal* e *os meios de comunicação*. Essa rede, ramificada tanto na escala microssocial quanto na escala planetária, tornou-se peça essencial do capital. É por intermédio dela que ele extrai e integra as capitalizações setoriais de poder relativas aos três componentes precedentes.

O capital, enquanto operador semiótico do conjunto das formações de poder, desdobra, assim, uma área de inscrição desterritorializada na qual evoluem esses quatro componentes. Mas insistamos no fato de que não se trata apenas de um palco onde se desenrola *uma representação*, uma espécie de teatro parlamentar onde seriam confrontados os diferentes pontos de vista presentes. Trata-se, também, de uma atividade diretamente *produtiva*, na medida em que o capital toma parte da ordenação dos agenciamentos maquínicos e sociais e de toda uma série de operações prospectivas que lhes dizem respeito. As funções diagramáticas específicas do capital – isto é, inscrições que não sejam exclusivamente representativas, mas também operatórias – "acrescentam" algo de essencial ao que seria um simples acúmulo dos diversos componentes evocados precedentemente. A elevação do nível de abstração semiótica correspondente a esse diagramatismo pode evocar aquilo que Bertrand Russel descrevia em sua teoria dos tipos lógicos, ou seja, que existe uma descontinuidade fundamental entre uma classe e seus membros. Mas estamos na presença, com o capital, de uma descontinuidade que não é apenas de ordem lógica, mas também maquínica, no sentido de que ela não opera unicamente a partir de fluxos de signos, mas também de fluxos materiais e sociais. De fato, a potência desmultiplicadora do diagramatismo próprio ao capital é inseparável do "dinamismo" desterritorializante dos diversos agenciamentos concretos do capitalismo. O que tem como consequência tornar absurdas as perspectivas políticas reformistas fundadas nas contradições intra- e intercapitalistas, ou em sua humanização sob pressão das massas. (Isso consistirá, por exemplo, em querer "jogar" as multinacionais contra o capitalismo nacional ou a Europa germano-americana contra a Europa das pátrias, o liberalismo "ocidental" contra o social-capitalismo da União Soviética, o Norte contra o Sul etc.) O capital se alimenta de suas contradições; tudo isso são desafios funcionando como estímulos de desterritorialização. Uma alternativa revolucionária, se é que ela existe, seguramente não pode se apoiar em bases desse tipo!

III. O CAPITAL E AS FUNÇÕES DE ALIENAÇÃO SUBJETIVAS

O exercício do poder por meio das semióticas do capital tem como particularidade proceder concorrentemente, a partir de um controle de cúpula dos segmentos sociais e pelo assujeitamento de todos os instantes da vida de cada indivíduo. Embora sua enunciação seja individuada, nada é menos individual do que a subjetividade capitalista. A sobrecodificação pelo capital das atividades, dos pensamentos, dos sentimentos humanos acarreta uma equivalência e uma ressonância de todos os modos particularizados de subjetivação. A subjetividade é, por assim dizer, nacionalizada. O conjunto dos valores de desejo é reorganizado numa economia fundada na dependência sistemática dos valores de uso em relação aos valores de troca, a ponto de fazer essa oposição categorial perder todo o sentido. Passear "livremente" numa rua, ou no campo, respirar ar puro, cantar meio alto tornaram-se atividades quantificáveis de um ponto de vista capitalístico. Os espaços verdes, as reservas naturais, a livre circulação têm um custo social e industrial. Em última análise, os sujeitos do capitalismo – no sentido em que se falava dos súditos do rei – só assumem de sua existência a parte que pode ser inscrita no equivalente geral: o capital, segundo a definição ampliada que propomos aqui. A ordem capitalista pretende impor aos indivíduos que vivam unicamente num sistema de troca, numa tradutibilidade geral de todos os valores para além dos quais tudo é feito para que o menor de seus desejos seja sentido como associal, perigoso, culpado.

Para que tal operação de assujeitamento possa cobrir o conjunto do campo social e, ao mesmo tempo, "visar" com precisão suas menores disparidades, ela não poderia se contentar com um controle social exterior. O mercado geral dos valores produzidos pelo capital tomará, portanto, as coisas de dentro e de fora, ao mesmo tempo. Isso se aplicará não apenas aos valores economicamente identificáveis, mas também aos valores mentais, afetivos... Caberá a uma rede multicêntrica de equipamentos coletivos, de aparelhos estatais, paraestatais, midiáticos, operar a junção entre esse exterior e esse interior. Essa tradutibilidade geral dos modos locais de semiotização de poder não depende unicamente dos dispositivos centrais, mas de "condensadores semióticos" adjacentes ao poder de Estado, ou que lhe são diretamente enfeudados, e dos quais uma das principais funções consiste em fazer com que cada indivíduo assuma os mecanismos de controle, repressão, modelização da ordem dominante.[16]

No contexto do capitalismo mundial integrado, pode-se considerar que os poderes centrais dos Estados-nação são, *ao mesmo tempo*, tudo e nada; nada ou quase nada em relação a uma eficiência econômica real; tudo ou quase tudo em relação à modelização e ao controle social. O paradoxo é que, em certa medida, a própria rede dos aparelhos, equipamentos e burocracias de Estado tende a escapar ao poder de Estado. De fato, muitas vezes, é essa rede que manipula e teleguia o Estado: seus verdadeiros interlocutores são os "parceiros sociais", os grupos de pressão, os *lobbies*. A realidade do Estado tende, assim, a coincidir com as tecnoestruturas estatais e paraestatais que ocupam, por essa razão, um lugar muito ambíguo nas relações de produção e nas relações de classe, porque, de um lado, elas

---

16 Esse é o papel, paralelamente à administração, à polícia, à justiça, ao fisco, à bolsa, ao exército etc., da escola, dos serviços sociais, dos sindicatos, do esporte, dos meios de comunicação etc.

controlam postos reais de direção, contribuem de maneira efetiva para a manutenção da ordem dominante e, de outro, são elas próprias objeto de exploração capitalista, da mesma maneira que os diferentes componentes da classe operária.

Marx considerava o professor primário um trabalhador produtivo, na medida em que preparava os alunos para trabalhar para os patrões.[17] Mas o professor primário, hoje, desmultiplicou-se infinitamente na forma dessa rede capitalística, geradora de formações e de sociabilidade, a ponto de chegarmos a um conglomerado de agenciamentos coletivos que seria totalmente arbitrário pretender decompor em esferas autônomas de produção material, *socius*, modos de semiotização e subjetivação.

A mesma ambiguidade, a mesma ambivalência entre a produção e a repressão que caracteriza as tecnocracias encontra-se nas massas operárias: os trabalhadores estão se "trabalhando" enquanto trabalham na produção de bens de consumo. De qualquer jeito, todos participam da produção de controle e repressão. De fato, como vimos, num mesmo dia, um mesmo indivíduo muda constantemente de papel: explorado na oficina ou no escritório, toma-se explorador na família, no casamento etc. Em todos os níveis do *socius*, encontramos uma mistura inextrincável de vetores de alienação. Por exemplo, os trabalhadores e os sindicatos de tal setor de ponta defenderão ardentemente o lugar de sua indústria na economia nacional, e isso apesar de suas "consequências" no campo da poluição, ou apesar de equiparem aviões de caça que servirão para metralhar as populações africanas... As fronteiras de classe, as "frentes de luta" tornaram-se vagas; mas será que desapareceram? Não. Mas elas se desmultiplicaram infinitamente e, mesmo quando surgem confrontos diretos, estes adquirem, na maioria das vezes, um "caráter exemplar", sendo um de seus principais objetivos conseguir entrar violentamente em choque com os meios de comunicação, que, em troca, os manipulam e os revertem a seu favor.

---

17   K. Marx, *O capital*, Livro I, cap. 14, op. cit.

Na base dos mecanismos de modelização da força de trabalho, em todos os níveis da interpenetração entre ideologias e afetos, encontramos essa rede maquínica tentacular dos equipamentos capitalísticos. Sublinho que não se trata em absoluto de uma rede de aparelhos ideológicos, mas de uma megamáquina composta de uma multidão de elementos esparsos que concerne não somente aos trabalhadores, mas "põe para produzir", permanentemente e em todos os lugares, mulheres, crianças, velhos, marginais etc. Hoje, por exemplo, desde o nascimento, por intermédio da família, da televisão, da creche, dos serviços sociais, uma criança é "posta para trabalhar" e entra num complexo processo de formação ao término do qual seus diversos modos de semiotização deverão estar adaptados às funções produtivas e sociais que a esperam.

Sabe-se da importância que a avaliação da manutenção industrial tem hoje na gestão das empresas. Será que podemos nos contentar em dizer que o Estado assumiu uma espécie de "manutenção social" generalizada? Seria, a nosso ver, totalmente insuficiente! Tanto nos regimes do Leste como os do Oeste, o Estado está diretamente ligado aos componentes essenciais do capital – da mesma forma, podemos nos permitir falar, nesses dois casos, de capitalismo de Estado, com a condição, no entanto, de modificar simultaneamente a definição da composição orgânica do capital e a do Estado. Aquilo que chamo de rede de equipamentos do capital (no seio dos quais convém incluir, até certo ponto, os meios de comunicação, os sindicatos, as associações etc.) tem por *função tornar homogêneos o capital*, funcionando *stricto sensu* a partir dos valores de troca, e o capital social, a partir dos valores de poder. Ele gere tanto as atitudes coletivas, os padrões de conduta, as referências de qualquer espécie compatíveis com o bom andamento do sistema, quanto os meios de intervenção regulamentares e financeiros para repartir as massas de poder de compra e de investimento entre os diferentes setores sociais e industriais, ou, ainda, para financiar os grandes complexos militar-industriais que lhe servem, por assim dizer, de coluna vertebral em escala internacional.

É essencial não remeter cada um desses campos a categorias estanques. Em última análise, trata-se, cada vez, do mesmo capital manipulado pelas formações sociais dominantes: o capital de conhecimento, o capital de adaptação e submissão da força de trabalho ao ambiente produtivo e, mais geralmente, do conjunto das populações ao ambiente urbano e rural urbanizado, o capital de introjeção inconsciente dos modelos do sistema, o capital de força repressiva e militar... Todos esses modos de semiotização do poder participam de pleno direito da composição orgânica do capital contemporâneo.

Assim, o desenvolvimento de um mercado geral dos valores capitalísticos, a proliferação da rede multicentrada dos equipamentos capitalistas e dos equipamentos estatais que são o seu suporte, longe de entrarem em contradição com a existência dos poderes centrados nos Estados-nação – e que em geral tendem a se reforçar –, são, ao contrário, complementares a esses poderes. Efetivamente, o que é capitalizado é muito mais um poder pela *imagem do poder* do que uma verdadeira potência nos campos da produção e da economia. Pelas mais diversas vias, o Estado e suas inúmeras ramificações tentam recriar um mínimo de pontos de referência e territorialidades sobressalentes, a fim de permitir às massas reorganizar mais ou menos artificialmente sua vida cotidiana e suas relações sociais. Os verdadeiros postos de decisão, em compensação, estão em outra parte; eles atravessam ou contornam os modos de territorialização antigos e novos e dependem cada vez mais do sistema das redes capitalísticas integradas em escala mundial.[18]

Os espaços do capitalismo contemporâneo não mais aderem aos torrões natais, às castas, às tradições étnicas, religiosas, corporativas "pré-capitalistas", e, cada vez menos, às metrópoles, às cidades industriais, às relações de classe e às burocracias do capitalismo segmentário da era dos Estados-nação. Eles são

---

18 Até mesmo nesse nível encontramos uma reterritorialização relativa: as multinacionais que não são de modo algum redutíveis a subconjuntos econômicos dos Estados Unidos, que são objetivamente cosmopolitas, ainda assim têm na sua direção uma maioria de cidadãos norte-americanos!

confeccionados em escala planetária, tanto quanto em escala microssocial e microfísica. Mesmo o sentimento de "fazer parte de alguma coisa" parece resultar de uma espécie de produção em cadeia, da mesma forma que "o esquema de vida". Compreende-se melhor, nessas condições, que o poder de Estado não possa mais se contentar em pavonear-se no alto da pirâmide social, legislar à distância do povo, e que seja obrigado a intervir permanentemente na modelagem e na recomposição do tecido social, retomar e revisar constantemente suas "fórmulas" de hierarquização, de segregação, de prescrição funcional, de qualificação específica. O capitalismo mundial está engajado numa incontrolável e vertiginosa fuga adiante. Ele tem de lançar mão de todos os meios e não pode mais se dar ao luxo de respeitar as tradições nacionais, os textos legislativos ou a independência, mesmo que formal, de corpos constituídos como os da magistratura, que limitariam fosse como fosse sua liberdade de manobra.

IV. O CAPITAL E AS FUNÇÕES DE SERVIDÃO MAQUÍNICAS

Aos sistemas tradicionais de coerção diretos, o poder capitalista não para de acrescentar dispositivos de controle que requerem, se não a cumplicidade de cada indivíduo, pelo menos seu consentimento passivo. Mas tal ampliação de seus meios de ação somente é possível se estes tiverem condições de incidir sobre as próprias molas da vida e da atividade humana. A miniaturização dos meios incide aqui bem aquém dos maquinismos técnicos. É no funcionamento de base dos comportamentos perceptivos, sensitivos, afetivos, cognitivos, linguísticos etc. que se engasta a maquinaria capitalística, cuja parte desterritorializada "invisível" é, sem dúvida, a mais implacavelmente eficaz. Não podemos aceitar as explicações teóricas do assujeitamento das massas a partir de uma engabelação ideológica qualquer ou paixão coletiva masoquista. O capitalismo se apodera dos seres humanos por dentro. Sua alienação por meio de imagens e ideias é apenas um dos aspectos de um sistema geral de servidão de seus meios fundamentais de semiotização, tanto individuais quanto coletivos. Os indivíduos são "equipados" de modos de percepção ou normalização de desejo, da mesma forma que as fábricas, as escolas, os territórios. A ampliação da divisão do trabalho na escala do planeta implica, por parte do capitalismo mundial, não só uma tentativa de integração de todas as categorias sociais às forças produtivas, mas, ainda por cima, uma recomposição permanente, uma reinvenção dessa força coletiva de trabalho. Idealmente, o capital gostaria de não ter mais de lidar com indivíduos cheios de paixões, capazes de ambiguidades, hesitações, rejeições, assim como entusiasmos, mas exclusivamente com robôs humanos. Ele gostaria de saber apenas de dois tipos de categorias de explorados: as relativas aos assalariados e as relativas à assistência. Seu objetivo é apagar, neutralizar, senão suprimir, todas as categorizações sociais fundadas em outra coisa que não seja sua axiomática de poder e seus imperativos tecnológicos. Quando, no fim da linha, ele "encontra" homens, mulheres, crianças, velhos, ricos, pobres, trabalhadores manuais, intelectuais etc., procura recriá-los por ele mesmo, redefini-los em função de seus próprios critérios.

Mas, precisamente em razão de ele intervir no nível mais funcional – sensitivo, afetivo, práxico –, a servidão maquínica capitalista é suscetível de inverter seus efeitos e conduzir à revelação de um novo tipo de mais-valia maquínica perfeitamente percebido por Marx. (Desmultiplicação do possível da raça humana, renovação constante do horizonte de seus desejos e de sua criatividade.)[19] O capitalismo pretende apoderar-se das cargas de desejo que a espécie humana traz em si. É por

---

19 O mecanismo dialético de Marx o conduz às vezes a imaginar uma espécie de geração quase espontânea e involuntária desse tipo de transformação: "Da mesma maneira que o sistema da economia burguesa só se desenvolveu gradativamente para nós, também se desenvolve a sua própria negação, que é seu resultado último. Nós ainda temos de tratar por ora com o processo de produção imediato. Se consideramos a sociedade burguesa em seu conjunto, a própria sociedade, *i.e.*, o próprio ser humano em suas relações sociais, sem-

intermédio da servidão maquínica que ele se instala no coração dos indivíduos. É incontestável, por exemplo, que a integração social e política das elites operárias e do pessoal de direção não seja exclusivamente baseada num interesse material, mas também em seu apego por vezes muito profundo à profissão, à tecnologia, às máquinas... De modo mais geral, é claro que o meio ambiente maquínico secretado pelo capitalismo está longe de deixar indiferentes as grandes massas da população e isso não se deve somente às seduções da publicidade, à interiorização, pelos indivíduos, dos objetos, dos ideais da sociedade de consumo. Parece que algo da máquina participa "para valer" da essência do desejo humano. Toda questão está em saber qual máquina e para quê.

A servidão maquínica não coincide com o assujeitamento social. Enquanto o assujeitamento envolve pessoas globais, representações subjetivas facilmente manipuláveis, a servidão maquínica agencia elementos infrapessoais, infrassociais, em razão de uma economia molecular de desejo, muito mais difícil de "segurar" no seio das relações sociais estratificadas.[20] Conseguindo assim colocar diretamente no trabalho funções perceptivas, afetos, comportamentos inconscientes, o capitalismo toma posse de uma força de trabalho e de desejo que ultrapassa consideravelmente a das classes operárias no sentido sociológico. Nessas condições, as relações de classe tendem a evoluir diferentemente. Elas são menos bipolarizadas, tendem cada vez mais a engajar estratégias complexas. O destino da classe operária francesa, por exemplo, não depende mais unicamente de seus patrões, mas, de um lado, do Estado, da Europa, do Terceiro Mundo, das multinacionais e, de outro, dos trabalhadores imigrantes, do trabalho feminino, do trabalho precário, temporário, das lutas regionalistas etc.

---

pre aparece como resultado último do processo de produção social" (K. Marx, *Grundrisse*, op. cit., p. 594).

20 Tal proposição só tem chance de ser entendida se o desejo for concebido não como uma energia pulsional indiferenciada, mas como sendo ele próprio resultante de uma montagem altamente elaborada de maquinismos desterritorializados.

A própria burguesia mudou de natureza. Ela não está mais vigorosamente comprometida, ao menos sua parte mais modernista, com a defesa da posse pessoal dos meios de produção – seja individualmente, seja coletivamente. O problema, hoje, é controlar coletiva e globalmente a rede de base dos equipamentos sociais. É disso que ela tira todos os seus poderes, não só monetários, mas também sociais, libidinais, culturais etc. É desse terreno que ela pretende não se deixar expropriar. E, quanto a isso, temos de reconhecer que ela demonstrou uma capacidade surpreendente de adaptação, renovação e regeneração, particularmente nos regimes do socialismo capitalista do Leste. Enquanto perde terreno do lado do capitalismo privado, ela não para de ganhar do lado do capitalismo de Estado, do lado dos equipamentos coletivos, dos meios de comunicação etc. Não só incorpora novas camadas de burocratas de Estado e aparelhos, tecnocratas, supervisores de produção e professores, como também, em diferentes graus, consegue contaminar o resto da população.

Que limites encontrarão, então, as classes capitalísticas em seu empreendimento de transformação generalizada de todas as atividades humanas em um equivalente unicamente negociável a partir de suas redes semióticas? Até que ponto uma luta de classe revolucionária é ainda concebível em tal sistema de contaminação generalizada? Sem dúvida esses limites não devem ser buscados onde os movimentos revolucionários tradicionais os perseguem há tanto tempo! A revolução não acontece unicamente no nível do discurso político manifesto, mas também num plano muito mais molecular, nas mutações de desejo e nas mutações técnico-científicas, artísticas etc. Em sua vertiginosa fuga adiante, o capitalismo enveredou no caminho de um controle sistemático de todos os indivíduos do planeta. Sem dúvida ele chegou hoje – com a integração da China – ao ápice de sua potência, mas, talvez, também a um ponto extremo de fragilidade! Ele desenvolveu um tal sistema de dependência generalizada que a menor complicação em seu funcionamento acabará acarretando, talvez, efeitos sobre os quais ele perderá o controle.

PLANO SOBRE O PLANETA

Desconfiar das metáforas termodinâmicas...[1] Não há nenhuma necessidade de princípio de uma circularidade ação-reação, retorno ao estado inicial... As leis de uma dita ciência da história, assim como as injunções morais a-históricas, deixam de lado os agenciamentos micropolíticos que constituem sua trama verdadeira. Distinguir e equiparar os termos da alternativa: *"livre escolha-destino"*. (Qualquer que seja a apresentação dialética do segundo!) Desfazer-se dos valores e das normas *a priori*: avaliação, transvaloração das linhas evolutivas e involutivas do *socius*. Nada de caminho imperial da mudança. Múltiplas vias de entrada a partir:

— da inflexão coletiva das *"escolhas preferenciais"* trazidas pelos diversos componentes de um rizoma econômico-ecológico-técnico-científico...
— dos múltiplos *"destinos"* possíveis, assim como são semiotizados pelos agenciamentos sociais de todas as naturezas, de todos os tamanhos – incluindo as margens.

Isso significa dizer que uma verdadeira revolução seria hoje impossível? Não, mas somente uma revolução molar, visível, em grande escala, se tornou inseparável – ou então fascista-stalinista – da expansão, da dilatação das revoluções moleculares que engajam a economia do desejo.

Em outros termos: recusa das causalidades em sentido único, recusa do sentido único da história. A prova do real e da verdade, nesse domínio, é a de uma espécie de dialética a contrapelo, esgotando as contradições sem resolvê-las,

---

1 Esboço de uma apresentação proferida na conferência em Namur, organizada por Jean-Pierre Faye, sobre o tema "minorias no pensamento". Publicado no jornal *Libération*, 26–27 set. 1978, bem como no relatório da conferência sob o título *Minorités dans la pensée* (Paris: Payot, 1979). [N. E.]

extraindo resíduos assignificantes dos velhos falsos problemas e das situações de impasse, propulsando os maquinismos desterritorializados de onde tudo parte, quando acreditávamos que tudo estava perdido.

Tendência: os antigos sistemas totalitários-totalizados, estratificados, bloqueados em um referente transcendente, perdem sua consistência. Eles só conseguem assegurar seu controle sobre os grandes conjuntos sociais se:

— concentram o poder;
— miniaturizam seus instrumentos de coerção.

Entre os cenários possíveis, dois extremos:

1. *A consolidação e a estabilização do capitalismo mundial integrado.* Esse novo tipo de capitalismo resulta das transformações e adaptações recíprocas entre o capitalismo monopolista e as diversas formas de capitalismo de Estado. Ele integra, no seio do sistema mundial, os diferentes componentes das sociedades de classe e das castas fundadas na exploração e na segregação social. Ramificados sob todo o planeta, esses centros de decisão tendem a adquirir autonomia em relação aos interesses nacionais das grandes potências e a constituir uma rede complexa que não pode ser inteiramente localizada em um espaço político delimitado. (Rede de complexos energéticos, complexos militares-industriais etc.) Ele desenvolve uma política sistemática de controle social, de enquadramento midiático. (Repressão forte, tipo Alemanha Ocidental, associada a uma repressão suave em todos os outros domínios.)

2. *Uma perda de controle progressivo da situação pelos poderes estabelecidos.* Uma proliferação das margens, minorias, autonomias (velhas e novas), conduzindo a uma eflorescência das singularidades do desejo (individuais e/ou coletivas) e ao surgimento de um novo tipo de segmentação social expropriando as formações de poder dos Estados-nação.

Essas duas tendências podem, aliás, coexistir. Tudo depende do equilíbrio ou do desequilíbrio das relações de força entre:

— o domínio do consenso majoritário;
— as lutas sociais de caráter clássico;
— as revoluções moleculares.

A. A PRIMEIRA HIPÓTESE
(CONSOLIDAÇÃO DO CAPITALISMO MUNDIAL INTEGRADO)

Tomèmos a tripla conjunção:

— inflação dos fluxos demográficos;
— estrangulamento progressivo dos fluxos energéticos e das matérias-primas;
— aceleração da concentração maquínica e informática.

Isso poderia resultar em:

I. *Um remanejamento da luta de classes*
nos países desenvolvidos
Diminuição relativa do número de postos de trabalho nos setores industriais nos quais está baseada a economia de lucro e o capitalismo de Estado. Independentemente dos riscos da demanda, o crescimento dos empregos no setor produtivo tende, com efeito, a limitar-se pelo "débito" mundial de energia e das matérias-primas.

Integração cada vez mais marcada das frações "privilegiadas" da classe operária à ideologia, ao estilo de vida e aos interesses da pequena burguesia e desenvolvimento de novas camadas sociais de "não garantidos": imigrantes, mulheres superexploradas, trabalhadores precários, desempregados, estudantes sem perspectiva, assistidos de todas as naturezas...

Aparição de zonas de subdesenvolvimento no interior das grandes potências. Falência das economias tradicionais e fracasso da descentralização industrial conduzindo a reivindicações regionalistas e movimentos "nacionalistas" cada vez mais radicais.

O determinante, na reestruturação dos espaços industriais, no desenvolvimento de um "capitalismo periférico", serão menos as opções técnicas que as questões sociopolíticas (o cálculo dos "riscos sociais").

Durante décadas, a classe operária e a pequena burguesia das metrópoles imperialistas se "beneficiaram":

a. da existência de meios de produção menos integrados, menos maquínicos que os de hoje;
b. da superexploração das colônias.

Com exceção dos trabalhadores altamente qualificados, essas classes devem ser "recolocadas", renunciar a um certo ideal de conforto, a um certo número de "vantagens conquistadas". O que está em questão aqui é menos uma corrida entre as grandes potências pelos "primeiros lugares" do que a instauração de uma nova segregação social, homogeneizada em escala planetária. Enquanto nos países mais pobres serão implementadas elites operárias e técnico-científicas do mais alto nível, simetricamente, nos países mais ricos subsistirão imensas zonas de miséria.

A reestruturação do capitalismo, nas antigas potências industriais, passa pelo questionamento das "conquistas" sociais antigas às quais a classe operária está muito ligada: salários sociais diferenciados (seguridade social, aposentadoria, subvenções etc.; convenção coletiva, arbitrada pelo poder de Estado; proteção estatal de grandes ramos da economia: empresas estatais, empresas nacionalizadas, sociedades mistas, empresas subvencionadas etc. Do ponto de vista do capitalismo integrado, tal proteção só pode ser justificada se concernir a setores com taxa de lucro muito baixa ou nula – desenvolvimento de infraestrutura, serviços públicos etc. Mas, nos setores de ponta, os diretores de multinacionais pretendem dispor da maior liberdade possível para decidir, por exemplo, sobre transferência e implementação – regional, nacional, continental –, escolhas nos planos tecnológico, energético etc.).

O problema se coloca em outros termos para os burocratas dos países do Leste, mas os objetivos de uma exploração maximizada se encontram por trás dos debates sobre a partilha dos lucros, a reforma da planificação etc.

II. *Um remanejamento da divisão internacional do trabalho*
O capitalismo do século XIX só alcançou seu pleno espectro de ação quando foram removidas as barreiras dos espaços e das relações sociais do antigo regime (marcadas ainda pelo feudalismo).

No presente, as barreiras nacionais, as "franquias" nacionais, os equilíbrios de classe estabelecidos e estratificados na velha Europa e, principalmente, na Europa da bacia do Mediterrâneo parecem constituir um entrave objetivo para o auge do capitalismo do século XXI e para o nascimento de uma nova classe dominante mundial. (Forjada a partir das aristocracias burguesas e burocráticas do Ocidente e do Oriente.)

A crise mundial atual tem por objetivo, em última análise, o aperfeiçoamento *de um novo procedimento geral de assujeitamento econômico e político da força coletiva de trabalho em escala planetária.* A decadência dos antigos capitalismos de Estado em benefício de tecnoestruturas e de poderes multinacionais (a desterritorialização dos centros de decisão em relação às entidades nacionais) é acompanhada:

— da promoção relativa de um certo número de países do Terceiro Mundo, correlata de uma tensão durável sobre o conjunto dos mercados de matérias-primas; de uma pauperização absoluta de centenas de milhões de habitantes desses países que não participam da decolagem econômica; de uma superexploração de regiões e países intermediários entre os super-ricos e os superpobres;
— de relações cada vez mais intrincadas entre o Oriente e o Ocidente. Não apenas no domínio econômico, mas também para a vigilância do planeta: cooperação estreita entre os tecnocratas, os burocratas, as polícias etc. dos países do Oriente e do Ocidente (quaisquer que sejam as fases de tensão);

— de uma modificação do sentido das corridas armamentistas. Trata-se, no presente, menos de esperar uma Terceira Guerra Mundial do que:

1. de manter um equilíbrio militar – e, por conseguinte, político-econômico – entre as superpotências;
2. de conservar uma distância considerável entre essas e as potências secundárias;
3. de impor, no plano interior, um certo tipo de modelo centralista nos domínios militar, policial, energético, tecnológico etc.

Nota: É talvez essa última preocupação que condiciona as duas outras. Efetivamente, com o comprometimento dos antigos modelos de centralismo político, torna-se necessário para o capitalismo mundial integrado ultrapassar a contradição aparente entre:

— a ruína relativa dos poderes nacionais em setores como energia, matérias-primas, implementações industriais, escolhas tecnológicas, moeda etc.;
— a necessidade de rearticular, de reterritorializar a força de trabalho coletiva sobre um novo tipo de formação de poder.

A nova aristocracia mundial (burguesia burocrática) continuará se apoiando na hierarquia das potências internacionais. Mas tenderá a não se identificar com nenhuma delas em particular. (Assim como ontem foi preciso acabar com o mito das "duzentas famílias", hoje é necessário tomar distância do mito do primado absoluto do capitalismo germano--americano. O alvo real está longe de estar assim tão concentrado. Os núcleos mais virulentos do capitalismo estão sendo buscados tanto no Ocidente quanto no Oriente ou nos países do Terceiro Mundo.)

III. *Um novo recorte dos grandes*
subconjuntos internacionais

A fórmula em curso de experimentação que constitui o "modelo alemão" (paralelo à tentativa de implementação de um "espaço judiciário europeu") se esforça para conciliar:

— a integração reforçada de uma aristocracia operária que está cada vez mais distante do proletariado das potências de segunda ordem;
— um reforço da capacidade repressiva dos poderes de Estado, em particular nos domínios que concernem à sociedade civil;
— uma disponibilidade total em relação aos centros de decisão do capitalismo mundial integrado. (Rede multicêntrica, transnacional, desterritorializada.)

Trata-se, em suma de conjugar:

— no plano local: uma reterritorialização idiossincrática da força de trabalho. (Papel principal do enquadramento midiático na modelização dos indivíduos e no estabelecimento de um consenso majoritário a favor da ordem estabelecida);
— no plano europeu: uma gestão "comunitária" do controle social e da repressão;
— no plano mundial: uma adaptação sem falhas ao novo funcionamento do capitalismo.

Poderíamos considerar igualmente diversas outras tentativas de reestruturação dos espaços econômicos e sociais pelo capitalismo mundial integrado, tais como:

— o projeto de força interafricana financiado pela França e pelos Estados Unidos para contrabalancear as intervenções cubano-soviéticas. O único resultado tangível de todas essas interferências seria um controle reforçado do capitalismo mundial sobre a África;

[PARTE 1] PLANO SOBRE O PLANETA

— o papel cada vez mais importante que o Brasil é convocado a ter na América Latina.

Diversos exemplos mostram que o papel de "polícia internacional", até então conferido aos Estados Unidos e à União Soviética – lembremos do caso de Suez –, agora está nas mãos de instâncias internacionais que, embora sejam difíceis de discernir, não são menos implacáveis. (Destaquemos, entretanto, a devolução à social-democracia alemã de um papel de tutela – complementar ao exercido pelos Estados Unidos – sobre os países da América Latina, e a [Valéry] Giscard d'Estaing o de uma espécie de super-realeza sobre a África francófona.)

IV. *O desenvolvimento em escala planetária
de um novo tipo de fascismo*

— Sob alguns aspectos, o capitalismo mundial integrado teria interesse em economizar ao máximo as soluções autoritárias clássicas que implicam a sustentação e manutenção de burocracias políticas e castas militares, assim como na adoção de fórmulas de compromisso com estruturas nacionais tradicionais suscetíveis de ir contra sua própria lógica transnacional e desterritorializante. Ele seria mais tentado a se apoiar em sistemas de controle maleáveis, implicando meios miniaturizados: é preferível uma vigilância mútua dos equipamentos coletivos, dos assistentes sociais, dos psiquiatras, bem como uma televisão "cativante", do que uma repressão à base de tropa de choque! É preferível uma participação voluntária dos indivíduos nas instituições a uma burocracia pesada que esmague toda e qualquer iniciativa...
— Mas a crise geral a longo prazo que paralisa há alguns anos a totalidade dos mecanismos econômicos conduz a um desabamento da ideologia do capitalismo modernista que caracterizou o terceiro quarto do século XX.
— Os antigos equilíbrios de classe, os modos de arbitragem tradicionais do Estado entre os diversos subconjuntos da burguesia, as garantias políticas e jurídicas próprias

à democracia burguesa: tudo isso pode ser colocado em cheque, como expressaram claramente os diretores da Comissão Trilateral.[2]

— O capitalismo mundial integrado não pode esperar sobreviver a não ser que controle o funcionamento:

- das relações internacionais e dos grandes movimentos sociais (exemplo: a manipulação da "revolução dos cravos" em Portugal ou as intervenções das superpotências na Itália);
- das engrenagens do Estado (incluindo as engrenagens judiciárias, o que reforça a importância da resistência atual de advogados e da magistratura),
- das engrenagens sindicais, dos comitês de empresas etc. As negociações contratuais com assalariados devem ser consideradas, inclusive, parte do funcionamento normal das empresas, e os sindicatos devem atuar da mesma maneira que os escritórios de "recursos humanos" encarregados das relações com o pessoal;
- dos equipamentos coletivos, escolas, universidades e tudo o que contribua para modelar a força de trabalho coletiva;
- das máquinas de imprensa, cinema, televisão etc., assim como de tudo o que participe da modelagem das subjetividades familiares e individuais. Uma contestação, na cabeça de um único indivíduo, apresenta um risco a partir do momento em que pode ter um efeito de contágio. Torna-se necessário, então, seguir de muito perto os desviantes e marginais de todos os tipos, inclusive no plano das reações inconscientes.

---

2   Comissão criada em 1973 para colocar em relação os líderes de setores econômicos privados da América do Norte, da Europa e da região Ásia-Pacífico. Continua ativa. [N.T.]

B. A SEGUNDA HIPÓTESE
(PERDA DE CONTROLE PROGRESSIVO DA SITUAÇÃO
POR PARTE DO CAPITALISMO MUNDIAL INTEGRADO)

— O capitalismo mundial integrado se mostrou, até o presente, absolutamente incapaz de oferecer qualquer resposta aos problemas fundamentais do planeta (crescimento demográfico, devastação ecológica, definição de novas finalidades da produção etc.). As soluções que ele pretende dar aos problemas de energia e matérias-primas não carregam nenhum bom presságio para a imensa massa de populações.

Os organismos internacionais, hoje, mostram-se incapazes de arbitrar nos conflitos entre as potências; de fato, eles parecem ter adotado por princípio a criação de uma espécie de "válvula de segurança" por intermédio dos conflitos militares endêmicos (as guerras do Oriente Médio, as guerras na África etc.).

— Não é demagogia excessiva afirmar que a desilusão e a raiva contra essa "gestão" dos interesses da humanidade vão aumentar sem cessar: o capitalismo conhece as medidas possíveis para enfrentar as contestações e as revoltas e se esforça para tomar todas elas.

— A nova ordem totalitária, na qual trabalham os *experts* da Comissão Trilateral e os ceos do capitalismo mundial integrado, não poderia, no entanto, ser pura e simplesmente assimilada aos fascismos nacionais de tipo hitleriano ou mussoliniano. Ela estará por toda parte e em lugar nenhum. Ela contaminará o planeta ao longo de áreas inteiras, mas zonas de liberdade relativa estarão lado a lado com zonas de hiper-repressão. E o próprio traçado dessas zonas será flutuante. Seus meios de ação não passarão unicamente pelos instrumentos do poder de Estado, e sim por todos os vetores que fazem parte da formação da força de trabalho, da modelização de cada indivíduo, da imposição de um certo estilo de vida, quer dizer, de uma multiplicidade de sistemas de assujeitamento semiótico, colocando em questão a escola, o esporte comercial, a imprensa, a publicidade ou as técnicas de "assistência" de todas as naturezas (assistência social, psicanálise em grandes ondas, entretenimento).

— O capitalismo mundial integrado não visa a um esmagamento sistemático e generalizado das massas operárias, das mulheres em luta, dos jovens contestadores, das minorias oprimidas... De fato, os meios de produção sobre os quais ele repousa reclamam certa maleabilidade das relações de produção e das relações sociais, assim como um mínimo de capacidade de adaptação às novas formas de sensibilidade e aos novos tipos de relações humanas que "mutam" aqui e ali. (Recuperação publicitária dos "achados" marginais; tolerância relativa em relação às zonas de *laissez-faire*...) Nessas condições, uma contestação meio tolerada, meio encorajada e recuperada poderia fazer intrinsecamente parte do sistema.

— Outras formas de contestação se mostram, por outro lado, muito mais perigosas na medida em que tocam nas relações essenciais sobre as quais o sistema é fundado (o respeito ao trabalho, à hierarquia, ao poder do Estado, a religião do consumo...). É impossível traçar uma demarcação nítida e definitiva entre a marginalidade recuperável e os outros tipos de marginalidades que se engajam na verdadeira via das "*revoluções moleculares*". As fronteiras, aqui, permanecem efetivamente difusas e flutuantes no tempo e no espaço. Toda a questão é saber se, em última análise, trata-se de um fenômeno que permanece "à beira" do *socius* – qualquer que seja sua amplitude – ou que o colocará fundamentalmente em questão. O que caracteriza o "molecular" aqui é o fato de que *as linhas de fuga abraçam as linhas objetivas de desterritorialização* do sistema e criam uma aspiração irreversível por novos espaços de liberdade. (Exemplo de tal linha de fuga: as rádios livres. A evolução tecnológica, em particular a miniaturização dos emissores e o fato de que eles possam ser feitos por amadores, por meio de "gambiarras", "encontra" uma aspiração coletiva por novos meios de expressão.)

— Numerosos fatores devem ser levados em consideração, tanto no plano "objetivo" como no plano das novas práticas sociais, para apreciarmos as possibilidades de transformação revolucionária durante o período por vir.

• O capitalismo mundial integrado será capaz de fundar uma ordem social aceitável para um grande número de pessoas e que implique um agravamento da segregação social? O capital (tanto no Ocidente como no Oriente) não é nada além de *capital de poder*, quer dizer, um modo de semiotização, homogeneização e transmissão das diversas formas de poder. (Poder sobre os bens, sobre os territórios, poder sobre o trabalho, sobre os subalternos, os "inferiores", poder sobre os próximos, sobre a família etc.) Apenas o aparecimento de novas formas de relação com o cosmos e o *socius* permitirá transformar essa "fixação libidinal" dos indivíduos no sistema do capital e em suas diversas formas de cristalização do poder. Efetivamente, este só pode se manter na medida em que a enorme maioria dos indivíduos não apenas participa, mas também adere inconscientemente. A derrubada do capitalismo moderno não é, portanto, apenas uma luta contra o assujeitamento material e contra as formas visíveis de repressão; ela concerne igualmente, em primeira instância, à criação de uma multitude de funcionamentos alternativos.

• "Frentes de luta", de um gênero muito diferente das que até então caracterizaram o movimento operário tradicional, não param de se multiplicar há uma dezena de anos. (Trabalhadores imigrantes, operários especializados que contestam o tipo de trabalho que lhes é imposto, desempregados, mulheres superexploradas, ecologistas, "nacionalitários", psiquiatras, homossexuais, velhos, jovens etc.) Mas seus objetivos terminarão por se inserir no quadro das "reivindicações" recebíveis pelo sistema? Ou, por trás delas, vetores de revolução molecular começarão a proliferar-se? (Localizáveis sobre as coordenadas dominantes; autoprodutivos de seus eixos de referência;

entretecendo correspondências subterrâneas, transversais e, por isso mesmo, minando as antigas relações de produção, as antigas relações sociais, familiares, as relações com o corpo, com o sexo, com o cosmos...)

- Essas microrevoluções, esses questionamentos das relações de sociabilidade continuaram restritos às esferas delimitadas do campo social? Ou uma nova "segmentação social" será capaz de articular, sem restabelecer, no entanto, os sistemas de hierarquia e segregação? Em uma palavra, *todas essas microrevoluções terminarão por realizar uma verdadeira revolução?* Serão capazes de "ocupar-se" não apenas com problemas locais, mas com a gestão de grandes conjuntos econômicos?

- O que significa dizer: sairemos das diversas utopias do "retorno a"? Retorno às fontes, à natureza, à transcendência... As linhas de desterritorialização "objetivas" são irreversíveis. É preciso fazer "com" o progresso nas ciências e na tecnologia, ou nada será possível e o poder capitalístico mundial sempre retomará o controle.

    Exemplo: as lutas por autodeterminação da Córsega, da Bretanha... Está claro que, nos próximos anos, esse tipo de movimento não cessará de ganhar forças. Não se trata de um "retorno a"? De fato, o que está em questão aqui é a promoção de uma nova Córsega, de uma nova Bretanha, assim como de uma nova Sarcelles, de uma nova Yvelines... Reescrever o passado sob a trama de um futuro aberto. As reivindicações minoritárias, por exemplo, as reivindicações nacionalitárias, também podem trazer certo tipo de poder de Estado, de poder de assujeitamento, quer dizer, trazer consigo o vírus capitalista.

- Quais serão as formas de resistência dos meios mais tradicionais prejudicados pela evolução atual do capitalismo mundial integrado? Os sindicatos, os partidos da esquerda clássica, se deixaram manipular e recuperar indefinidamente pelo capitalismo modernista ou se transformarão profundamente?

— É impossível prever o que poderão ser as *formas de luta e de organização* que tomarão a frente da revolução que se desenha. Todas as questões continuam aqui igualmente abertas... Alguns pontos, no entanto, parecem estar definidos. Não sobre o que serão essas formas de luta, mas principalmente sobre o que elas não serão.

- Elas não serão centradas unicamente em objetivos quantitativos, elas colocarão em xeque as finalidades do trabalho, do lazer e da cultura. Elas questionarão o meio ambiente, a vida cotidiana, a vida doméstica, as relações homem-mulher, adulto-criança, a percepção do tempo, o sentido da vida...
- Elas não serão centradas unicamente nas classes operária-industrial-qualificada-branca-masculina-adulta. (Fim do mito do operário revolucionário, das fábricas Putilov em 1917.)[3] A produção hoje não poderia de forma alguma se identificar com a indústria pesada. Na sua essência, ela engaja tanto máquinas-ferramentas como computadores, agenciamentos sociais e intervenções técnico-científicas. Ela é inseparável da formação da força de trabalho, a começar pelo "trabalho" das crianças na mais tenra idade. Ela implica igualmente a "célula" de manutenção, reprodução e formação, que constitui a família e cuja gestão, nas condições opressivas atuais, pesa principalmente sobre as mulheres...
- Elas não serão centradas unicamente em um partido de vanguarda concebido como um sujeito pensante das lutas e a partir do qual os "movimentos de massa" teriam de se definir. Elas serão policentradas. Seus diferentes componentes não deverão concordar em tudo

---

3 Putilov foi uma fábrica de grandes proporções situada em Petrogrado (hoje, São Petersburgo), que contava com uma força operária de 36 mil trabalhadores que produziam de arsenal de armas a tratores e locomotivas. A resposta da polícia a uma grande greve ocorrida em Putilov em 1917 foi o estopim para a primeira fase da Revolução Russa. [N. E.]

nem falar a mesma linguagem estereotipada. As contradições, inclusive os antagonismos irredutíveis, poderão existir entre elas. (Exemplo: o ponto de vista específico das mulheres em relação aos movimentos dominados por homens.) A contradição aqui não paralisa a ação; ela é a prova de que uma posição singular, *um desejo específico*, está colocada em questão.

- Elas não serão incrustadas no âmbito nacional. Próximas da realidade cotidiana, concernirão simultaneamente aos conjuntos sociais que ultrapassam por todos os lados as entidades nacionais. Hoje, toda perspectiva de luta unicamente formulada no âmbito nacional anula antecipadamente sua eficácia. Os partidos e grupelhos mais reformistas, assim como os mais revolucionários, que fixam por objetivo unicamente "a tomada do poder político de Estado", condenam a si mesmos à impotência. (Exemplo: a solução do problema italiano não pertence nem aos socialistas, nem aos comunistas, nem aos autônomos! Ela implica, no mínimo, um movimento de luta que se desenvolve em quatro ou cinco países europeus.)
- Elas não serão articuladas a um *corpus* teórico único. Seus diferentes componentes elaborarão, cada um em um nível, cada em seu próprio ritmo, seus modos de semiotização para definir e orientar a ação. (Encontramos aqui a questão da falência das oposições entre trabalho produtivo e trabalho científico e cultural, entre trabalho manual e trabalho intelectual.)
- Elas recusarão a separação entre os valores de troca, os valores de uso e os valores de desejo. Essas separações constituem um dos suportes essenciais das formações de poder fechadas sobre si mesmas e hierarquizadas, sobre as quais são fundados o capitalismo e a segregação social.

Concluindo: nada está decidido.

— A produção social, sob controle das "elites" capitalistas e tecnocratas, está cada vez mais separada dos interesses e desejos dos indivíduos. Ela conduz:

- a uma sobrevalorização sistemática das indústrias que comprometem o futuro da própria espécie humana (corrida armamentista, centrais nucleares...);
- a uma subestimação dos valores de uso essenciais (a fome no mundo, a preservação do meio ambiente...);
- a uma dilapidação e repressão dos desejos em sua singularidade, quer dizer, à perda do sentido da vida.

— Nessas condições, as perspectivas de transformação revolucionária continuam perfeitamente possíveis. (Absurdos são os temas relativos ao fim da política, à implosão do social etc.) A questão fundamental é a do desenvolvimento, da renovação e da articulação:

- das lutas da vida cotidiana, das lutas de desejo;
- das lutas das classes operárias tradicionais;
- das lutas de emancipação nacionalistas e nacionalitárias.

[2] A EUROPA DOS CAMBURÕES E/OU A EUROPA DOS NOVOS ESPAÇOS DE LIBERDADE

SOCIAIS-DEMOCRATAS E EUROCOMUNISTAS DIANTE DO ESTADO

PRIMEIRA PARTE: ALÉM DO ESTADO

Eles não cessam de se referir ao seu programa.[1] Mas, ao tentar ir além do limite do poder, os socialistas e os comunistas franceses se apoiam sobretudo na confiança que inspiram em camadas cada vez maiores da população e na utilização cada vez mais sistemática da imprensa. No entanto, os antigos métodos sectários parecem ter sido conservados. Alguns dentre os mais ouvidos conselheiros do "entorno" de François Mitterrand retomam o velho tema: "No início, é preciso um partido forte, é preciso um Estado forte, para em seguida criarmos as condições de desenvolvimento de um movimento de autogestão..."(!!!). Certamente, a moda não é mais o bolchevismo, mas não podemos evitar pensar que foi com esse tipo de argumento que se justificou, na Rússia revolucionária, a liquidação dos Sovietes, do pluralismo dos partidos, do pluralismo das tendências e de todos os sentimentos dissidentes. Não se trata aqui de fazer um processo das intenções da esquerda; não podemos antecipar qual seria sua reação caso fossem criados comitês de base que escapassem de seu controle. Tudo o que podemos dizer é que, na etapa atual, ela não encoraja de forma alguma o desenvolvimento de um movimento amplo de autogestão e que sua obsessão eleitoral – "nada de ondas até as eleições legislativas" – a conduz a condenar implicitamente tudo o que poderia se assemelhar, de perto ou de longe, aos núcleos de contrapoder. Suas posições a respeito dos comitês de soldados e sobre as rádios livres são, a esse respeito, bastante significativas.

---

1 Este texto reúne três artigos publicados originalmente no *Le Monde*, entre 9–11 jul. 1977, antes das eleições legislativas que resultaram na derrota da esquerda. [N. E.]

O novo estilo, com a utilização da imprensa, rendeu seus frutos. Particularmente em relação ao eleitorado flutuante. Mas podemos nos perguntar se, em contrapartida, a esquerda não está fazendo flutuar as convicções de seu eleitorado tradicional, ainda mais passivo e menos convencido de que algo novo possa sair das urnas. Sejam quais forem as condições, o apelo à confiança massiva, fruto de um conformismo sistemático "para assegurar a brava gente", nunca produziu resultados espetaculares em períodos de graves crises sociais. Não é fácil fazer esquecer, na memória coletiva, a boa meia dúzia de fortes guinadas à esquerda que, durante os últimos quarenta anos, terminaram em recuos, compromissos com os partidos burgueses, consolidação do capitalismo, e que, em todos os acasos, foram seguidos de longos períodos de desmoralização e de atonia pelas forças populares. Se é verdade que a base militante não reforça suas convicções, não aumenta à medida que aumenta a audiência dos partidos de esquerda, em contrapartida os aparelhos não cessam de se consolidar, de endurecer, de se burocratizar. Antes de fazer, no plano nacional, o papel de normalização e defesa da ordem estabelecida – como já é o caso nos quadros do PCI [Partido Comunista Italiano] –, pedimos aos responsáveis que assegurem a disciplina no seio da organização e que mantenham um olhar vigilante sobre todos os elementos suscetíveis de confundir o espírito dos simpatizantes... Tudo o que não está imediatamente ligado ao pleito eleitoral de 1978 aparece como prejudicial, principalmente os debates internos e as antecipações em relação ao futuro. Não apenas o "triunfalismo" do ano passado foi abandonado (o que é uma coisa boa), mas todos os impulsos criativos, herdados ou não de 1968, todas as tentativas de luta e meios novos, todas as estratégias e os desejos imprevistos parecem suscitar suspeita.

Esse "reformismo" prudente da esquerda se justificaria, talvez, se a crise atual não fosse conjectural e não colocasse em questão os fundamentos das relações de produção e das relações sociais. Se, ao contrário, ficasse demonstrado que nenhuma combinação, nenhum verniz "amigável" seria capaz de dar conta da situação, então a atitude que consiste em, a todo custo, tranquilizar as massas revelaria, sem dúvida, o seu caráter desmobilizador. De que meios dispõem os dirigentes dos partidos de esquerda para intervir na crise, na sabotagem dos patrões e do "mercado", na fuga de capitais, na insatisfação do exército, na pressão do capitalismo internacional? Seguros do apoio das centrais sindicais que controlam, eles esperam se beneficiar de uma trégua na frente social; mas quanto ela vai durar? A greve geral de 1936 foi desencadeada a partir do anúncio da vitória da esquerda. É verdade que temos tendência a pensar a situação atual em relação às situações do passado. Se quisermos discernir melhor os traços específicos da crise atual e, por consequência, a credibilidade de uma nova frente popular que se desenha no horizonte, não devemos nos contentar em considerar apenas os discursos ou as supostas intenções dos líderes de esquerda, mas, antes de tudo, nos confrontar com o estado real e a evolução atual dos grupos sociais que eles pretendem representar.

Duas séries de fatores fazem da crise atual uma crise diferente das outras. A primeira diz respeito às transformações na relação entre o poder de Estado e as estruturas econômicas; e a segunda, à evolução do que chamamos de "massas populares", que jamais foram tão massivas como gostaríamos de acreditar, mas que tendem, no presente, a acentuar sua diferenciação e a fazer aparecer frentes de luta diversificadas que serão cada vez mais difíceis de serem controladas pelos burocratas políticos e pelos sindicatos.

Hoje em dia, uma política "dirigista" que pretendesse relançar a produção sob comando do Estado, quer dizer, pela criação de uma nova demanda no quadro do antigo sistema, poderia restabelecer o pleno emprego, interromper o crescimento da inflação, dar confiança aos investidores? Um governo de esquerda seria, por exemplo, levado a lançar novos programas de moradia popular, construção de hospitais, escolas, estradas, supersônicos, reatores nucleares... Mas uma política dessas tem limites – limites econômicos e limites humanos –, e, além disso, não podemos esperar que ela reacenda a competitividade da economia francesa no mercado mundial! Quando, ao colocar em prática as promessas do Programa Comum,[2] passarmos alguns bancos e alguns trustes menos ágeis para o controle do Estado – de um Estado que já está amplamente a serviço das empresas capitalistas –, o que teremos realmente mudado? De fato, é o Estado que continuará sob o controle do capitalismo modernista, e é a esquerda que, uma vez mais, terá contribuído para acelerar essa passagem. O bom senso – a droga mais bem partilhada do mundo – gostaria que aceitássemos que a ideia de uma extensão progressiva dos nacionalismos possa contribuir para constituir uma alavanca capaz de transformar a sociedade no sentido de um "socialismo à francesa"! Os socialistas não param de repetir que pretendem promover nacionalizações democráticas, e não uma estatização burocrática. No entanto, é difícil compreender como um setor nacional autônomo e autogerido poderia se desenvolver nas circunstâncias atuais! Ou a totalidade das empresas evolui no mesmo sentido ou nada vai evoluir. Tudo se deve à economia capitalista: no plano nacional, os setores privado e público; e, no plano internacional, o sistema capitalista, o sistema socialista burocrático e a exploração do Terceiro Mundo. E é na desregulação – ou no reagenciamento – de diferentes componentes do que se tornou verdadeiramente um capitalismo planetário que a multiplicação das crises e a devastação atual das economias nacionais e regionais se origina. Finalmente, até a ideia (muito menos ambiciosa do que a de uma passagem progressiva ao socialismo) posta na mesa pelos dirigentes mais "realistas" do Programa Comum e que consiste em propor a utilização limitada do setor nacionalizado – devido a não sei que qualidade intrínseca – para varrer a crise da França, mesmo essa ideia de contornos tecnocratas se mostraria provavelmente ilusória!

---

2 *Programme Commun* foi um programa de reformas de inspiração keynesiana criado mediante uma aliança entre forças de esquerda (notadamente o Partido Socialista e o Partido Comunista Francês), colocado em prática por François Mitterrand entre 1981–83. [N. E.]

Podemos distinguir esquematicamente duas fases, desde a última guerra mundial, na evolução das relações entre o Estado e a economia francesa: 1) uma fase "eufórica", na qual os tecnocratas tinham o sentimento de que estávamos caminhando para uma gestão planificada nacionalmente; 2) uma fase "depressiva", na qual eles foram levados a renunciar a toda e qualquer ambição dessa natureza (por exemplo, hoje, os organismos como o Comissariado Geral do Plano foram confinados ao papel de superescritórios de estudos e pesquisa, sem nenhuma possibilidade de intervir na economia).

Durante a fase ascendente, ambiciosa, o Estado foi levado a encarregar-se, direta ou indiretamente, dos setores menos rentáveis da economia, por exemplo aqueles que exigem uma grande mobilização de capitais, uma grande proporção de mão de obra, ou aqueles que se prestam mal a todos os tipos de desvios que constituem a própria essência dos lucros capitalistas (taxas fictícias, fraude fiscal, especulações na bolsa de valores etc.). Assim, ele foi levado a concentrar e a financiar a infraestrutura geral da economia capitalista (equipamentos de infraestrutura, transporte, comunicações, equipamentos coletivos etc.). O lucro privado se pôs a "parasitar" essa grande fonte que constituía o Estado e as empresas nacionais. O apoio do Estado ao capitalismo privado e a seu suporte nacional (e que adquire, muitas vezes, formas desviadas, muito pouco visíveis) tem por efeito:

— sobretaxar os assalariados com o objetivo de consolidar a exploração capitalista e o despotismo burocrático que não cessou de proliferar em todos os poros da sociedade;
— criar artificialmente novas zonas de lucro privado (ex.: publicidade "adjacente" à televisão, indústria do turismo "adjacente" aos equipamentos costeiros etc.).

Em tais condições, não faz sentido opor, devido ao seu estatuto jurídico ou administrativo, as diferentes categorias de exploradores! Seja tratando de patrões ou acionistas, industriais ou comerciantes, funcionários, técnicos, funcionários públicos, políticos ou mandarins de toda e qualquer natureza, todos se encontram nos mesmos "meios", nos mesmos grupos de interesse ou *lobbies*, com contornos instáveis, mas que enquadram e ocupam a totalidade das formações de poder.

A partir do momento em que o mercado mundial tem um papel preponderante nas economias nacionais, em que as sociedades multinacionais se tornam os verdadeiros centros de decisão a respeito de tudo o que concerne a moedas, matérias-primas, implementação industrial, grandes escolhas tecnológicas etc., os poderes de Estado são irreversivelmente desprovidos de suas antigas funções na arbitragem entre os componentes econômicos e sociais de um mesmo país. A função das burguesias nacionais e das burocracias estatais também é levada a se modificar. Para assujeitar a força coletiva de trabalho, já não são suficientes os meios de coerção direta (como a polícia e o exército, as milícias patronais etc.) nem indireta como a regulação seletiva do consumo pelos assalariados, a regulação dos comportamentos pelos sistemas de intimidação e de sugestão que conduzem os indivíduos a aceitaram passivamente as leis, os regulamentos, as prescrições morais, religiosas, educativas etc. E cabe ao Estado a coordenação, a vigilância e, às vezes, a gestão direta de organizações e equipamentos coletivos encarregados dessa modelagem, dessa vigilância constante de indivíduos, famílias e coletividades de todo tipo. Mas, na medida em que, paralelamente à sua integração internacional, a evolução das forças produtivas conduz o capitalismo a explorar relativamente menos a força de trabalho muscular e a habilidade manual dos trabalhadores do que sua capacidade de adaptação, de submissão ao aparato técnico, aos sistemas de códigos, aos modos de organização do trabalho sempre mais complexos, esses meios de formação e de controle tornam-se cada vez mais diversificados, cada vez mais *miniaturizados*. Apelamos cada vez mais a tipos de vigilância mútua e de autovigilância. Esses, certamente, sempre têm como objetivo o assujeitamento dos corpos, dos órgãos, das funções, das atitudes, das relações interpessoais ao sistema dominante: mas, para alcançar o mesmo objetivo, fomos levados a realizar desvios suplementares e acentuar as interferências do poder em nossos desejos, sexualidade inconsciente, sonhos, devaneios e esperanças de cada um. Assim, o controle diz respeito, hoje, menos à subordinação direta de cada indivíduo aos sistemas de tutela "visíveis", aos equipamentos de normalização publicamente organizados, do que a uma multitude de operadores institucionais mais ou menos privados, a associações de todo tipo, esportivas, sindicais, culturais, grupos de vizinhos, bandos de jovens, seitas etc.

O lucro monetário nunca cessou de ser objeto único do capitalismo. A busca por um certo tipo de dominação social, muitas vezes associada a uma criatividade míope e cínica – ignóbil, no sentido etimológico –, sempre constituiu um de seus motores essenciais. Em torno dos objetos fundamentais que são o dinheiro e o poder, as burguesias e os burocratas secretaram, portanto, sistemas de regulação e de padronização das populações exploradas que, além disso, têm por função estabelecer no seio das classes dirigentes, no Ocidente como no Oriente, o mínimo de disciplina coletiva sem a qual elas não poderiam encarar as pressões conjugadas da luta de classes e das "necessidades" de crescimento. A originalidade do capitalismo contemporâneo – sua capacidade ainda não desmentida de ultrapassar as crises mais graves e mesmo de sair delas reforçado, sua superioridade relativa em relação aos modos de exploração dos trabalhadores e às diversas "fórmulas" do socialismo burocrático – expressou-se, até a crise atual, pelo seguinte fato: a concentração dos poderes políticos e a integração das potências econômicas não conduziram ao seu isolamento ou cerceamento, mas, pelo contrário, foram acompanhadas do desenvolvimento de zonas de apoio sempre mais amplas dentro da sociedade. Podemos até mesmo dizer que o capitalismo foi capaz de contaminar todo o corpo social com sua "concepção" do lucro e da alienação, tanto que cada um de seus subconjuntos, com um ou outro grau e segundo as modalidades mais diversas, incluindo o socialismo burocrático, participam do tipo de exploração e de desejo de poder que o caracterizam. As classes operárias dos países ricos participam indiretamente da pilhagem do Terceiro Mundo, os homens da superexploração das mulheres, os adultos da alienação das crianças etc.

Esquematicamente, podemos considerar que tudo o que concerne à lei tende, de agora em diante, a se modelar em relação ao Estado e tudo o que concerne ao desejo tende a se modelar em relação à busca pelo lucro – a promoção individual e, inclusive, o amor fazem parte dos últimos setores do... livre empreendimento!

SEGUNDA PARTE: AQUÉM DO ESTADO

Vimos a nova relação entre os Estados e a organização mundial: concentração radiante de poderes, "molecularização" das potências de assujeitamento. Nosso segundo ponto concerne ao devir das *massas populares* (pouco importa a palavra). Porque as transformações capitalistas e burocráticas estudadas antes funcionaram com ainda mais eficácia no plano econômico do que no plano político, onde não cessaram de colidir com barreiras nacionais e, ao que parece, com arcaísmos de toda natureza. No domínio da capitalização da *mais-valia econômica*, elas tornaram as fronteiras mais permeáveis e impuseram o jogo do mercado mundial acima dos antagonismos de regime, dos conflitos raciais, das disparidades de desenvolvimento. Mas, por outro lado, no domínio das *mais-valias de poder*, assistimos a um estreitamento geral das perspectivas que não apenas tornou impossível, em nossos dias, a constituição de novas grandes entidades territoriais como os Estados Unidos ou a União Soviética, mas que, além disso, multiplicou, ao seu bel-prazer, as questões linguísticas, regionais, étnicas etc.

Tudo se passa como se a fórmula "Estado" estivesse ultrapassada, sem fôlego, como se o capitalismo não dispusesse de meios políticos e institucionais correspondentes a seu dinamismo econômico, que, por outro lado, continua formidável! Quanto mais o Estado serve ao capitalismo industrial, comercial e financeiro (no domínio das negociações salariais, na vida das coletividades locais e mesmo na vida cotidiana de cada um de nós), menos ele se mostra capaz de seguir uma política coerente. Colocaremos essa incapacidade do Estado de promover uma planificação racional total na conta de uma fraqueza política dos governos atuais ou na de uma falta de *savoir-faire* dos tecnocratas que estão a seu serviço? Para mudar esse estado de coisas, bastaria substituir os políticos de direita pelos políticos de esquerda, assim como os tecnocratas de direita pelos tecnocratas de esquerda (que, aliás, saem das mesmas escolas e frequentam os mesmos meios)? Essa incapacidade não se deve, sobretudo, a uma evolução muito mais fundamental que levou os Estados modernos a serem mais que engrenagens intermediárias entre um além e um aquém, entre instâncias supranacionais e grupos de pressão interiores de todas as naturezas?

Essa crise, essa desadaptação do Estado, não favorece apenas os "avanços" do capitalismo internacional, ela abre igualmente novas possibilidades de intervenção e ação das massas: essas massas sobre as quais dizíamos que são cada vez menos massivas e que estão em busca de novas "identidades" que lhes permitam assumir não apenas suas necessidades quantitativas, mas também suas posições singulares de desejo. É importante considerar cuidadosamente se "as cordas mais fracas" do capitalismo estão talvez do lado dos agenciamentos coletivos do desejo, e não da economia política. Evidentemente, esses dois aspectos são inseparáveis, mas uma certa distância se acentua entre eles na medida em que a crise se desenvolve. Podemos ainda imaginar que o capitalismo internacional consiga "resolver" à sua maneira problemas como os relativos às matérias-primas, às grandes opções tecnológicas, ou redesenhar o mapa mundial das implementações industriais... mas não vemos como ele conseguiria encontrar soluções para os problemas políticos, demográficos, ecológicos nos quais está atolando. O "gênio" do capitalismo esteve em ter conseguido, durante a maior parte do século xx, não apenas neutralizar os movimentos revolucionários que pretendiam abatê-lo, mas também, de acréscimo, fazer uso deles para amordaçar o proletariado mundial e, em certa medida, os movimentos de emancipação nacional. Ora, o que caracteriza fundamentalmente a crise atual talvez sejam menos as disfunções econômicas enquanto tal, mas principalmente uma certa incapacidade, por parte dos dirigentes políticos dos países capitalistas desenvolvidos, de oferecer respostas aos problemas sociais – em escala tanto nacional quanto internacional – na linha do reformismo tradicional. A fórmula que consiste em sustentar a burocracia de Estado com as burocracias operárias está em vias de colapsar em países politicamente tão diferentes como a Inglaterra e a Itália. E não é evidente que, nesse domínio, a social-democracia francesa consiga fazer melhor do que seus colegas ingleses ou que o Partido Comunista Italiano. Enquanto a institucionalização do movimento operário evolui lado a lado com a modernização do capitalismo – e isso essencialmente no quadro relativamente delimitado de um conjunto nacional –, o descontentamento dos assalariados e a pressão social têm, de fato, funcionado como uma espécie de pressão "seletiva" sobre as empresas – as mais fracas tendo de se alinhar com as mais poderosas para não desaparecer. Essa complementaridade entre o progresso social e o progresso do capitalismo tem, além disso, tendido a desproletarizar as massas operárias e a adaptá-las aos modelos de consumo, que, aliás, são essenciais para a produção e a estabilidade das relações sociais. A chegada ao poder dos burocratas social-democratas e eurocomunistas, em um certo número de países ocidentais, se inscreve no quadro dessa "crise do reformismo" e só faz acelerar, a meu ver, o desenvolvimento dessa crise internacional. Efetivamente, temos todas as razões para pensar que eles não terão mais controle sobre as economias internacionais do que sobre a máquina estatal, que continuará girando em torno de si mesma, registrando passivamente os dados econômicos, reconhecendo as relações de força sem influenciar verdadeiramente no curso das coisas. Se sua ação continuar midiática, espetacular, ela não terá nenhum efeito, a longo prazo, a não ser *desmobilizar os agentes potenciais de uma transformação social real*.

Além disso, não se deve descartar um divórcio entre o sindicalismo operário, de um lado, e os partidos comunistas e socialistas, de outro; uma evolução "à inglesa", tal qual o jornalista Jean-François Fogel descreveu no *Libération*, a saber, um processo de autonomização das centrais sindicais em relação ao partido trabalhista, e que literalmente paralisa as diferentes tentativas do capitalismo modernista de sair da crise, não pode ser rejeitada *a priori*. No contexto das lutas concorrenciais muito vivas às quais se consagram as potências industriais, o fato de que as burocracias sindicais se distanciem dos partidos de esquerda – certamente, não a fim de se orientarem para um sindicalismo revolucionário, mas de modo a se enfiarem cada vez mais em um corporativismo à americana – poderia ter como consequência retirar do alto escalão modernista desses países a possibilidade, evocada anteriormente, de utilizar os sindicatos contratuais como alavancas para fazer evoluir as contradições interiores ao capitalismo. E está chegando ao fim o tempo em que podíamos considerar que, em caso de crise grave, os partidos social-democratas estariam mais bem colocados para "salvar a pele" da burguesia e para relançar o sistema capitalista. Assim, nos referimos, talvez rápido demais, nesse domínio, aos exemplos "de sucesso" até o presente – mas por quanto tempo ainda? – das sociais-democracias alemã e nórdica.

Atualmente, nem os dirigentes do capitalismo internacional, nem os burocratas do Estado, nem os líderes dos movimentos "alternativos" de esquerda europeus dispõem de meios ou de ideias que permitam encarar os gigantescos deslizamentos de terra que estão fazendo o mundo ruir. Todos continuam a viver a utopia que consiste em pensar que a máquina econômica pode se apoiar indefinidamente nas tecnologias de enquadramento das massas como as instauradas pelo aparelho de Estado, pelo exército, pela escola, pelos equipamentos coletivos, pelas burocracias sindicais... e mais recentemente pela imprensa. É verdade que, hoje, o controle social se efetua muito mais pela violência do que antes. Os indivíduos são "contidos" pelo meio, por ideias, gostos, modelos, maneiras de ser, imagens injetadas permanentemente e, até mesmo, pelos ritornelos que giram na nossa cabeça. Mas esse sistema de assujeitamento "suave", por entorpecimento coletivo, começa a falhar. Um certo número de "barulhos" começa a despertar as pessoas. Em primeiro lugar, sob o plano econômico, são os mecanismos "normais" de assujeitamento que partem à deriva: a margem "normal" do desemprego ultrapassa um pouco em toda parte os limites de alerta, a inflação "normal", outra forma de tributação indireta dos assalariados, tende a ficar incontrolável. Regiões e nações consideradas até então polos do crescimento econômico caem no subdesenvolvimento. Enfim, assistimos à liquidação geral das ideologias, dos modelos de referência, ao desmoronamento, um após o outro, das "mecas" socialistas.

Poderíamos distinguir, mais uma vez, de forma esquemática, quatro grandes períodos da integração operária:

— um período de urbanização intensa, de luta contra o nomadismo interno dos trabalhadores,
— um período de alfabetização, de fixação semiótica da força de trabalho à língua do poder e aos sistemas hierárquicos,
— um período de "socialização" correspondendo à integração do movimento operário e ao desenvolvimento do sindicalismo contratual,
— um período de assujeitamento generalizado, colocando em jogo a comunicação de massa, um modelo de vida normalizado do tipo *American way of life* etc.

As diferentes tecnologias de assujeitamento e as diferentes instituições que foram postas em operação ao longo desses diversos períodos (e que não foram eliminadas ao logo do tempo, e sim se imbricaram umas nas outras) não correspondem mais à evolução das forças produtivas, à internacionalização da economia e ao surgimento de um novo tipo de desejo nas massas. Dito de outra forma, os quatro problemas precedentes – ao menos segundo a hipótese que proponho – estão sendo substituídos por outras linhas de crise, com prolongamentos imprevisíveis, a saber:

— uma crise que afeta o enquadramento dos territórios e, em primeiro lugar, os poderes de Estado (poderíamos falar aqui de uma espécie de "falência do Estado", mas em uma perspectiva diferente da do marxismo);
— uma crise que afeta os mecanismos de assujeitamento econômico tradicionais (desemprego, inflação etc.) liga-

dos essencialmente à internacionalização dos mecanismos econômicos e da produção (desterritorialização do capitalismo);

— uma crise que afeta os modos de assujeitamento da força de trabalho, a socialização dos indivíduos (crise das instituições, da escola, do sindicalismo, da militância tradicional etc.), ligada ao desenvolvimento da comunicação de massa;

— uma crise ligada ao avanço de uma nova sensibilidade nas massas, à emergência de um novo tipo de luta pela "qualidade de vida", e não apenas pelos "padrões de vida", e de um novo tipo de reivindicação, relativo ao que podemos chamar de "direito ao desejo".

Como podem os dirigentes e os teóricos de esquerda, na medida em que eles mesmos confessam ter decidido não mudar nada de essencial – em um primeiro momento, dizem... –, proclamar que seu programa econômico permitirá resolver crises nas escolas, oficinas, quartéis, prisões, hospícios etc.? E o que acontecerá se a grande massa de assalariados começar a recusar os "sacrifícios necessários", como começa a acontecer na Itália, e se um número crescente de minorias se recusar a continuar jogando o jogo e colocar em questão, em sua vida de todos os dias, as relações jurídicas, as relações domésticas, as relações entre os sexos, o sistema atual que, é bastante evidente, os diversos componentes da esquerda continuam validando?

A aliança entre o sindicalismo contratual e os partidos de esquerda foi feita com base na aceitação passiva do capitalismo por largas camadas da classe operária. Mas a falência política e econômica da direita terá consequências sobre esse espírito de integração. Se, em uma primeira fase, certa autonomização do sindicalismo conduz a um fechamento da classe operária sobre si mesma e, inclusive, a uma exacerbação "pujadista"[3] dos seus elementos mais conformistas, ela poderá igualmente favorecer, no desenrolar das coisas, o desenvolvimento de correntes da "autonomia operária" –

---

3 Movimento sindicalista de pequenos comerciantes e artesãos. [N. T.]

para retomar uma expressão italiana –, abrindo em seu seio novas perspectivas revolucionárias.

Sem chegar ao ponto de imaginar o retorno de grandes convulsões, no estilo Maio de 68, toda uma série de signos mostra que camadas sociais cada vez mais amplas não querem viver como antes. Certo tipo de relação com as mercadorias começa a ser rejeitado por um número crescente de pessoas. A incitação ao consumo de mais automóveis, mais alojamentos individuais, mais aparelhos eletrodomésticos, mais lazeres pré-fabricados e, para isso, a trabalhar mais, a se agarrar às carreiras profissionais, a se acabar prematuramente – e por quê, em nome de quê? Todas essas coisas essenciais ao bom funcionamento do capitalismo estão parcialmente em vias de descambar. No fundo, é a própria ideia de que uma solução para os problemas socioeconômicos atuais possa ser encontrada nos limites existentes que perde sua credibilidade. Nada deveria nos impedir – sem chantagem em relação à unidade de ação, sem nenhuma intimidação à "irresponsabilidade" – de considerar cenários bem diferentes daqueles que querem fazer entrar, à força, em nossa mente. Por exemplo, caso a esquerda chegue ao poder:

— a impossibilidade de ela resolver a questão do desemprego;
— a impossibilidade de ultrapassar, dentro das regras do jogo capitalista (tanto interior quanto exterior), a dependência da economia francesa em relação ao mercado mundial e às superpotências que o controlam;
— a acentuação da discrepância entre as regiões, entre os setores socioprofissionais, entre os sexos, entre as faixas etárias etc., quer dizer, de um lado, a estratificação social, uma inércia social e econômica cada vez mais paralisante, sempre mais "reivindicante" e, de outro, uma marginalidade ganhando confiança, se desprendendo das "utilidades marginais" para assumir novos modos de vida.

Mais do que nos contentar em assistir no domingo à noite, como espectadores, às grandes finais eleitorais, deveríamos colocar, para a esquerda, algumas questões preliminares. Por exemplo: o que ela vai fazer para "segurar" a economia se os sindicatos lhe escapam, se eles estão tomando um caminho "inglês"? O que ela vai fazer para "segurar" os jovens, as mulheres, as minorias de todo tipo que querem aproveitar a ocasião para "movimentar-se"? Do que ela será capaz para assegurar a ordem? Nós devemos também analisar em detalhe as razões do nosso próprio derrotismo. De fato, a hipótese implícita para muitos de nós é que, de qualquer maneira, no fim das contas, nós sairemos perdendo. A história não nos mostra que a esquerda sempre foi capaz de restabelecer a ordem, de recuperar os movimentos melhor do que a direita? Mas quem garante que será assim para sempre? Certamente, não devemos nos iludir, os partidos de esquerda já se preparam para enfrentar, como eles dizem, suas "responsabilidades", dito de outra forma, para colocar em prática todas as formas de repressão que as "circunstâncias exigirão", segundo outra expressão consagrada. Mas será que desta vez eles terão os meios para tanto? Nada está decidido e, sem cair no messianismo das crises e revoluções, podemos admitir que o começo do "saco cheio" eleitoral, visível no aumento dos ecologistas e da extrema esquerda na França, no agravamento contínuo da crise na Itália, no nascimento de uma nova Espanha, no desenvolvimento da dissidência nos países do Leste, anuncia um período de grandes convulsões. No entanto, uma espécie de torpor coletivo, mantido pela comunicação de massa, nos conduz ainda, muitas vezes, a recusar a hipótese de que uma verdadeira ruptura histórica possa se produzir.

Não se trata aqui de uma simples especulação sobre o futuro. Mais do que considerar o retorno inelutável do fascismo, porque antes de tudo é sempre esse esquema mecânico que nos vem à mente, por que não partir da hipótese oposta, a de que na virada deste século um novo tipo de revolução se tornará possível – uma revolução que não concerne unicamente aos aparelhos políticos, mas que culminaria no questionamento de todas as engrenagens, mesmo as mais moleculares, da sociedade? Nos nossos dias, mal somos capazes de dizer isso em voz alta, por medo de sermos objeto de chacota dos novos pensadores da esquerda: "Olha, mais um que continua a tomar os seus desejos pela realidade – ele não sabe que Maio de 68 acabou, que isso não voltará jamais e é melhor assim!". Mas, depois de tudo, se nos detivermos absolutamente nas referências históricas, por que não escolher aquelas que dizem respeito aos grandes períodos nos quais foram varridos os homens, as instituições e as ideias que pareciam mais bem estabelecidas? Não é precisamente nesses momentos que o desejo, mais do que se tomar pela realidade, tomou-a de assalto e a transformou?

MILHÕES E MILHÕES DE ALICES EM POTENCIAL

Perigo iminente.[1] Atenção! A menor linha de fuga pode fazer explodir tudo. Vigilância especial sobre os pequenos grupos perversos que propulsam palavras, invertem frases, atitudes suscetíveis de contaminar populações inteiras. Neutralizar, prioritariamente, todos aqueles que possam ter acesso a uma antena. Guetos por toda parte – autogeridos, se possível –, *microgulags* por toda parte, até mesmo dentro da família, do casamento, e incluindo a cabeça, de modo a manter na linha cada indivíduo, dia e noite.

> *Eles falam, eles falam, tudo bem, eles falam o tempo todo. Eles lançam sinais, palavras, pedaços de sinais, pedaços de palavras para nos obrigar a aceitar nosso papel de filho, de mulher, de pai, de operário, de estudante, para nos ensinar a abanar o rabinho, ser disciplinado, obedecer, trabalhar...*
>
> *O terror se enraíza no cotidiano, terror da prisão e do asilo, da caserna e do desemprego, da família e do sexismo. Terror contra os desejos para reduzir o cotidiano à forma miserável na qual a Igreja, a família, o Estado o trancafiaram desde sempre. Mas a luta de classes rompe a dominação na fábrica, a comunhão rompe a dominação pelo isolamento, o desejo transforma o cotidiano. E a Escrita percorre transversalmente as ordens, recompondo-as de maneira criativa.*
>
> *Desejo de potência do discurso da ordem ou potência do desejo contra a ordem do discurso...*

---

1 Texto publicado originalmente como prefácio do livro do coletivo A/traverso, *Radio-Alice, radio libre* (Paris: J.-P. Delarge, 1977), sobre a estação de rádio livre de frequência 100,6 MHz que operou em Bolonha, Itália, entre fev. 1976 e nov. 1977. A Rádio Alice, como se chamava, contou com a participação de pensadores italianos como Franco "Bifo" Berardi, Maurizio Torrealta e Filippo Scozzari. Os trechos em itálico são transcrições de pronunciamentos da rádio. [N. E.]

O ponto de vista da autonomia sobre essa questão dos meios de comunicação de massa é que cem flores desabrochem, que cem rádios transmitam...

A guerrilha da informação, a subversão organizada da circulação das informações, a ruptura da relação entre emissão e circulação de dados... situa-se no interior da luta geral contra a organização e a dominação do trabalho...

A interrupção e a subversão dos fluxos de produção e circulação dos signos emitidos pelo poder são um campo no qual podemos agir diretamente...

É preciso partir historicamente da crise da extrema esquerda italiana após 1972, particularmente de um dos grupos mais ativos tanto no plano teórico quanto no prático: *Potere Operaio* [Poder operário]. Toda uma esfera de influência da extrema esquerda se dispersou por ocasião dessa crise, mas para animar movimentos de revolta em diferentes *autonomias* (nome que o vocabulário italiano dá aos setores particulares: mulheres, jovens, homossexuais etc.). Criaram-se então círculos político-culturais como, em Bolonha, o Gatto Selvaggio [gato selvagem], do qual partiu, em 1974, a iniciativa da Rádio Alice.

Após a fase de dispersão esboçou-se um processo de recomposição do *movimento* (palavra também muito importante no novo vocabulário italiano: a Rádio Alice é uma rádio dentro do *movimento*).

Após a supressão do monopólio de Estado, mil rádios independentes se desenvolveram da extrema esquerda à extrema direita, ou fazendo-se porta-vozes desse ou daquele setor particular.

A originalidade da Rádio Alice era ultrapassar o caráter puramente "sociológico", digamos assim, das rádios independentes e se assumir como projeto.

A Rádio Alice entrou no olho do furacão cultural – subversão da linguagem, surgimento do jornal *A/traverso* –, mas também estava diretamente mergulhada na ação política que ela quis "transversalizar".

Alice, *A/traverso, rivista per l'autonomia, Potere Operaio, Rosso, giornale del Movimento* – agenciamento coletivo de enunciação. Teoria – técnica – poesia – devaneio – palavras de ordem – grupos – sexo – solidão – alegria – desespero – história – sentido – *nonsense*.

A verdadeira obra de arte é o corpo infinito do homem que se move através das incríveis mutações da existência particular.

Acabar com a chantagem da miséria. Valor de desejo – valor de uso – valor trabalho. A aristocracia operária, o lúmpen... Que miséria? Que trabalho? Reapropriação do tempo. O direito de perder a hora.

— Eu estava deitado na minha cama.
— Fez bem, camarada, você estava cansado e tem o direito de descansar...
— Nada disso, eu estava lendo!
— Tem razão, camarada, você estava lendo para elevar seu nível teórico e se preparar para novos combates...
— Não sei. Talvez! Estava lendo *Diabolik*...

Acabar com a chantagem da miséria, a disciplina do trabalho, a ordem hierárquica, o sacrifício, a pátria, os interesses gerais. Tudo isso calou a voz do corpo. Todo o nosso tempo, desde sempre, foi consagrado ao trabalho, oito horas de trabalho, duas horas de transporte, e depois descanso, televisão, refeição em família. Tudo o que não se encaixa nessa ordem é obsceno para a polícia e os magistrados.

Alice. Rádio linha de fuga. Agenciamento teoria – vida – prática – grupo – sexo – solidão – máquina – ternura – carinho. Acabar com a chantagem da cientificidade dos conceitos. Os "intelectuais orgânicos" são os burocratas da teoria. Você entende, cara, a batalha semiológica. Tudo bem, mas esse troço é meio como em Nanterre, em 1968, com a sociologia, ou em Ulm, com a epistemologia, ou em Sainte-Anne, com a psicanálise... Reler Marx, Freud, Lênin, Gramsci... talvez... mas tem também os enunciados, os gestos, o esboço de um mundo que nós mesmos agenciamos, os desvios maiores que operamos a partir das nossas línguas menores.

A prática da felicidade torna-se subversiva quando é coletiva.

Em Bolonha, no começo, não éramos mais do que uma centena, estávamos andando um pouco em círculos e a Rádio Alice catalisou um processo, alguma coisa – que não é um traço comum, mas como dizer de outra forma? Sim, um processo atravessou as diversas autonomias: secundaristas, feministas, homossexuais, trabalhadores emigrantes do Sul... Então começaram a se ampliar bastante os movimentos de autorredução[2] e de apropriação, a recusa do trabalho, o absenteísmo etc. Em 1976, Bifo, um dos principais apresentadores da Rádio Alice, foi detido por "incitação à revolta".

Tudo isso desembocou nos motins de março de 1977. Aí se deu o racha: toda a vitrine do comunismo *new look* em pedaços! Trinta anos de bom comportamento e leais serviços perdidos, desconsiderados aos olhos da burguesia.

Acreditava-se, até então, que o PCI [Partido Comunista Italiano] e os sindicatos saberiam controlar o povo melhor do que ninguém! Dizia-se, por exemplo: "*in Cile i carri armati, in Italia i sindicati*".[3] Mas [Renato] Zangheri, o prefeito comunista de Bolonha, apelou para as forças repressivas sob as suas formas mais violentas. Mandou carros blindados invadirem a cidade. Exortou pessoalmente a polícia ao combate com o lema: "Avante, é a guerra, essas pessoas têm de ser eliminadas, elas mesmas se excluíram da comunidade...". Éramos 15 mil na rua. Nunca se tinha visto isso em Bolonha! Alice nos informava a cada instante sobre tudo o que estava acontecendo, por intermédio de companheiros que telefonavam e iam diretamente ao ar. Todos os processos e prisões que se seguiram foram "motivados" por esse papel "militar" da Rádio Alice.

---

2 Prática criada na Itália pelo movimento autonomista e adotada em outros países da Europa que envolvia o roubo de produtos, bem como a substituição de etiquetas de preço por etiquetas com preço reduzido. [N. T.]

3 "No Chile, os carros armados, na Itália, os sindicatos", em italiano no original. [N. T.]

Conspirar quer dizer respirar junto, e é disso que somos acusados;
eles querem nos impedir de respirar porque nós nos recusamos vio-
lentamente a respirar em seus locais de trabalho asfixiantes, em
suas relações individuais, familiares, em suas casas atomizantes.
Há um atentado que confesso ter cometido, o atentado contra a
separação da vida e do desejo, contra o sexismo nas relações inte-
rindividuais, contra a redução da vida a uma prestação de salário.

Alice, *figli di puttana.* Todos esses pequeno-burgueses safados,
todos esses adictos, essas bichas, esses depravados, esses
vagabundos, que querem sujar o coração da nossa bela Emília. Mas eles não conseguirão, porque aqui, há trinta anos,
todo mundo nessa cidade adquiriu uma alta consciência de
classe. Até os pequenos patrões têm a carteirinha do partido...
E a nossa juventude trabalhadora não se deixará levar por
essas maquinações diabólicas. O próprio povo recusará essa
aventura. E que não me venham acusar o PCI de práticas anti-
democráticas! Por toda parte, nas fábricas, nos bairros, nas
escolas, nós favorecemos a implantação de comitês populares, de conselhos de delegados. E são eles, hoje, que tendem
a se tornar os melhores guardiões da ordem.

Por toda parte nossas necessidades devem ser representadas pelos
"porta-vozes" delegados, em troca de promessa de falar amanhã.
Miniparlamentos e conselhos de colégio, conselhos de bairro,
descentralização cultural, mil lugares delegados nos quais as rela-
ções reais não mudam, que não nos dão poder algum; os patrões
enviam um sociólogo, um psicólogo, um antropólogo, um reforma-
dor e, no fim das contas, um policial armado com um cassetete.

O erro histórico. Fomos até eles com a mão estendida, quería-
mos explicar-lhes a linha justa do nosso partido. Na Universidade de Roma, [Luciano] Lama pretendia dar-lhes o ponto
de vista dos trabalhadores. Expulsaram-no a pedradas. Não
respeitam nada. *"I Lama stanno nel Tibet"*.[4] Imaginam que o

---

4 Literalmente, "os Lamas estão no Tibete". No contexto das manifestações de fevereiro de 1977, a palavra Lama adquire outro sentido:

PCI, o partido dos trabalhadores e de todo o povo, vai se deixar intimidar por muito tempo por um punhado de baderneiros, de agitadores irresponsáveis que se autointitulam os "índios metropolitanos"! Nossa única fraqueza terá sido nossa paciência demasiado longa. A legitimidade do poder de Estado, hoje, repousa sobre nós. E, em última instância, cabe ao nosso partido julgar aquilo que é bom para as massas, aquilo que não é.

Amamos vocês. Estamos com vocês do fundo do coração e isso nos dá o direito de alertá-los. Vocês têm do melhor e do pior, e vocês devem fazer a triagem. Claro, não poderíamos culpá-los pela desorganização atual, e é preciso reconhecer que muitos de vocês perderam a paciência! Mas nosso dever é dizer: mantenham o sangue-frio, não ultrapassem certo limite. Pensem que estamos em crise, pensem nas ameaças fascistas. Em suma, pensem como nós pensamos! Vocês dizem às vezes coisas maravilhosas, mas frequentemente caem na confusão, na banalidade, na obscenidade gratuita, não estética. Recomponham-se, sejam aquilo que, no fundo, vocês nunca deixaram de ser: crianças levadas!

Nós não vamos mais cair no golpe da crise e do fascismo. Nós reivindicamos a crise e não vamos fazer nada para "ajeitar as coisas". Desejamos, ao contrário, generalizá-la e até exportá-la. Hoje – e ainda bem! – a Itália vive, em grande parte, pendurada nas grandes potências capitalistas, de tão apavoradas que estão com a ideia de que ela desabe. Chegamos a uma espécie de autorredução em escala internacional. Outras camadas da população, outros países tomarão o nosso lugar. É todo um mundo que está desabando. Não vamos nos contentar em questionar a forma das relações entre exploradores e explorados – nós atacamos a raiz, a matéria da

---

"o lugar de [Luciano] Lama é no Tibete!", isto é, longe daqui. Luciano Lama foi líder da maior central sindical italiana, a Confederazione Generale Italiana del Lavoro (CGIL), entre 1970 e 1986. Também foi político, tendo exercido mandatos como deputado e senador. [N. E.]

exploração capitalista-burocrática, isto é, o trabalho assalariado, a aceitação passiva de um corte entre o trabalho e o desejo, o investimento do trabalho como droga de abolição de todos os desejos abertos ao mundo. Quanto aos fascistas, eles não passam hoje, na Itália, de um punhado de palhaços. Têm cada vez menos influência. E, para nós, o perigo não vem essencialmente daí, mas da conjunção entre o aparelho de Estado capitalista e os aparelhos burocráticos do PCI e dos sindicatos.

Essa nova aliança repressiva, de ramificações tentaculares, se esforça por todos os meios para separar as lutas econômicas e políticas dos trabalhadores dos mil rostos da autonomia. Seu objetivo é conseguir que o esquadrinhamento e a normalização das massas sejam feitos pelas próprias massas e que um consenso majoritário conservador se estabeleça no seio do povo contra as minorias de toda espécie – embora todas juntas elas façam muito mais do que as maiorias! É por aí que, a nosso ver, ainda pode brotar a ameaça de um movimento reacionário de massa. Desde já, que não nos peçam, em nome de uma cruzada antifascista imaginária, que nos aliemos àqueles que são hoje os agentes da forma embrionária de um novo tipo de fascismo.

Em Bolonha e em Roma acenderam-se os focos de uma revolução sem relação alguma com aquelas que sacudiram a história até hoje, focos de uma revolução que varrerá não somente os regimes capitalistas, mas também os baluartes do socialismo burocrático – que eles reivindiquem o eurocomunismo, Moscou ou Pequim. Seus *fronts* imprevisíveis incendiarão os continentes talvez, mas outras vezes se concentrarão num bairro, numa rua, numa fábrica, numa escola... Suas implicações terão a ver tanto com as grandes opções econômicas ou tecnológicas quanto com atitudes, relações com o mundo, singularidades de desejo. Por mais que os patrões, os policiais, os políticos, os burocratas, os professores, os psicanalistas conjuguem seus esforços para paralisá-los, canalizá-los, recuperá-los, por mais que sofistiquem, diversifiquem, miniaturizem suas armas ao infinito, não conseguirão mais alcançar o imenso movimento de fuga e a multidão de mutações moleculares de desejo que já se desencadeou. A ordem econômica, política e moral do século xx está rachando por todos os lados. E os homens do poder não sabem mais o que fazer primeiro. O inimigo às vezes se faz imperceptível, alguma coisa arrebenta bem do seu lado, é o seu filho, a sua mulher, é o seu próprio desejo que trai sua missão de guardião da ordem estabelecida! A polícia liquidou Alice – seus apresentadores são perseguidos, presos, condenados, suas instalações foram saqueadas –, mas seu trabalho de desterritorialização revolucionária continua incansavelmente até nas fibras nervosas de seus perseguidores. Não há nada de construtivo nisso! Talvez e aliás isso não seja evidente! Mas o problema nem é esse! O ponto de vista dos alicianos sobre a questão é o seguinte: eles consideram que o movimento que conseguir destruir a gigantesca máquina capitalista-burocrática será *a fortiori* capaz de construir um outro mundo – a competência coletiva na matéria lhe virá ao longo do caminho, sem que seja necessário, na etapa atual, arquitetar "projetos de sociedade" de reposição.

O ENCONTRO DE BOLONHA DE SETEMBRO DE 1977

A. CHAMAMENTO DOS INTELECTUAIS FRANCESES CONTRA A REPRESSÃO NA ITÁLIA

No momento em que ocorre, pela segunda vez, em Belgrado, a conferência Leste-Oeste, nós pretendemos chamar a atenção para os graves acontecimentos que transcorrem atualmente na Itália, particularmente para a repressão que recai sobre os militantes operários e a dissidência intelectual em luta contra o compromisso histórico.[1]

Nessas condições, o que significa, na Itália de hoje, o termo "compromisso histórico"? O "socialismo com rosto humano" tem, nesses últimos meses, revelado brutalmente sua verdadeira face: desenvolvimento de um sistema de controle repressivo sobre uma classe operária e um proletariado jovem que se recusa a pagar o preço pela crise, de um lado; de outro, projeto de partilha do Estado com a Democracia Cristã (o banco e o exército *à la* DC, a polícia, o controle social e territorial do PCI)[2] por meio de um verdadeiro partido "único"; é contra esse estado de coisas que se revoltaram, nos últimos meses, os jovens proletários e os dissidentes intelectuais na Itália.

Como chegamos a isso? O que aconteceu exatamente? Desde o mês de fevereiro, a Itália foi chacoalhada pela revolta

---

1 Manifesto assinado em julho de 1977 por Félix Guattari, Roland Barthes, Gilles Deleuze, Michel Foucault, Jean-Paul Sartre e diversos outros intelectuais franceses. [N. E.]

2 Durante os "anos de chumbo", o Partido Comunista Italiano (PCI) esteve em diálogo com a Democracia Cristã (DC) para criar uma aliança que lhes permitisse aceder ao poder, principalmente sob a impulsão de Enrico Berlinguer, secretário do partido. Mas o assassinato de Aldo Moro, representante da DC, em maio de 1978, colocou fim a essa tentativa. [N. E.]

dos jovens proletários, dos desempregados e estudantes, dos esquecidos pelo compromisso histórico e pelo jogo institucional. Contra a política de austeridade e de sacrifícios, eles responderam com ocupação das universidades, manifestações em massa nas cidades, luta contra o trabalho informal, greves selvagens, sabotagem e faltas nas fábricas, com toda a ironia feroz e a criatividade daqueles que, excluídos pelo poder, não têm nada a perder: "sacrifícios, sacrifícios!", "vem, pode bater, Lama!",[3] "os bandidos democratas cristãos são inocentes, nós somos os verdadeiros delinquentes!", "mais barracos, menos casas!". A resposta da polícia, da Democracia Cristã e do PCI não teve nenhuma ambiguidade: proibição de manifestações em Roma, estado de sítio permanente em Bolonha, patrulhamento das ruas por blindados, tiros com balas reais contra a multidão.

É contra essa provocação permanente que o movimento contestador quis se defender. Àqueles que os acusaram de serem patrocinados pela CIA e pela KGB, os excluídos do compromisso histórico responderam: "Nosso complô é o da inteligência, o de vocês consiste em utilizar os movimentos de revolta para iniciar uma escalada de terror".

É importante lembrar que:

— trezentos militantes, entre os quais muitos operários, estão hoje presos na Itália;
— seus defensores foram sistematicamente perseguidos: prisão dos advogados [Giovanni] Cappelli, [Saverio] Senese, [Sergio] Spazzali e de nove outros militantes do Socorro Vermelho,[4] todas formas de repressão inspiradas nos métodos utilizados na Alemanha recentemente.
— criminalização de professores e estudantes do Instituto de Ciências Políticas de Pádua, dos quais doze são acusados de "associação subversiva": Guido Bianchini, Luciano Ferrari Bravo, Antonio Negri etc.

---

3   vf. nota 4 p. 129. [N. E.]
4   Associação criada em 1922 na União Soviética para auxiliar comunistas, principalmente os presos. [N. E.]

— busca e apreensão em editoras: Area, l'Erba Voglio, Bertani, com a prisão do editor desta última. Fato sem precedentes: apreensão de provas de um livro consagrado ao movimento em Bolonha. Buscas no domicílio dos escritores Nanni Balestrini e Elvio Fachinelli. Prisão de Angelo Pasquini, redator da revista literária *Zut*.

— fechamento da emissora Rádio Alice, em Bolonha, apreensão de material e prisão de doze apresentadores do coletivo de redação.

— campanhas midiáticas que buscam identificar a luta do movimento e suas expressões culturais a um complô, incitando o Estado a iniciar uma verdadeira caça às bruxas.

Os signatários exigem a liberação imediata dos militantes presos, o fim das perseguições e das campanhas de difamação contra o movimento e seus produtores culturais, proclamando solidariedade com todos os dissidentes atualmente inquietos.

B. RESPOSTA À CAMPANHA CONTRA O CHAMAMENTO

Os intelectuais franceses que assinaram um chamamento contra a repressão na Itália "não têm humor"![5] É, ao menos, pelo que nos reprovam alguns jornalistas italianos. É verdade que os signatários desse apelo tendem a levar a situação a sério. Lembremos alguns fatos recentes.

• Depois da violenta repressão contra os manifestantes em Roma e Bolonha, no último mês de março, centenas de estudantes, jovens trabalhadores e desempregados foram encarcerados com pretextos unicamente políticos, e os processos, na maioria dos casos, nem sequer existem.

• A "criminalização" de todos os "delitos" políticos: é assim que, nas estatísticas do Sr. [Francesco] Cossiga, ministro

---

5 Artigo publicado originalmente na revista *Le Nouvel Observateur*, 25 jul. 1977. [N. E.]

do Interior, todos os presos de extrema esquerda são classificados como terroristas.

- Os advogados do Socorro Vermelho italiano foram perseguidos, e alguns deles presos, por terem defendido "terroristas", ou pretensos "terroristas".
- Editoras foram objeto de busca e apreensão, e, fato sem precedentes, provas de livros foram apreendidas.
- Os apresentadores das rádios livres contestadoras, como Rádio Alice, foram presos ou perseguidos na França, como atualmente é o caso de Franco Berardi, o Bifo.
- Uma campanha cuidadosamente orquestrada pela imprensa sobre o tema, verdadeiramente inutilizável, de "complô internacional", que tem por objetivo justificar o amálgama entre os delitos de opinião e o terrorismo, e que se esforça para tornar crível a ideia de que tudo o que está à esquerda do PCI deve ser suspeito de cumplicidade com as Brigadas Vermelhas e os NAP.[6] O terrorismo individual – expressão do desespero ou de uma escolha política que constitui, para mim, um absurdo evidente na situação italiana – não poderia ser o único responsabilizado pela degradação da situação atual (inflação galopante, mais de um milhão e meio de desempregados etc.).

Afirma-se que os intelectuais franceses, signatários do chamamento, não sabem de nada, ignoram tudo sobre a política italiana. Mas, pelo contrário, o que incomoda os que sustentam o "compromisso histórico" é o contato direto que esses intelectuais mantêm com os estudantes, com os militantes italianos que lhes descrevem, dia após dia, a evolução da situação. Esquecemos que Umberto Eco, há algumas semanas, chamou publicamente a atenção da opinião pública francesa sobre esses fatos? Esquecemos a recusa de Leonardo Sciascia de seguir o PCI na sua política de aliança

---

6 Nuclei Armati Proletari [Núcleos armados proletários]. Movimento de dissidência, defensor da luta armada, que derivou do movimento Lotta Continua, formação revolucionária da extrema esquerda, nascido em 1969 e dissolvido em 1976. [N. E.]

com a direita? E, há apenas alguns dias, Maria Antonietta Macciocchi não escreveu no *Le Monde* que a situação italiana "tendia a tornar vãs as garantias constitucionais em matéria de direito civil, humano e político"? Ela acrescentou que "a Itália vive uma fase de repressão visando liquidar todo resíduo de oposição ao acordo governamental" (13 jul. 1977).

Tentaram ridicularizar nosso chamamento, fazendo-o dizer coisas que jamais havia dito, a saber, que existiam *gulags* na Itália! Era ainda mais fácil porque nenhum jornal italiano – com exceção do *Lotta Continua*, que não vende mais de 20 mil exemplares – nem sequer o publicou. Pois bem, não, nós nunca escrevemos que a Itália estava seguindo os passos de Moscou. Mas somos obrigados a constatar que o antistalinismo do eurocomunismo à italiana é perfeitamente compatível com a adoção de métodos repressivos, para não dizer totalitários, em relação à extrema esquerda e a todas as formas de contestação que escapam ao PCI. Enquanto este denunciava, não faz muito tempo, a Lei Real sobre a Ordem Pública (maio de 1975) como uma resposta *provocante* e *inútil* à criminalidade e à violência política, a primeira coisa que o PCI fez quando chegou ao poder, associado com a Democracia Cristã, foi entrar em acordo com esta para que fossem adotadas medidas infinitamente mais graves em matéria de prisão preventiva, interrogatórios, buscas, escuta telefônica etc.

Os fatos estão aí. O conluio entre o poder do Estado e os aparelhos burocráticos do movimento operário representa um perigo para as liberdades. Nós não temos a mínima intenção de iniciar uma campanha anticomunista. Nós repetimos isso em diversas ocasiões, por exemplo em nossa polêmica com o Sr. [Renato] Zangheri, prefeito de Bolonha. Mas não nos farão aceitar qualquer coisa, sob qualquer pretexto ideológico que seja. No passado, os intelectuais foram com frequência cúmplices de regimes totalitários, ou simplesmente de métodos totalitários, para hoje aceitarem se calar e entrar para as fileiras, para se contentarem, na França, em dar uma boa mãozinha ao Programa Comum, segundo a recomendação de Lucio Magri, esperando tornar-se, como na Itália, segundo o desejo de Zangheri, bons funcionários públicos.

Retenhamos sua advertência: "As massas não romantizam. Hoje, os intelectuais são convocados a exercer uma função mais positiva, talvez mais humilde, de administração, de governo, de organização. Eu entendo que alguns hesitem e recusem esse novo papel..." (*Le Monde*, 13 jul. 1977).

C. DECLARAÇÃO DE ABERTURA DO COLÓQUIO DE BOLONHA

Há dois meses, nós fizemos um escândalo denunciando a repressão exercida na Itália contra os marginais de extrema esquerda.[7] Nós estávamos, aparentemente, mal informados e nos metendo onde não devíamos. Hoje, essa questão está resolvida. Mais ninguém pode negar a existência de uma repressão política na Itália. Por isso, agora, o problema deve ser posto no plano prático: devemos fazer de tudo para tirar nossos camaradas da prisão, devemos impor uma anistia geral a *todos* os presos políticos de esquerda na Itália e em outros países da Europa.

Dezenas de milhares de jovens saídos de todos os países vão se encontrar em Bolonha. Não apenas em torno do tema defensivo da luta contra a repressão, mas também para discutir uma ofensiva contra o poder capitalista e seus apoiadores socialistas e comunistas.

Essa ofensiva nos parece inseparável da conquista de novos espaços de vida para as massas: a ciência e a tecnologia estão hoje a serviço de uma economia e de uma sociedade repressiva fundadas na divisão das classes e nos sistemas de hierarquia social, sexual, racial etc.

Assim, as lutas de liberação devem se abrir para novos domínios e recolocar em questão as bases tradicionais da vida política. Tal é o sentido hoje das lutas de emancipação das mulheres, das lutas ecológicas, das minorias linguísticas, sexuais, psiquiatrizadas.

---

7 Declaração pronunciada por Félix Guattari em nome dos intelectuais franceses durante os encontros em Bolonha, ocorridos entre 27 e 29 set. 1977. [N. E.]

O que o Partido Comunista Italiano teme, acima de tudo, é se ver ultrapassado por essas lutas e ver o desenvolvimento, à sua esquerda, de uma contestação de massa de sua política de "compromisso histórico"?

Em um primeiro momento, os dirigentes comunistas fizeram de tudo para minimizar e até ridicularizar este encontro. Mas, diante da potência do movimento que esse projeto suscitou, tiveram de recuar e fazer certo número de concessões. Nós nos parabenizamos. Mas, para que as coisas fiquem claras, insistimos nos três pontos a seguir:

1. Os promotores dessa iniciativa afirmaram sem ambiguidade a sua intenção: os encontros de Bolonha não visam, de forma nenhuma, ao saque da cidade, como a imprensa italiana insinuou. Trata-se de evidenciar a potência do movimento de recusa revolucionária do compromisso histórico, de confrontar as perspectivas de diferentes componentes do movimento e de preparar as lutas por vir.

   No entanto, durante manifestações dessa amplitude, incidentes são sempre possíveis. Será apenas com base em provas concretas que poderemos clarificar as intenções reais daqueles que, hoje, proclamam que estão prontos para acolher os jovens em Bolonha e tratam os autônomos como fascistas!

   A escolha será clara. Ou nos afundamos nos menores incidentes ou nos esforçamos para impedir uma escalada da violência.

2. Muitos intelectuais recusam hoje o papel que se gostaria que eles desempenhassem antes. Eles não querem ser criados da burguesia nem pretendem se colocar como teóricos esclarecidos, guias infalíveis. A teoria é a questão de todos. Os intelectuais não saberiam aceitar, no entanto, sob nenhum pretexto, serem deixados de lado das lutas populares e das lutas das diversas minorias oprimidas.

   Ora, pudemos constatar, durante a preparação desses encontros, que de diversos lados há um esforço para reativar velhos reflexos anti-intelectuais. A imprensa italiana tentou inclusive desencadear uma campanha chauvinista contra os "figurões" vindos do outro lado dos Alpes: insultos e calúnias foram proferidos contra os signatários do chamamento francês. Denunciamos essas práticas, que não têm nada a ver com um verdadeiro debate político e que correm o risco de nos levar de volta aos piores momentos do stalinismo. Nesse domínio, igualmente, a boa-fé da imprensa e dos intelectuais comunistas será posta à prova ao longo dessas jornadas.

3. Exprimimos o desejo de que um grande debate possa ocorrer em Bolonha entre a esquerda extraparlamentar e os marginais italianos, mas igualmente com o máximo possível de militantes de base do Partido Comunista. Isso não implica, de modo algum, para nós, que tais encontros tomem uma forma ecumênica! É na vida, na carne, que milhões de trabalhadores, desempregados, explorados no trabalho informal, mulheres, marginais e excluídos de toda sorte sofrem as consequências da falência do sistema capitalista e da incrível passividade dos partidos de esquerda e dos sindicatos diante de tal situação; sua referência constante aos sacrifícios necessários, seu silêncio diante da repressão são cada vez mais intoleráveis. Assim, não se trata de uma simples confrontação ou de um simples debate entre especialistas. Debater calma e lucidamente com os militantes comunistas não significa que vamos nos contentar em deslocar um pouco à esquerda a linha do compromisso com o poder burguês, um dos mais corrompidos do capitalismo. Não se trata, portanto, de maneira nenhuma, de os encontros de Bolonha dependerem da linha do Partido Comunista, de modo a tentar adaptá-lo ou melhorá-lo.

É em direção aos militantes comunistas que desejam contribuir para a elaboração de uma *nova linha política*, desembocando em reais perspectivas revolucionárias, que devemos expandir o debate.

D. DEPOIS DE BOLONHA

As sociedades capitalistas se atolam em crises das quais ninguém é capaz de prever a saída. Começamos a nos dar conta de que este é um desafio diferente dos outros, não será a repetição de outras crises que chamamos de *cíclicas*. Mas temos dificuldade de imaginar, no presente, que as coisas possam terminar de outra forma que não seja a de costume, quer dizer, após um longo período de estagnação, uma retomada, depois um *boom* econômico e, no final das contas, um relance em grande escala do capitalismo.

Como em toda grande tormenta, uma tomada de consciência coletiva da natureza exata dos problemas dificilmente será alcançada. Enquanto as diferentes camadas da população que, bem ou mal, conseguem se virar tendem a subestimar a gravidade da situação, a massa imensa daqueles que são submergidos pelas dificuldades cotidianas, que não têm nem os meios nem o tempo de pensar por si mesmos, volta-se para o que a imprensa e a televisão, os dirigentes políticos e os sindicatos lhe dizem. Os encontros de Bolonha, no entanto, talvez tenham constituído, para a Itália, o começo de uma tomada de consciência para parte importante dessa massa de *"esquecidos da grande política"*.

A realidade das contradições sociais tende a escapar cada vez mais das clivagens tradicionais – a esquerda, a direita, o centro –, das grandes demonstrações sindicais com seu cerimonial, todo seu teatro de lutas. Paralelamente a essa agitação de superfície, é um novo tipo de funcionamento político que está se instalando. Dois tipos de fenômeno nos permitem localizar a emergência em certo número de países europeus:

— o desenvolvimento de um novo modo de totalitarismo de Estado, veiculado pelos burocratas sindicais e políticos;
— o desenvolvimento de novas formas de expressão popular que não estão sob controle das organizações tradicionais do movimento operário.

A conjunção entre os aparelhos de Estado, em sua acepção habitual, e as burocracias do movimento operário conduziu a resultados espetaculares, como os *gulags*, na União Soviética, nas democracias populares e na China. Pensamos, durante muito tempo, que a tradição democrática ocidental, a evolução dos partidos comunistas para a autonomia (tendência ao policentrismo e, depois, ao eurocentrismo) e o humanismo dos partidos socialistas serviam como garantia contra esse tipo de totalitarismo. É verdade que as condições nacionais são muito diferentes umas das outras e que as modalidades de assujeitamento das massas não seguem as mesmas vias. (É preciso repetir que nós nunca afirmamos, como nos acusaram a respeito do chamamento dos intelectuais franceses contra a repressão na Itália, que existiam nesse país campos de concentração, *gulags* de tipo soviético ou um sistema de partido único?) Mas, quaisquer que sejam as diferentes situações, um traço evolutivo comum parece se impor por toda parte e de maneira irreversível: as transformações das forças produtivas e as "necessidades" de controle social conduzem os poderes de Estado a não mais se apoiarem unicamente sobre os meios clássicos de coerção, polícia, exército, e sim a exercer seu poder igualmente através de uma multitude de "instituições substitutivas" e da comunicação de massa. Assim, não apenas o conjunto dos domínios da vida social e da vida econômica tendem a ser modelados, enquadrados, controlados, mas cada uma das engrenagens da vida regional, municipal, esportiva e familiar também. O que é paradoxal, nessa evolução, é que, na medida em que a hidra estatal desenvolve seus tentáculos, inclusive na vida íntima de cada indivíduo, ela se revela impotente para intervir no plano das grandes questões econômicas e sociais, colocando em jogo os equilíbrios internos de diferentes nações ou os opondo uns aos outros. É manifesto que os poderes estatais são quase que desprovidos de toda capacidade de intervenção real sobre questões como a evolução do mercado das matérias-primas, as grandes escolhas tecnológicas, as grandes escolhas ecológicas, as grandes escolhas estratégicas, as grandes escolhas demográficas etc.

Em reação a essa "tirania impotente" do poder de Estado, um novo tipo de atividade e de vida política está, portanto, em busca de si mesmo, mas uma vida política na qual os objetos seriam mais próximos da vida real de cada indivíduo, levando-os a se preocuparem ativamente com seu ambiente imediato, seus desejos. Em suma, uma política que não teria muita coisa a ver com aquelas associadas às ideologias tradicionais da esquerda.

Eu acredito que, desse ponto de vista, a experiência italiana é exemplar. Ela nos ilumina sobre a via em que as sociedades capitalistas se engajam. De um lado, vemos na Itália a decomposição de um certo tipo de relação de produção: toda uma moral de respeito ao trabalho, de respeito à economia de mercado está se desfazendo – por outro lado, vemos uma busca de uma nova fórmula do poder por parte das grandes formações políticas. A burguesia capitalista chegou a pensar que deveria renunciar aos sistemas representativos tradicionais, por exemplo ao sistema de alternância de tipo inglês ou de tipo "frente popular". Com o compromisso histórico, a classe política italiana tenta instalar um aparelho de controle social que repouse no consenso popular mais amplo. O que se experimenta, na Itália, é um método de governo, um método de *autoritarismo democrático*, de disciplinarização das massas, se apoiando nelas, o que implica, nem é preciso dizer, uma utilização massiva das técnicas de intoxicação pela propaganda, pela comunicação de massa.

É assim que, depois de alguns meses, uma parte importante da imprensa se empenhou em demonstrar que todos os problemas importantes da Itália poderiam ser resolvidos a partir do momento em que o Partido Comunista conseguisse fazer um acordo com a Democracia Cristã. Os dirigentes comunistas italianos não cessam de apelar a um esforço nacional. Agora que estão às portas do poder, eles procuram aparecer como os salvadores da Itália, os melhores garantidores da ordem. Afirmam estar à altura de recuperar a economia impondo sacrifícios às massas populares. Mas de que ordem e de que Itália estamos falando? Manifestamente da Itália de sempre, quer dizer, da corrupção burguesa. O que

143

há de mais constrangedor nessa política de compromisso do Partido Comunista Italiano é que ela não pode reivindicar um mínimo de realismo, esse realismo em nome do qual as pessoas talvez aceitem os sacrifícios em questão porque esperam um mínimo de resultados práticos. De fato, é impossível, até hoje, compreender como os comunistas italianos esperam atingir seus objetivos de estabilização. Nenhum governo, no quadro do sistema atual, pode esperar ter controle sobre o desenvolvimento da crise monetária, da crise de produção, do desemprego etc. Efetivamente, os comunistas não fazem nada além de se agarrar ao *status quo* existente, enquanto milhões de desempregados se debatem com dificuldades inextrincáveis e milhões de jovens se veem desprovidos de uma perspectiva de futuro.

Mas para a imprensa, para as rádios, para a propaganda, nada disso existe. O que conta é a falência do compromisso histórico: os trabalhadores, as mulheres, os jovens confiam no Partido Comunista. A aliança com a Democracia Cristã e os outros partidos do arco institucional está tirando a Itália da crise, 90% da população italiana aprova o compromisso histórico. Tudo isso é absurdo! No estado de intoxicação geral da opinião pública, o que pode significar o fato de que 90% do eleitorado vote para os partidos no poder? Vocês pensam mesmo que os procedimentos eleitorais atuais permitem que as massas exprimam sua opinião?

Corolário desse artigo do Credo do PCI: *Nada poderia existir à esquerda dos comunistas, com exceção de um punhado de fascistas, de esquerdistas, de adictos, de desclassificados, que podemos, aliás, assimilar uns aos outros...* É nesse contexto de manipulação da opinião pela comunicação de massa que uma repressão muito dura recaiu sobre os militantes de extrema esquerda e sobre os grupos marginais depois dos movimentos de revolta de março de 1977 (particularmente violentos em Roma e Bolonha). Em nome dos amálgamas mais inverossímeis, sob o pretexto de lutar contra os grupos que entraram na luta armada, começaram a encarcerar centenas de militantes com acusações gratuitas (acusações ainda mais difíceis de verificar já que a maioria dos processos nem sequer existe).

Na origem, o Colóquio de Bolonha não tinha outra pretensão a não ser permitir que algumas dezenas de intelectuais europeus encontrassem os diferentes componentes do movimento italiano para afirmar sua solidariedade contra essa repressão, caucionada pelo Partido Comunista Italiano, e também tentar identificar um certo número de perspectivas. Efetivamente, está cada vez mais claro que não poderíamos nos contentar indefinidamente com ações defensivas contra a repressão e que seria necessário considerar os movimentos ofensivos contra o surgimento de um novo tipo de totalitarismo na Europa.

Essa pretensão da extrema esquerda italiana, das "autonomias" em sentido amplo (quer dizer, incluindo os diferentes movimentos feministas de liberação sexual, os movimentos ecologistas etc.) e dos intelectuais aparece imediatamente como um crime de lesa-majestade aos olhos dos dirigentes comunistas. Não poderia ser nada além de uma "provocação", de uma agressão contra Bolonha, o velho bastião democrático. Uma tal verruga fascista deveria ser imediatamente extirpada. Desde a difusão do chamamento dos intelectuais franceses contra a repressão, desde o anúncio dos encontros de Bolonha, uma imensa campanha jornalística foi orquestrada nesse sentido.[8] Os anátemas mais inverossímeis foram lançados pela imprensa: um "squadrismo"[9] fascista está renascendo; os encontros de Bolonha foram comparados com a marcha dos "camisas-negras" sobre Roma em 1922. Utilizou-se de tudo para amedrontar a população de Bolonha (o que teve por consequência, durante os encontros, tornar praticamente impossível as trocas entre esta e os jovens). Enquanto o ministro do Interior, o Sr. [Francesco] Cossiga, anunciava que seriam enviados a Bolonha os reforços de 5 mil homens, depois 6 mil, depois

---

8 O comportamento da imprensa italiana, desse ponto de vista, foi absolutamente comparável com o do grupo de imprensa Springer ao denunciar as manifestações ecologistas.

9 Movimento paramilitar que surgiu após o fim da Primeira Guerra Mundial na Itália. Os "esquadrões de ação" eliminavam ou intimidavam opositores políticos e muito rapidamente foram absorvidos pelas forças fascistas de Benito Mussolini. [N. E.]

15 mil, o Partido Comunista demonstrava que estaria pronto, em algumas horas, para fazer convergir 70 mil militantes ao centro da cidade... Em Módena, diante de 500 mil pessoas, o Sr. [Enrico] Berlinguer coroou a campanha insultando os organizadores do encontro e chamando de *"untorelli"*, quer dizer, portadores da peste, todos aqueles que comparecessem. No fim das contas, os únicos que mantiveram a cabeça fria nessa incrível escalada da imprensa, da televisão e dos dirigentes políticos foram os diferentes componentes organizados do "movimento". As autoridades municipais se resignaram a negociar com eles um compromisso acerca das modalidades práticas que tornariam possível que os encontros ocorressem em condições normais.

Diante do sucesso extraordinário do encontro – mais de 50 mil pessoas vindas de toda a Itália e de numerosos países da Europa, e isso apesar da chantagem, apesar das ameaças –, diante de seu caráter pacífico e mesmo, podemos dizer, de seu caráter de festa (mesmo que divergências bem marcadas se manifestassem), poderíamos pensar que a opinião pública ia se dobrar diante das evidências: o Partido Comunista e a imprensa italiana não pararam de mentir durante toda a preparação das jornadas! Nada aconteceu. Logo após a grande manifestação do dia 25, assistimos a uma grande reviravolta em toda a imprensa. Começou a ser entoado um grande canto de glória ao Partido Comunista e ao poder do Estado: *Foi o Partido Comunista que venceu: as autoridades municipais de Bolonha revelaram aos olhos do mundo que seriam capazes de suportar um tal choque e de pacificar toda essa massa de jovens, influenciada pelas facções violentas: os grupos autônomos foram isolados; os intelectuais que denunciaram a repressão foram ridicularizados.* Nenhuma palavra sobre o fato de que 50 mil jovens não cessaram, durante três dias, de denunciar ao mesmo tempo a repressão que recai sobre os militantes de esquerda e as consequências do compromisso histórico.

Tais falsificações só poderiam ter efeitos a curto prazo. E a escalada da mentira tropeçaria na sua própria absurdidade. Ao fim de alguns dias, depois do assassinato de um militante do Lotta Continua, vimos mais uma vez centenas de milhares de jovens manifestando-se em todas as grandes cidades da Itália, mas dessa vez de maneira mais violenta, incendiando locais usados pelos fascistas. Então a impressa gritou: "Mas como compreender essa juventude? Há alguns dias, ela mostrava sua maturidade isolando os grupos extremistas em Bolonha e, agora, mais uma vez, ela se mostra violenta". Como compreender? O melhor método, o único método, é escutar o que as pessoas dizem, e não falar em seu lugar, e não desfigurar permanentemente o que elas tentam exprimir.

Por que Bolonha? Por que essa escalada? Por que acontecimentos como esses? Sem dúvida, seria preciso analisar o conjunto das condições reunidas nessa cidade, em particular a expressão original, "transversalista", dos militantes que animaram a Rádio Alice, sem dúvida seria preciso voltar aos acontecimentos de março e à extrema violência da repressão que levou os jovens de toda a região a um nível superior de consciência a respeito da realidade social italiana. Esses encontros tomaram *uma amplitude nacional* (e mesmo internacional) porque nada no sistema italiano poderia prever que elas fossem possíveis. Nada no plano das forças políticas tradicionais, isso é evidente, mas igualmente nada no nível das estruturas organizadas do movimento revolucionário italiano. Os encontros de Bolonha forneceram às forças sociais que não se reconhecem ou que dificilmente se reconhecem nos movimentos organizados a oportunidade de se manifestar à luz do dia, *enquanto força política*. O que se viu aqui não foi nem uma revolta pequeno-burguesa nem o início de uma revolução proletária, mas a expressão de todo um metabolismo subterrâneo, de toda uma série de "revoluções moleculares" que são a condição de toda transformação social real. O que está em causa, em tais movimentos, são as engrenagens sociais e pessoais que não costumam ser levadas em conta pelos movimentos políticos habituais: as relações homem/mulher, adulto/criança, as relações com o trabalho, o dinheiro, o lazer, os corpos, o meio ambiente... Estamos em presença de um questionamento geral do estatuto da "normalidade", em relação à qual todo mundo deve se dobrar. Os grupos políticos e os teóricos que pretendem traçar uma linha de classe através de cada uma dessas "frentes" se verão confrontados por exercícios muito complicados, ou mesmo absurdos! Daí sua dificuldade em "reconhecer-se" nessas lutas e, igualmente, de reconhecê-las. Esse corte entre o militantismo clássico e a massa de jovens que veio até Bolonha era sensível ao que estava em jogo na reunião permanente no Palácio dos Esportes. Não apenas os milhares de pessoas que estavam reunidos se viram separados das dezenas de milhares de jovens que discutiam no resto da cidade, mas, mesmo no interior dessa reunião, o estilo de enfrentamento e dos discursos sustentado por um punhado de líderes foi, muitas vezes, considerado estranho às aspirações da grande massa de participantes.

No entanto, deveríamos evitar concluir a partir disso que movimentos como Lotta Continua, ou os diversos componentes da Autonomia Organizada, tenham conseguido "instrumentalizar" – para retomar uma expressão agora consagrada – os jovens que vieram para Bolonha. Na verdade, as coisas são sem dúvida mais complexas. E talvez seja mesmo o inverso que ocorreu. Toda uma nova corrente, toda uma massa de marginais, jovens, desempregados, em busca de sua própria identidade política, "utilizou" os movimentos existentes, os "autônomos" organizados, os órgãos de imprensa da extrema esquerda nesse primeiro estágio de reagrupamento. E isso mesmo que suas aspirações não coincidam com as de seus dirigentes e apresentadores. Destaquemos simplesmente que o estilo "militante-militar" de certas autonomias não agradou a todos, que o "machismo" reinante foi denunciado pelas feministas e, além disso, que o estilo político de um certo número de jornalistas de extrema esquerda não corresponde à sensibilidade da massa de jovens...

Mas nem por isso podemos dizer que houve um isolamento desses movimentos e de seus líderes. Instituiu-se uma espécie de complementaridade de fato, uma espécie de casamento da razão. Salientemos, em particular, que a grande imprensa se iludiu – de boa ou má-fé – quando afirmou que os apoiadores da violência, as Brigadas Vermelhas, os NAP etc. tinham sido rejeitados, isolados em Bolonha. Certamente, a imensa maioria dos jovens não apoia abertamente os atentados individuais, pois não reconhece sua utilidade imediata e, ainda por cima, percebe perfeitamente seus inconvenientes! Mas ela considera que esses militantes *fazem parte do "movimento"*. E, qualquer que seja sua discordância em relação a esse tipo de prática, está claro que o "movimento" não é insensível à determinação desses militantes e que ele não se dessolidariza com tais grupos diante da repressão.

O novo fenômeno que sacode a Itália hoje e talvez se espalhe por toda a Europa consiste, portanto, a meu ver, na aparição de um novo tipo de movimento de massa que escapa radicalmente, e sem dúvida irreversivelmente, das organizações políticas e sindicais tradicionais. Nessas condições, já é hora de deixar para trás o tempo em que a marginalização tradicional dos estudantes desempregados, dos *"desclassificados"*, dos psiquiatrizados, dos presos, dos homossexuais perseguidos etc. só concernia a algumas dezenas de milhares de pessoas em cada país. Hoje, são milhões de desempregados, de trabalhadores que, para sobreviver, se veem obrigados a recorrer ao trabalho informal, de mulheres que lutam pela emancipação, de trabalhadores do Sul – equivalentes aos trabalhadores imigrantes na França – que estão em vias de formar um novo proletariado marginal e de criar alianças com o conjunto daqueles que contestam radicalmente a ordem social existente. Toda essa massa de pessoas "deixadas por sua conta e risco" no compromisso histórico, que não saberiam se reconhecer nos partidos, sindicatos e grupelhos, ainda está em busca de seus objetivos e meios. Suas intervenções se limitam a protestos às vezes sem grande eficácia, a recusas que são da ordem do reflexo, a uma expressão espontânea que, deve-se salientar, é insuficiente para reverter a ordem estabelecida e transformar a sociedade. E, sem dúvida, essa nova força política deveria se valer dos meios de coordenação e de expressão que lhe são próprios.

Isso significa que podemos esperar que um tal movimento de massa aspire a construir um partido revolucionário, no sentido habitual da palavra? Eu não acredito nisso. Seus objetivos e seus métodos de luta convocam o estabelecimento de meios de organização absolutamente novos. (A rede de rádios livres, na Itália, nos indica uma direção muito interessante nesse sentido.) Nenhum partido poderá jamais pretender dirigir ou capitalizar essa "revolução molecular". Mas isso não significa que os partidos e sindicatos atuais não tenham um papel a desempenhar! Por falta de outra coisa, eles contribuem, a seu modo, para fazer um contrapeso em relação aos poderes reacionários tradicionais. O mesmo vale para os grupelhos: por falta de outra coisa, eles permitem que o movimento disponha, nesse período intermediário, de um mínimo de meios de conexão. Assim, o melhor que podemos esperar de uns e outros é que eles não prejudiquem o desenvolvimento do movimento e que, pelo contrário, se deixem "instrumentalizar" por ele. A prefeitura de Bolonha, o prefeito de Bolonha, se deixou "instrumentalizar" pela massa de jovens que estava lá, em resposta às provocações policiais e às imprecações do Partido Comunista Italiano. Os dirigentes desse partido consideram, hoje, que foi uma grande vitória. Resta-nos desejar-lhes muitas outras vitórias desse tipo!

A "revolução molecular" se dará ou tomará os instrumentos que lhe serão necessários; mas seu caráter duplo de revolução social e revolução de desejo a proibirá de aceitar se unir, de maneira orgânica, a um tipo de instrumento particular. Ninguém pode ter a pretensão de falar, hoje, na Itália, em nome das autonomias operárias, em nome do movimento feminista, em nome da massa de desempregados, em nome dos trabalhadores do Sul, em nome dos marginais e das minorias de todas as naturezas. E, no entanto, todos esses componentes sentem a necessidade de se concertar e definir um mínimo de objetivos comuns. Devemos admitir que existe uma distância entre a expressão subjetiva desse movimento e sua realidade objetiva. Esse fenômeno apareceu em Bolonha sem que nenhuma proposição tenha sido posta para minimizar seus efeitos. Esperemos que, nos meses que virão, soluções coletivas de coordenação e de organização permitam que tais revoluções moleculares atravessem novas etapas e se articulem às outras lutas sociais. Independentemente do que aconteça, tais modos de estruturação não saberão coincidir, é importante sublinhar, com as expressões habituais da vida política, seus rituais, discursos, e isso por uma boa razão, a de que o desejo não se reconhecerá nunca em uma expressão formal desvinculada da realidade. Uma contestação permanente deveria, portanto, se estabelecer não apenas em relação à ordem estabelecida, *seja ela qual for*, mas também *no seio* da própria ordem contestadora. Não há aqui nenhuma fé no irracionalismo, nenhuma opção espontaneísta *a priori*! Simplesmente o reconhecimento de uma espécie de racionalidade superior do desejo das massas, que não poderia encontrar sua expressão e seus meios de organização nas estruturantes existentes. Mudar o mundo, mudar as relações sociais, mudar as relações de desejo, implica ao mesmo tempo acabar com a racionalidade mórbida, absurda, dos poderes estabelecidos, mas também não permitir a institucionalização de novas formações de poder despóticas que proíbam as singularidades do desejo de encontrar uma via.

SOBRE A REPRESSÃO NA EUROPA
[ENTREVISTAS]

A. A VIOLÊNCIA NA ITÁLIA

[JEAN-LUC MARTIN/*LE MATIN DE PARIS*][1] O PCI [*Partido Comunista Italiano*] *se declarou pronto para entrar no governo e mudar a política. Ele não está se arriscando ao querer gerenciar assim a crise? Ele não estaria mais confortável na oposição...*

[FÉLIX GUATTARI] Falar do PCI é, antes de tudo, fazer um esforço para sair de um método de pensamento que o torna homogêneo e o reifica. Diferentes posições coabitam no partido. Algumas empurram para a integração no sentido do compromisso histórico, outras estão prontas para agarrar qualquer pretexto a fim de evitar ocupar o poder.

Levando em conta sua orientação e seu modo de funcionamento, os comunistas italianos sabem muito bem que, se chegarem ao poder, não terão outra saída a não ser reforçar as medidas repressivas e de austeridade. Ora, nesse período de escalada das lutas operárias, eles correm o risco de serem contestados pelas massas que normalmente os apoiam. Há hoje um forte movimento popular hostil ao compromisso histórico. E nós vimos essa hostilidade em Bolonha, em Roma, durante as manifestações dos metalúrgicos. Podemos, portanto, imaginar que o PCI queira ainda mais chegar ao poder, porque ele sabe muito bem que não será aceito.

Já existe, porém, um projeto de partilha do Estado que destinaria o banco e o exército para a Democracia Cristã, a polícia e o controle social para o PCI?

---

1 Entrevista publicada originalmente no jornal *Le Matin de Paris*, 14 jan. 1978. [N. E.]

Não podemos raciocinar de maneira tão estática. Toda uma série de crises superpostas torna a situação italiana profundamente instável e tendendo na direção da constituição de um governo repressivo. Isso vai das crises que conhecemos no plano mundial e europeu às crises próprias à Itália. Por exemplo: o fracasso completo tanto da industrialização do Sul como da moralização da vida regional e municipal. Ora, a menos que o PCI inicie uma viragem para se transformar em um partido social-democrata, o que aliás custaria muito caro, ele será obrigado a encontrar um estatuto de exterioridade provisória em relação aos governos reacionários. Ele não pode assumir diretamente os ministérios repressivos.

Poderíamos, no entanto, pensar que, pela sua natureza institucional, o PCI está bem preparado para assumir essas tarefas de controle social?

É mais complicado do que isso. O PCI não pode manter o consenso majoritário a não ser que haja um mínimo de equilíbrio, de estabilização. Era seu cálculo. Ele entraria no poder e faria o compromisso histórico, pensando que uma série de medidas de consolidação orçamentária seriam suficientes para sanar a crise. Nesse caso, o PCI pode jogar com o consenso majoritário para estabilizar a sociedade e neutralizar a extrema esquerda. Mas o problema é que o consenso não se sustenta! Na medida em que o PCI não propõe nenhuma alternativa crível, na medida em que se torna evidente que sua verdadeira política tende a reforçar o poder instituído, *ele será conduzido a criminalizar cada vez mais qualquer manifestação como desvio e extremismo*, chegando, inclusive, como vimos, a recomendar que [o jornal fundado por Antonio Gramsci] *L'Unità* denuncie os "maus operários".

Será que, na Itália, temos apenas a escolha entre "criminalização" e integração?

Essa escolha é complexa. Os grupos da extrema esquerda, como *Il Manifesto* e uma fração da Lotta Continua, colocam-se como adjacências do PCI e dos sindicatos. O movimento, por outro lado, é levado a tomar distância em relação às organizações políticas em geral e a ser, sem dúvida, cada vez mais representativo das correntes importantes, inclusive dentro do movimento operário. Na Itália, verdadeiras massas estão marginalizadas, massas operárias, de desempregados, de estudantes, todas as quais têm práticas contestadoras. Elas não pagam o telefone, nem a eletricidade nem os transportes. Elas fazem três ou quatro trabalhos informais, e todas essas ações correspondem a uma sensibilidade geral. O que faz com que os atos puros e simples de delinquência e os atos de terrorismo se inscrevem frequentemente como prolongamento uns dos outros. É característico que qualquer delinquente, qualquer ladrão de carteira, faça uma defesa política de seu ato quando se encontra no tribunal.

No La Stampa, *Leonardo Sciascia avalia que "o terrorismo serve para consolidar o poder tal qual ele é".*

O movimento operário, ao longo de toda a sua história, foi sempre confrontado com a violência em todas as suas formas. Eu não quero fazer do terrorismo uma questão moral, como algumas pessoas fazem. Dar uma lição política a pessoas que não têm cem liras no bolso, que não têm perspectiva e estão em uma situação desesperadora, querer subsumir as diferentes posições do movimento a uma visão global, nada disso tem significado.

Existe uma inadequação tão grande entre as formas de expressão política e a realidade social, a realidade da juventude italiana, que emitir juízos morais sobre ações armadas parece-me completamente absurdo, mais absurdo, em qualquer caso, na Itália do que na Alemanha.

Por quê?

Na Alemanha, existe uma divisão muito marcada entre a população e algumas centenas de milhares de manifestantes que vivem, aliás, em alguns tipos de guetos em Frankfurt ou Berlim. Além disso, não é evidente que os militantes da Fração do Exército Vermelho tenham o mesmo tipo de relação com as massas marginalizadas que, por exemplo, as Brigadas Vermelhas na Itália. Nesse país, pelo contrário, a violência está em toda parte. Estamos diante uma situação pré-revolucionária diferente de qualquer outra na história. Durante muito tempo, os italianos acreditaram no milagre econômico, numa transformação da sociedade com o PCI, e encontram-se agora sem nada. Porque não há milagre, e o PCI não apresenta nenhuma proposta concreta para alterar a situação. Como, nesse caso, podemos fazer com que os italianos engulam o fato de que precisarão reduzir o seu nível de vida e de que três quartos deles terão de regressar a um nível comparável ao dos países subdesenvolvidos? Se as instâncias internacionais e os Estados Unidos não interviessem, o colapso da economia italiana seria espetacular.

Mas você não faz a mesma análise que o PCI, para quem o capitalismo na Itália perdeu o fôlego?

O PCI, tenho certeza, está consciente. É isso que me leva a dizer que ele não quer chegar ao poder. Existe um estado de coisas que faz com que tanto o Partido Comunista Italiano quanto o Partido Comunista Francês sejam instrumentos incapazes de transformar a sociedade e de ter a mínima influência na crise que está se propagando pela Europa. Isso porque as pessoas que puseram as suas aspirações nesses partidos, assim como naqueles que os dirigem, não pretendem mudar nada na ordem dessa sociedade. Ora, as crises que estamos vivendo implicam transformações em todos os níveis, quer se trate da produção, da educação, do meio ambiente ou da vida. Saber se vamos fazer 40 ou 67 nacionalizações não altera nada. Mesmo que se afirmem progressistas, esses partidos são, de fato, profundamente conservadores. Como podem, então, lidar com uma revolução que põe em causa a sexualidade, o normal, o patológico, a relação com o corpo e com o trabalho? Esta crise não é como as outras, não é cíclica, ela já se arrasta há muito tempo. A crise do petróleo, por exemplo, é apenas a vanguarda de uma série de crises relativas a todas as matérias-primas. Não importa quão apodrecidos estejam os regimes do Terceiro Mundo, novas forças econômicas estão surgindo e implicam uma reestruturação da economia mundial, incluindo o próprio estatuto do compromisso entre o Oriente e o Ocidente. Nessa reclassificação, o que podem fazer os pequenos instrumentos políticos rodeados pelos setores nacionais?

A prontidão das pessoas para aceitar as soluções de tais organizações também mudou. A desestalinização, o questionamento da burocracia nos sindicatos e partidos, a contestação proveniente de mulheres, jovens e ecologistas levam, paralelamente, à reestruturação do capitalismo, à procura de uma estruturação do movimento de massas. É sem dúvida confusa e precária, mas existe.

O que há de original nessas novas formas de luta?

Essas lutas dizem respeito a todo mundo, mesmo que sejam localizadas. As rádios livres frustram a manipulação dos meios de comunicação, alteram as relações de expressão das "massas", massas que são cada vez menos maciças e cada vez mais diferenciadas. A recusa de trabalho conduz a uma espécie de greve generalizada. A inventividade e a inteligência dos militantes italianos são absolutamente espantosas. Recentemente, durante uma manifestação em Bolonha, bloquearam todos os faróis vermelhos com a ajuda de pequenas engenhocas que eles próprios tinham feito. Alguns de nós fomos censurados por termos estado em Bolonha e por interferirmos no que não é da nossa conta. Mas, se a Itália nos atrai tanto, é simplesmente porque a vida política e cultural lá é particularmente animada e rica. A verdade é que os italianos não precisam de lições para pensar por si mesmos!

Contudo, tem-se a impressão de que está se estabelecendo um certo tipo de totalitarismo em toda a Europa que nos deixa pessimistas sobre o futuro das democracias?

Receio que o modelo alemão triunfe a curto prazo, e com ele o seu modo de funcionamento, de enquadramento, de normalização. Mas continuo otimista porque penso que nada disso vai durar e que tudo vai se decompor muito rapidamente. O paradoxo dessa repressão é que ela se impõe a camadas cada vez mais amplas da população e, ao mesmo tempo, exige certa cumplicidade da parte delas. No caso da Itália, que será em breve o da França, há um fenômeno de sociedades sobrepostas que se comunicam cada vez menos umas com as outras, bem como com um fenômeno de marginalização não só de indivíduos, mas também de bairros e regiões inteiras. A repressão pode ser cada vez mais brutal, mas ao mesmo tempo surgirão "revoluções moleculares" cada vez mais ameaçadoras. Diante de poderes que já não saberão a quem recorrer para implementar uma sofisticação, uma miniaturização da repressão, teremos mais possibilidades de construir sistemas alternativos. Essa molecularização das lutas não é sinônimo de espontaneísmo ou de inorganização.

Começa a surgir um novo tipo de coordenação internacional, inaugurado pelos ecologistas e do qual Bolonha é um elo. Nesse espírito, está prevista uma reunião amplamente aberta em Berlim nos dias 27, 28 e 29 de janeiro. Haverá simpósios sobre o "espaço jurídico europeu", os meios de comunicação, os movimentos feministas, o papel dos intelectuais...

A contestação, hoje, adquire uma outra inteligência completamente diferente da que tinha trinta ou quarenta anos atrás. E é isso que me faz dizer que provavelmente não ficaremos entediados nos próximos anos.

B. REPRESSÃO FORTE-REPRESSÃO SUAVE

[*AJOBLANCO*][2] *Um dos aspectos que têm sido mais enfatizados recentemente é o fenômeno da chamada "germanização" crescente da Europa (e mesmo do planeta como um todo); qual*

---

2 Trecho de uma entrevista concedida à revista de contracultura espanhola, *Ajoblanco*, em 1978. [N. E.]

a importância dessa questão, para você, numa perspectiva mais global?

[FÉLIX GUATTARI] Creio que não podemos separar o que eu chamaria de *repressão forte*, que consiste em destruir física e moralmente, por exemplo, os prisioneiros e advogados da extrema esquerda revolucionária na Alemanha, da *repressão "suave"*, que consiste em intoxicar a população através da comunicação de massa, para controlá-la, enquadrá-la, por exemplo, pelas técnicas de setorização psiquiátrica, pela "psicologização" da vida familiar, pelo desenvolvimento de métodos de controle pedagógico nas escolas ou mesmo por uma certa concepção das atividades de lazer, dos esportes comerciais etc. A repressão forte, que faz referência aos métodos de condicionamento do tipo skinneriano (como ilustrado no filme *Laranja mecânica* [*Clockwork Orange*, 1971]), ou as repressões "suaves", que passam pela sugestão publicitária, pela psicanálise etc., são complementares. O objetivo fundamental é um enquadramento das massas no qual as próprias massas devem participar ao máximo. É para esse fim que as técnicas de repressão suave são difundidas. Um modelo de sociedade, um modelo de família, um modelo de consumo são introjetados nas massas. O poder se esforça para infantilizar as relações humanas, para desresponsabilizar cada indivíduo da sua relação com a sociedade. As demandas por cuidados, assistência e segurança conhecem uma inflação crescente. Com a ajuda das suas extensões políticas, sindicais e culturais, ele tende a monitorar cada ato de nossa vida. Qualquer pessoa que escape ao sistema geral de controle social, por qualquer razão, é remetida aos sistemas especializados de enquadramento. Em algumas cidades, estão sendo criadas áreas especiais para os marginalizados. Há uma tendência para instituir subsídios de sobrevivência para a enorme massa de pessoas que não conseguem integrar-se no funcionamento da produção. Se um punhado de irredutíveis escapa desse duplo sistema e, ao mesmo tempo, motiva politicamente a sua recusa de integração, então são atacados, denunciados na imprensa, e sua vida torna-se impossível. (Por exemplo, o filme *A honra perdida de Katharina Blum* [*Die verlorene Ehre der Katharina Blum*, 1975].) Eles são reduzidos a se lançarem em ações desesperadas... E, no final da sua odisseia, quando não são alvejados pela polícia, o sistema prisional a que estão sujeitos faz tudo o que pode para quebrar a sua personalidade, para os levar ao suicídio ou à loucura. Não sei se os métodos alemães de repressão serão generalizados para o resto da Europa. Cada situação particular provavelmente dará lugar a uma adaptação deste duplo: repressão suave-repressão forte. Creio que esse é um problema que pode ser encontrado sob as mais diversas formas tanto na União Soviética como nos Estados Unidos e na Europa, tanto nos países desenvolvidos como nos países do Terceiro Mundo.

No que diz respeito à luta da classe operária, você acredita que ela é uma "engrenagem" já integrada na máquina social, um meio de luta ultrapassado ou passadista, ou a considera o caminho indispensável para a abertura de novas alternativas?

É evidente que nenhuma transformação social pode acontecer sem a classe operária; mas também é evidente que nada acontecerá nesse sentido enquanto o movimento operário não se livrar dos partidos, dos sindicatos, dos burocratas de todos os tipos que controlam as suas estruturas atuais. Hoje, não podemos falar sobre *a* classe operária. Há várias classes operárias. Parte da aristocracia operária é objetivamente aliada da burguesia, por exemplo, na Alemanha ou nos Estados Unidos, e comporta-se como um dos melhores apoios da ordem existente. Outra classe operária está surgindo, uma que recusa essa integração, que se sente mais próxima dos milhões de desempregados, dos milhões de mulheres que lutam pela sua emancipação, dos milhões de trabalhadores imigrantes que estão sendo transplantados de um país para outro, dos milhões de jovens sem futuro, sem esperança. As antigas minorias (minorias regionais, minorias sexuais etc.) deveriam, na minha opinião, encontrar formas de aliança revolucionária com essa nova classe operária que está nascendo.

No mesmo sentido, você acha que convém colocar a questão das novas formas e dos novos meios de luta na sociedade atual e acredita que a comunicação de massa tem um papel a desempenhar nessa área?

A comunicação de massa desempenha um papel fundamental na política de controle social e na formação da força de trabalho que tende a colocá-la a serviço do Capital. Penso que, de fato, novas formas de luta implicam o desenvolvimento de um novo tipo de expressão das massas. Hoje em dia, não basta que os líderes falem em nome da base escrevendo editoriais em jornais ou revistas políticas. As massas precisam se expressar diretamente através dos seus próprios jornais, nos muros, por intermédio de estações de rádio livres, como é atualmente o caso na Itália. Não se trata de celebrar o culto do espontaneísmo, mas de tomar consciência de que a expressão organizada e centralizada do movimento operário e dos movimentos revolucionários se tornou completamente esclerosada. Acho que, de toda a efervescência espontânea a que estamos assistindo hoje, surgirão novos tipos de organização e novos tipos de sensibilidade que ninguém pode definir ainda.

Há um ponto concreto que gostaríamos que abordasse: que papel a Espanha desempenhou durante o período da ditadura nesse processo de "germanização" generalizada que foi assinalado anteriormente? Você acredita que a Espanha de 1977 continua a desempenhar o mesmo papel ou um novo? Por quê?

Não acredito que a ditadura fascista na Espanha tenha desempenhado um papel importante no processo de "germanização" ao qual você se refere. O que me parece significativo, contudo, é que o colapso do regime franquista não foi resultado de uma luta política organizada liderada pelas formações tradicionais de esquerda. Esse colapso parece-me estar ligado, por um lado, a contradições no seio da burguesia, particularmente contradições econômicas em relação a uma possível integração no mercado comum, e, por outro lado, talvez principalmente, àquilo que eu chamo de "revolução molecular", que atravessa todo o funcionamento da sociedade. Penso que agora, desse ponto de vista, estamos à beira de uma verdadeira explosão na Espanha. Eu próprio tive a oportunidade de falar com camaradas na Galícia que trabalham ou militam no hospital de Conxo. Vi como os problemas de libertação da Galícia, os problemas de emancipação dos doentes mentais, os problemas de liberdade sexual, liberdade de expressão etc. estavam ligados. Tenho a impressão de que talvez a Espanha se torne, nos próximos anos, uma força motriz nessa nova revolução que está varrendo a Europa, uma força motriz que assumirá e acelerará o movimento a que atualmente assistimos na Itália.

COMO UM ECO DA MELANCOLIA COLETIVA

Por diversas razões, o filme *Alemanha no outono* (*Deutschland im Herbst*, 1978) marcará a história do cinema, digamos, para retomar uma fórmula antiga, do cinema "engajado".[1] Primeiramente, porque se trata efetivamente de uma obra coletiva, não uma justaposição de sequências realizadas por autores diferentes, e sim todas fruto de discussões e de uma elaboração comum. Em seguida, porque ele foi realizado "no calor da hora", logo após os acontecimentos do outono de 1977, criando um clima notável de autenticidade. Sentimos que, mesmo quando as sequências são representadas, os atores, os diretores (que, aliás, às vezes interpretam seu próprio papel) estão ainda sob efeito dos acontecimentos, de tal maneira que uma verdade passa diretamente sem que apareça uma ruptura entre os elementos da reportagem, da ficção e da montagem dos documentos.

Esta tentativa de ir além do cinema de autor, que poderíamos qualificar de analítica, me parece indicar uma nova possibilidade de capturar elementos emocionais coletivos através do filme. Tal "análise" se organiza aqui em dois polos.

O primeiro é relativo à manipulação dos acontecimentos por parte da comunicação de massa. A morte de Schleyer, o sequestro de Mogadíscio, a morte dos detidos na prisão de Stammheim foram transformados em carga afetiva posta inteiramente a serviço do controle social e da repressão. A referência à *Antígona* de Sófocles se torna a chave do filme, os acontecimentos de *Alemanha no outono* tomam, de alguma forma, a dimensão de um drama antigo. Nessa perspectiva, a morte de Hanns-Martin Schleyer e a dos prisioneiros da Alemanha Ocidental deveriam funcionar como uma válvula de escape ou um exorcismo em dois atos, como um duplo sacrifício tendo como objetivo a interiorização de uma cul-

---

1 Publicado originalmente no número especial sobre a Alemanha na revista *Les Tempes Modernes*, jul.–ago. 1979. [N. E.]

pabilidade coletiva que remonta ao nazismo e, além disso, funde-se em uma violência pretensamente essencial à subjetividade alemã.

A impressão geral que se depreende desse primeiro polo da obra é o sentimento de um destino, de um fechamento em um sistema social que não oferece outra saída a não ser a aceitação pura e simples de um conformismo majoritário, compatível com as regras tradicionais da democracia e da justiça burguesas, e de uma condenação de toda revolta a se perder nas formas de violência mais minoritárias, conduzindo inevitavelmente os autores a liquidarem a si mesmos, como no caso de Andreas Baader, Gudrun Ensslin, Jan-Carl Raspe (até nova ordem, todas as hipóteses são permitidas no que diz respeito a esse assunto, apesar dos esforços oficiais para fazer crer na tese de suicídio).

O outro polo do filme é constituído por uma tentativa dos autores de contrabalancear essa intoxicação coletiva produzida pela imprensa, de barrar a "máquina infernal" de culpabilização – retomando aqui uma expressão de Jean Cocteau a respeito do Édipo. Trata-se de sair do face a face RAF-RFA [Fração do Exército Vermelho-Alemanha Ocidental], do ciclo repressão-represálias, do esquematismo quase simétrico das ideologias uma diante da outra. No essencial, os autores do filme se contentaram em expor suas próprias reações no plano mais imediato; o que eles sentiram, o que eles viram com a câmera na mão; eles filmam as brigas que tiveram com seus próximos; eles encenam suas fantasias... Sobre um assunto tão sério, em um contexto tão dramático... "precisava ser feito!". No entanto, o resultado não é menos sério. E, sem dúvida, é muito mais verídico do que qualquer forma de pesquisa, de reportagem ou de filme de propaganda. A cada sequência, assistimos à proliferação de linhas de fuga – algumas minúsculas, derrisórias ou bizarras – que permitiram pessoalmente que os autores se desprendessem, em certa medida, desse drama maniqueísta. Comportamentos muito pessoais que, em todo caso, escapam às classificações atuais – Fassbinder abraçando seu amigo, uma jovem professora caminhando com uma pá em um terreno glacial, uma criança olhando, espantada, a cena do enterro de um dos prisioneiros de Stammheim, um jovem que fica sentado perto dos coveiros e dos policiais depois que o cortejo parte, uma jovem e sua filha no caminho de volta... – constituem tantos elementos de vida, de sobrevida, tantos *flashes*, escapadas, do dito "destino trágico" do povo alemão. Isso implica, de alguma maneira, que seja deixada de lado a problemática do poder repressivo, do controle social generalizado, do papel da imprensa no fascismo cotidiano! A esse respeito, o filme é absolutamente explícito nas suas descrições e denúncias. Mas seu objeto essencial não está aí. Sobre esse aspecto, as opiniões já estão cristalizadas e há poucas chances de que uma explicitação a mais ou a menos possa contribuir com modificações sensíveis. O que está em questão, aqui, é o contexto afetivo coletivo no qual essas opiniões se cristalizam, quer dizer, um dos componentes essenciais da instauração maciça de uma *opinião que faz a lei*.

Nesse domínio, a dimensão real das ações "terroristas" tipo RAF, Brigate Rosse [BR – Brigadas vermelhas], Noyaux Armés pour l'Autonomie Populaire [Napap – Núcleos armados para a autonomia popular] etc. não parece ter sido levada em conta pelos responsáveis desses movimentos. Esquematicamente, duas posições se afrontam no seio da extrema esquerda europeia no que diz respeito à questão da luta armada. A primeira, próxima da RAF, considera que, no essencial, as lutas sociais atuais ultrapassam os quadros nacionais e devem situar-se na escala internacional e, especialmente entre o imperialismo germano-americano e o Terceiro Mundo, seria conveniente desestabilizar *por todos os meios* – a começar pela luta armada clandestina – os bastiões do capitalismo, revelando assim a natureza intrinsecamente fascista dos regimes democráticos burgueses, à espera de que a vanguarda das classes operárias, em aliança com as massas oprimidas do Terceiro Mundo, retome as rédeas da luta pela revolução socialista... A segunda posição, que podemos identificar com a tendência chamada Sponti[2] e que é

---

2 Grupo de extrema esquerda alemão que atuou entre os anos 1970–80. O nome do grupo, composto em sua maioria de estudantes uni-

representada no filme por Host Mahler, antigo "terrorista" fazendo sua autocrítica, consiste em denunciar, ao contrário – e com razão, a meu ver –, uma "política do pior" que só poderia levar ao oposto dos seus objetivos iniciais.

Mas, nessa última perspectiva, caímos rápido demais na recuperação social-democrata e humanista. Todas as ações violentas são condenadas em nome de uma moral que se acomoda, no entanto, com as piores violências perpetradas por aqueles que reclamam delas! Somos levados a acreditar que não há outra via de transformação social além daquela que está de acordo com a legalidade. Tal passo já foi dado por toda uma série de velhos militantes da esquerda, em particular os dirigentes de publicações como *Lotta Continua*, na Itália, ou *Libération*, na França.

Essas duas posições me parecem mascarar, cada uma a sua maneira, o verdadeiro sentido das novas formas de ação clandestina que se desenvolvem por toda parte na Europa e que parecem estar em vias de se tornar uma das características específicas das situações políticas blocadas que são próprias aos regimes capitalistas.

O que um filme como *Alemanha no outono* coloca na ordem do dia, de maneira original – e acredito que outro filme desse tipo, consagrado à Itália, nos conduziria às mesmas conclusões –, é que a imensa carga emocional associada ao "fenômeno terrorista" se tornou um dado fundamental das estratégias políticas atuais. Quer o lamentemos ou não, a política hoje se tornou inseparável dos afetos coletivos petrificados e veiculados pela comunicação de massa, que constitui um modo de subjetivação atravessando as classes e as nações e no seio da qual é muito difícil distinguir entre o que é um imaginário manipulado e as realidades socioeconômicas.

Todas as formações de poder, em qualquer nível que as consideremos, são objeto e/ou agentes dessa manipulação da

---

versitários, deriva da palavra "espontaneidade" [*Spontaneität*], numa referência à "espontaneidade revolucionária das massas" em contraposição aos movimentos teóricos ou ligados a partidos políticos. [N. E.]

"matéria" midiática. Assim, quando os jovens de hoje se lançam na via do "terrorismo", não o fazem apenas em função de sistemas ideológicos, mas igualmente, para além deles, como emissários ou vítimas expiatórias de um movimento subjetivo que os ultrapassa por toda parte. Suas ações e seus sentimentos estão "conectados" aos que os aprovam, mas também a todas as camadas de militantes, de jovens revolucionários que não encontraram nenhuma saída nas lutas que travaram nos últimos quinze anos. E é, além disso, a passividade do "pântano", dos resignados à opinião pública, que é trabalhada desde seu interior por esses gestos espetaculares e desesperados. Eles mesmos, por sua vez, manipulam a informação e as imagens transmitidas pela imprensa, jogam com o seu prestígio para pressionar os meios que os cercam. Romper o muro da indiferença, mesmo que seja por meio de uma violência que conduz a sua própria aniquilação: atrair na marra a atenção da opinião pública; tais são as ambições desses novos movimentos de luta armada. Quaisquer que sejam os seus fracassos, ou os impasses nos quais se metem, seria absolutamente equivocado considerar que sejam organismos estrangeiros ao que chamamos de "movimento", quer dizer, ao conjunto da juventude contestadora e revolucionária. Não apenas eles são parte intrínseca como manifestam o que há de mais exacerbado, de mais irredutível. É o que explica que, para além de todas as divergências, seu sacrifício seja sentido por uma imensa massa de jovens como uma perda cruel.

A novidade – provavelmente duradoura – desses movimentos se deve ao contexto no qual aparecem, ao eco midiático que encontram. Enquanto tal, esse tipo de luta está presente ao longo de toda a história moderna – basta lembrarmos dos últimos sobressaltos da Rússia tsarista, da Resistência na França, das lutas recentes na Espanha! Assim, eles não merecem os anátemas e as excomunhões que os revolucionários bem-pensantes lhes atribuem – sem falar nas insinuações que sugerem que seriam teleguiados pelos serviços secretos das grandes potências... O assassinato de Hitler foi desejado por milhões de pessoas e, hoje, o do carrasco do povo iraniano ou nicaraguano não representa problema nenhum para a maior parte da opinião pública de esquerda! Ninguém, no movimento revolucionário ou na esquerda, pode colocar seriamente em questão a oportunidade da execução de um [Luis] Carrero Blanco na Espanha, que marcou uma reviravolta decisiva na luta contra o franquismo! Seria suficiente dizer, então, que a violência, a ação armada, só se torna legítima quando se apoia em um grande movimento de massa, como é o caso da Espanha, mas não da Alemanha atual, porque as massas não "seguem"? O exemplo da Itália nos mostra que não é exatamente assim: de fato, a violência armada se instaura no prolongamento de uma violência mais abrangente, que se manifesta sob as formas mais diversas, em uma espécie de *continuum* entre ilegalidade política e ilegalidade civil e criminal. Isso seria suficiente para justificar as ações das Brigadas Vermelhas? Não; a meu ver, o que deve ser colocado em questão não é o *princípio* da luta armada, nem mesmo suas modalidades, que pertencem a cada movimento revolucionário, e sim, em cada situação particular, sua dimensão real sobre o *conjunto das lutas anticapitalistas*. E, certamente, a eliminação de um dirigente como Schleyer não apenas é incapaz de atrapalhar o funcionamento do sistema, mas, ao oferecer ao poder a oportunidade de utilizar todo seu aparato policial e midiático, contribui para jogar no seu fosso milhões de explorados. Em outras palavras, o verdadeiro drama não é o fato, enquanto tal, de um homem ter morrido, mas o fato de essas ações terem sido levadas a cabo de uma forma que não as distingue, fundamentalmente, do sistema repressivo burguês, dos ataques fascistas, dos sequestros executados por milícias e que, no fim das contas, não tiveram outro resultado senão o de fazer eco à melancolia coletiva que hoje se abate sobre a Alemanha. Devo dizer que não conheço nada mais sinistro, mais odioso, do que as fotografias de Schleyer ou de [Aldo] Moro com o seu pequeno cartaz no peito. Recuso-me a julgar os méritos da sua execução, a julgar os seus juízes, mas não posso suportar esse tipo de procedimento, esse tipo de imagem propagada através dos meios de comunicação e que conduz legitimamente a um sentimento de piedade em relação àqueles que são seu objeto, assim como de repugnância e revolta em relação àqueles que são seus autores.

O capitalismo só conseguiu consolidar esses bastiões que a RAF e as Brigadas Vermelhas pretendem minar na medida em que conseguiu desenvolver um consenso majoritário baseado na imobilidade social, na defesa das vantagens adquiridas, no desconhecimento sistemático de tudo o que vai além dos interesses corporativistas, nacionais etc. E tudo o que vai no sentido do isolamento dos indivíduos, tudo o que reforça o seu sentimento de impotência, tudo o que os faz sentir culpados e os faz depender do Estado, dos equipamentos coletivos e das suas extensões – o que os sindicatos e os partidos tradicionais de esquerda estão em vias de se tornar – alimenta esse consenso. É absurdo pretender realizar uma ação revolucionária sem atacar tais fenômenos de manipulação de massa. A guerra latente que as potências industriais estão travando no eixo Norte-Sul para controlar o Terceiro Mundo é certamente essencial; mas ela não deve fazer-nos esquecer que existe um outro eixo Norte-Sul, que concerne a todo o planeta e no qual se desenrolam conflitos não menos essenciais, envolvendo poderes estatais e nacionalidades oprimidas, trabalhadores imigrantes, desempregados, marginalizados, os assalariados "sem garantias" e os "normalizados", os habitantes das cidades e dos bairros de lata, das favelas, dos guetos, das periferias, as oposições de raças, sexos, classes, idades etc. Para travar essa outra guerra, para assegurar o controle social e mental de todo esse mundo da vida cotidiana e do desejo, o capitalismo mobiliza meios gigantescos. Ignorar esse tipo de confronto, ou mantê-lo como secundário, é condenar à impotência, ou à recuperação, todas as outras formas de lutas sociais lideradas pelas organizações tradicionais do movimento trabalhador. Queiramos ou não, nas condições atuais, a violência e os meios de comunicação estão ligados. E, quando um grupo revolucionário faz o jogo dos meios de comunicação mais reacionários, ele faz o jogo da culpabilização coletiva e erra feio: erra no alvo, no método, na estratégia, na teoria, no imaginário...

Afirmar a plena solidariedade com as vítimas da repressão capitalista – todas as vítimas – não implica de forma alguma endossar a falta de orientação que levou aos espetáculos inclassificáveis do sequestro de Mogadíscio ou dos chamados tribunais populares que deliberam em porões! A reprodução estúpida do modelo de "justiça" e da repressão do poder, o uso nojento da imprensa, o sectarismo míope, a manipulação dos "companheiros de estrada" não são, de modo algum, questões secundárias. O mérito do filme *Alemanha no outono* é que nos ajuda a ter a dimensão de todos esses problemas. Ele não só nos apresenta uma crítica virulenta da sociedade alemã como também começa a questionar a luta armada clandestina no seu verdadeiro terreno. Nesse último sentido, sua crítica permanece, na minha opinião, demasiado tímida, demasiado vaga. Ainda podemos sentir o peso do acontecimento e o medo de se prestar à recuperação pelo poder estabelecido. Mas ele toca no ponto essencial, a saber, no *drama mórbido* produzido pelo face a face, absurdo em todos os aspectos, entre um poder estatal monstruoso e aparelhos político-militares irrisórios.

Os autores desse filme não utilizam nenhum .38, apenas a câmera. Nem por isso sua ação é menos eficaz! Afirmar, na Alemanha de hoje, o direito ao humor, o direito à mais singular expressão de desejo, o direito a falar sem restrições ou obrigações, independentemente das pressões e da natureza dramática e até mesmo trágica da situação, é certamente um pré-requisito essencial para qualquer iniciativa revolucionária efetiva em nossos dias.

CARTA AOS INTELECTUAIS ITALIANOS A RESPEITO DAS PRISÕES DE 7 DE ABRIL

Os problemas políticos e sociais da Itália e da França devem, mais do que nunca, ser analisados na minúscula escala europeia e mundial.[1] A repressão se internacionaliza. Os Estados Unidos da América, como nos mais belos dias da Guerra Fria, ditam a conduta dos políticos italianos. Confrontados com essa ingerência em todos os níveis, um fechamento no interior das fronteiras nacionais não levaria a lugar algum. Para fazer frente às manipulações secretas, devemos impor o mais amplo debate público possível: da minha parte, eu acharia muito positivo se os intelectuais italianos interviessem a respeito de questões francesas e, além disso, espero que se desenvolva um discurso internacional em torno da situação italiana. Esse é o sentido desta carta, que não tem outra pretensão a não ser a de estabelecer um diálogo.

Mas há outra razão pela qual estou tão interessado na repressão que agora atinge tanto os militantes quanto os teóricos da Autonomia Italiana: Toni Negri é meu amigo, e eu gostaria de lhe mostrar solidariedade na difícil provação que enfrenta. Gostaria de dar testemunho de tudo o que ele fez para impedir a propagação do terrorismo que se reivindica como tendo origem nas Brigadas Vermelhas. Estou convencido de que, em grande medida, é à sua influência na extrema esquerda revolucionária francesa que devemos a ausência de um fenômeno semelhante na França.

A violência está aumentando na Europa proporcionalmente ao agravamento da crise econômica e social. A primeira violência é a da reestruturação capitalista, que condena milhares de famílias à miséria, destrói setores inteiros da produção; é a

---

1 Publicado no jornal italiano *7 aprile*, n. 2, 1979. O nome do jornal é uma referência à data em que Antonio Negri foi preso pela primeira vez, suspeito de ter participado no assassinato de Aldo Moro em conjunto com as Brigadas Vermelhas. [N. E.]

violência do poder, que prende centenas de jovens trabalhadores e estudantes por se revoltarem contra a condição que lhes é imposta, enquanto os grandes ladrões do Estado correm livremente (onde está o caso Lockheed, por exemplo?).[2]

Atualmente, regiões inteiras da Itália e da França estão decompondo-se econômica e culturalmente, e os principais partidos de esquerda, a começar pelo Partido Comunista Italiano e pelo Partido Comunista Francês, permanecem impotentes perante tal degradação! Nessas condições, como podemos surpreender-nos com o fato de milhares de jovens se sentirem tentados a lançar-se em ações desesperadas?

A consequência imediata do colapso do compromisso histórico na Itália e do Programa Comum na França foi desencorajar profundamente as várias vanguardas da extrema esquerda europeia. Há alguns anos, na França e na Itália, uma imensa esperança de mudança dissipou-se. Então, o que fizeram os partidos comunistas e grupos de extrema esquerda nesses países? Os primeiros mergulharam numa política de compromisso desmobilizadora; os segundos foram incapazes de sair do seu gueto ideológico e social. Na Itália, o poder está tentando aproveitar ao máximo essa situação. Temos todos os motivos para acreditar que ele tentará impor reformas institucionais para elevar a Itália "aos padrões europeus", o que significaria liquidar as conquistas populares dos últimos trinta anos. No entanto, o jogo ainda não acabou. Tudo depende ainda da capacidade da esquerda e da extrema esquerda de sair da sua paralisia.

Isso significa que chegou o momento de enfrentar o poder estatal com armas em punho? É verdade que dificilmente se pode esperar transformar, por meios exclusivamente pacíficos, instituições burguesas e democráticas que evoluem para um reforço contínuo da repressão e da exploração e, talvez, para o estabelecimento de regimes totalitários! Atualmente, uma ação eficaz é uma violência contra a ordem estabelecida.

---

2 Escândalo político-financeiro internacional que explodiu em meados dos anos 1970, implicando o grupo aeronáutico estadunidense Lockheed. [N. E.]

Isso significa que chegou o momento de formar pequenos grupos clandestinos de guerrilha urbana? O resultado está diante dos nossos olhos! Tentativas desse tipo resultaram apenas no aumento da "força" da reação e no rearranjo das massas desorientadas em torno do alto escalão dos partidos políticos tradicionais.

Não se trata de renunciar, por princípio, a qualquer recurso à violência enquanto tal, mas de desenvolver formas de ação eficazes que modificarão, num sentido revolucionário, as relações de força sociais, propulsando dinâmicas de libertação autênticas. A violência é legítima quando exercida por trabalhadores, mulheres e jovens que lutam para mudar a sua condição. Ela não é legítima quando praticada por grupos dogmáticos cujo objetivo essencial – para além da eliminação de algumas vítimas expiatórias – é determinado pelo impacto da sua ação na imprensa.

Hoje, os militantes que denunciam com grande lucidez o impasse do confronto poder estatal-terrorismo de microfacções, e que se esforçam para redefinir novas formas de ação, tornaram-se o principal alvo da repressão policial e da campanha de mentiras da imprensa e da televisão. Todos aqueles que estão familiarizados com essas questões sabem perfeitamente que Toni Negri e seus amigos não têm absolutamente nada a ver com as Brigadas Vermelhas. A polícia e o sistema judiciário certamente sabem disso melhor do que ninguém. Mas, ao usá-los como bodes expiatórios, esperam conjurar, num passe de mágica, uma violência social estrutural. Essa política do pior é, em todos os aspectos, simétrica à do terrorismo!

É verdade que o terrorismo na Itália é um problema sério e perigoso sob muitos pontos de vista. Mas não é esse *o* problema fundamental! O "terrorismo" desaparecerá no dia em que as massas começarem a marchar em direção a objetivos claros. Nada deve nos distrair da procura de vias e meios que permitirão provocar transformações sociais irreversíveis, sem as quais seremos apanhados numa escalada de medo e desespero sem precedentes.

A AUTONOMIA POSSÍVEL

A saída do círculo vicioso das significações dominantes.[1] A passagem ao ato. O tempo do irreversível. A decisão metálica de enfrentar a couraça do poder. A superexposição do sistema ao clarão das deflagrações e a revelação do grão monstruoso de suas carências. O refúgio numa sombra espasmódica, a convicção de finalmente ter um pedaço de realidade ao alcance da mão, ao alcance do tiro. Sou apenas o soldado de uma revolução planetária que delegou seus comandos no coração da fortaleza... A convivência imaginária com os mestres do gênero: [Ernesto "Che"] Guevara, [Andreas] Baader, mas também, tenho de confessar, Carlos [Ilich Ramírez Sánchez], Super-Homem, [Renato] Curcio, o anatematizador... A escalada da ação e da repressão, a captura das vanguardas por fascinação, intimidação e também, imagina-se, maquinações no dia a dia da grana, do prestígio, do sexo...

Vocês dizem que na Itália, hoje, a luta armada teria se tornado uma forma essencial da "nova espontaneidade" e que seus aspectos de exemplaridade e espetacularidade não seriam mais do que a espuma de uma onda sublevando a sociedade toda. Mais um motivo, nesse caso, para não aceitar seu desvio grupuscular! Vocês dizem que essa é a sua principal preocupação! Fim do alto escalão legislando acima das massas, fim dos especialistas da estratégia. Vocês esperam dissolver a neurose militar pela transversalidade. Ah, essa é boa, grande novidade! O braço da revolução vai pular a ranhura e vamos poder finalmente virar o disco! Como, no entanto, não sentir esse gostinho de velha ladainha? Vocês trocaram a coluna vertebral: substituíram as velhas classes operárias brancas, bem-educadas, bem urbanizadas, vacinadas pelo marxismo-leninismo, por um jovem proletariado precário, instável, meio estudante, meio marginal! Mas o que é que vocês fazem, no meio disso tudo,

---

1 Publicado originalmente na revista italiana *Métropoli*, n. 2, 1979. [N. E.]

com os sofrimentos, os desejos, os protestos, os avanços e os recuos dos outros, de todos os outros: das mulheres que não aceitam seu assujeitamento, das crianças, dos velhos que querem viver de outro jeito, dos "nacionalitários", dos loucos, dos poetas que não se reconhecem mais nesta sociedade? Vocês não me parecem dispostos a tirar todas as consequências da diversificação da subjetividade revolucionária. Vocês só se interessam pela emergência de *uma* nova subjetividade operária e não parecem estar realmente preocupados com a convergência das novas formas de luta, no respeito do ritmo próprio delas, das sensibilidades específicas que elas manifestam em outros termos, da heterogeneidade insuperável dos conjuntos sociais que se constituem por meio delas. Por que sempre esse ideal de *uma* coluna vertebral, de *uma* subjetividade englobante? Por que não cem, cem mil, cem milhões... Por uma questão de eficácia? Ritornelo!

A saída do gueto, a definição de novos objetivos, a invenção de uma cartografia operacional das lutas, a determinação do caráter de violência dos enfrentamentos, a natureza das formas de organização requeridas pelos novos campos políticos e micropolíticos (seus sistemas de expressão, de coordenação, de proliferação, seu grau relativo de centralidade, o fato de que elas sejam duradouras ou efêmeras, clandestinas ou públicas), todas essas questões passam por uma renovação completa na abordagem do problema central, mal denominado e maltratado há tanto tempo: o da *ação das massas*. E, para dizer a verdade, tenho a impressão de que não soubemos avaliar essa renovação.

Acabamos sempre voltando aos três cercos fundamentais:

— o da repressão social;
— o da segmentação grupuscular;
— o do sobreinvestimento inconsciente do "ideal de grupo", que tende a tomar, em situações de clandestinidade, proporções gigantescas.

Não basta constatar que esses três níveis se comunicam (por meio de ideologias, meios de comunicação, instituições, organizações, equipamentos coletivos etc.). Convém também se dar os meios de modificar tal estado de coisas criando condições favoráveis para a manifestação de outros tipos de interação! Um exemplo, entre os mais lamentáveis, os mais desonrosos que marcaram o movimento revolucionário ocidental: aquelas fotos odiosas de Hanns-Martin Schleyer, com seu letreirinho pendurado no pescoço, ou as de Aldo Moro, reduzido a trapo, encostado no cartaz publicitário das Brigadas Vermelhas. Aí está uma coisa que provoca uma compaixão irresistível, que desencadeia uma piedade de natureza quase etológica. O escândalo do assassinato parece até se apagar diante dessa imagem. O que é a morte ao lado de tal insanidade? Por que espécie de usinagem grupuscular os camaradas que caíram nesse microfascismo passaram? Basta responder que é preferível mudar de alvo, visar somente aos objetivos correspondentes ao desejo das massas, por exemplo, computadores a serviço do controle social...

Mas como ter certeza de que, pelo jogo da escalada repressiva, não acabe se reproduzindo, apesar de tudo, o mesmo tipo de "teatro de fantoches" clandestino imediatamente recuperado pelos meios de comunicação num *supershow* mundial? A experiência já provou que, nesse campo, as boas intenções não bastam. Existe, de fato, um risco objetivo de que, da conjunção entre o aparelho repressivo e a lógica grupuscular, renasçam inelutavelmente formas monstruosas de desejo de tirania e desejo de sujeição. Que me entendam bem, não estou dizendo que essas formas "sobem" do fim fundo do inconsciente onde elas teriam ficado enterradas, recalcadas... Não, estou dizendo simplesmente que certos empreendimentos revolucionários, fracos em seus projetos, raquíticos em suas ideias e desejos, fechando-se em si mesmos, *re-montam, re-compõem* os mesmos velhos modelos reacionários de máquinas de guerra, as mesmas velhas máquinas de tortura moral e física que atravancam todos os recantos da história.

Das duas uma: ou a autonomia que está por vir, "a autonomia possível", dará a si mesma os meios de superar os efeitos catastróficos que resultam dessas espécies de conjunção, ou:

— na falta de alternativas dignas de crédito (inclusive em nível inconsciente), as "massas" continuarão a ser "massas" e a patinar no reformismo majoritário;
— os ataques violentos dos grupos clandestinos, longe de contribuir para fazer situações metastáveis penderem num sentido revolucionário, farão o jogo de fabulosas campanhas de intoxicação imaginária e extensão contínua do controle social e da repressão;
— os movimentos de luta nacionalitária armada na Europa (bascos, corsos, irlandeses etc.) permanecerão isolados, correndo o risco de afundar no particularismo e no enraizamento místico (não confundir aqui o particularismo que isola com a *singularidade* de um desejo coletivo que permite múltiplas aberturas);
— o capitalismo mundial disporá de apoios suplementares para seus empreendimentos de disciplinarização e integração da força coletiva de trabalho e acabará marcando pontos decisivos na promoção de um novo tipo de ordem social e de ordem do inconsciente (seja qual for o preço, em todos os registros!).

Mais do que nunca, não podemos poupar, nessas questões, altas doses de lucidez e humor, assim como aquilo a que chamarei "a prova do desejo". É mais do que óbvio, infelizmente, que as diversas formas de luta armada que se cristalizaram na Europa, durante a última década, em torno dos grupelhos dogmáticos só conduzem a resultados absurdos e monstruosos. Mas impõe-se também a maior vigilância crítica com relação aos movimentos que reivindicam sua junção com a "zona das lutas difusas". Nada nos fará nunca mais aceitar a promoção, seja qual for, de superinstâncias unificadoras, modelizantes, de dirigentes "estratégicos", de programas e teorias cuja vocação é responder pelo conjunto das situações e pela multiplicidade dos pontos de vista em questão. A recomposição de uma centralidade organizacional – sob formas, repito, a serem inteiramente repensadas: multicentralidade, heterocentralidade... – que é obviamente necessária, desde que se pense em ações de escala nacional ou internacional, será tanto mais compreendida e assumida quanto mais se basear unicamente em agenciamentos contingentes de luta, preservando a autonomia, a heterogeneidade de seus componentes. Sem dúvida passará muito tempo antes que as revoluções deste fim de milênio consigam aperfeiçoar máquinas de guerra social, máquinas de escrita, de poesia, de teoria, máquinas de vida que lhes permitam superar etapas decisivas no processo de destruição-reconstrução dos sistemas sociais atuais. Mas o mínimo vital que se pode exigir hoje me parece ser que nenhum componente da revolução molecular seja desprezado ou simplesmente ignorado. E, mais além, o que se pode esperar de melhor é que no seio de cada uma delas, e no seio das diversas formações do movimento, organizadas de modo mais clássico, desenvolva-se uma nova disponibilidade, uma nova sensibilidade a alianças, a conjunções imprevisíveis, inimagináveis...

[3] MICROPOLÍTICAS DO DESEJO E DA VIDA COTIDIANA

SENTIDO E PODER

O ideal estruturalista consiste em poder encaixar qualquer situação complexa em uma fórmula simples.[1] Uma fórmula que possa ser expressa de forma matemática, axiomática, ou que possa ser processada em um computador. Hoje em dia, um computador pode processar problemas muito complexos. Por exemplo, ele pode colocar uma imagem em uma "fórmula". A questão é saber se essa imagem não é fundamentalmente diferente daquela que percebemos no mundo "natural". A imagem produzida pelo computador foi reduzida ao estado de uma mensagem binária, tornou-se uma fórmula que pode passar por canais de transmissão elétricos, pneumáticos herztianos. Na verdade, ela perdeu toda a profundidade, calor, possibilidade de reorganização etc. que a imagem original continha. Acredito que as reduções estruturalistas chegam a resultados dessa natureza. O que elas nos devolvem é uma espécie de visão tecnocrática do mundo, que perde a essência das situações originais ao longo do caminho. Refiro-me, essencialmente, a tudo o que diz respeito ao desejo. Qualquer que seja a complexidade da situação que lhe interessa e a formalização proposta, o estruturalismo considera que ela é redutível a um sistema de escrita binária – o que os semióticos chamam de sinais digitalizados, isto é, sinais que podem ser produzidos numa máquina de escrever ou num teclado de computador. As ciências humanas esperam dar um *status* científico quando enveredam pelo caminho que foi o das ciências exatas. (Tomemos a matemática, por exemplo, quando ela tentou axiomatizar todos os seus campos fazendo com que a álgebra, a topologia, a geometria etc. dependessem de uma mesma lógica fundamental, de uma única escrita de base).

Com a análise dos fonemas e dos traços distintivos, os linguistas procuraram descobrir uma série de chaves que pudes-

---

1 Apresentação proferida em Montreal, no Douglas Hospital. Publicado na revista *Brèches*, Montreal, 1976. [N. E.]

sem explicar a estrutura de todas as línguas, mas o que eles realmente captaram são apenas as características gerais da língua. A vida da linguagem, no nível semântico e pragmático, escapa a esse tipo de formalização. No campo da psiquiatria, quis-se fazer descrições científicas, tentando encaixar sintomas e síndromes em tabelas sistemáticas. Mas o que se apresenta na realidade nunca se enquadra nesse tipo de classificação. Sempre nos defrontamos com sistemas *"borderlines"*, nunca sabemos se estamos lidando com uma pessoa histérica que também tem traços paranoicos, mas lembra uma esquizofrênica, o que, por outro lado, não a impediria de ser depressiva etc. Uma coisa é analisar uma estrutura, outra é propor uma filosofia estruturalista, uma interpretação estruturalista que leve em conta o próprio movimento das coisas, as relações de força, as situações políticas, os investimentos de desejo... Isso parece evidente e, no entanto, é o que os freudianos e muitas vezes os marxistas fazem quando falam de estruturas inconscientes ou estruturas econômicas. Eles querem dar a impressão de que encontraram a fórmula atômica definitiva e que seu papel se limita, a partir de agora, a intervir com uma interpretação ou uma palavra de ordem sobre essa estrutura, essa fórmula. É uma maneira de se dar importância, de se dar o poder. Acredito que seja necessário responder que as estruturas existem não no coração das coisas, mas *ao lado* delas. A abordagem estrutural é uma práxis como qualquer outra; mas talvez não seja nem a mais rica nem a mais eficaz.

REDEFINIR O SENTIDO

Trata-se aqui de redefinir a questão do sentido e da significação não como algo que cai do céu ou pertence à natureza das coisas, mas como resultado da conjunção de sistemas semióticos confrontados uns com os outros. Não há sentido independentemente da conjunção. Um certo tipo de sentido é produzido pelas semióticas do corpo, um outro tipo pelas semióticas do poder, e outro ainda pelas semióticas maquínicas, ou seja, aquelas que envolvem signos que não são simbólicos nem da ordem dos sistemas significantes do poder; todos esses tipos de sentidos se entrecruzam incessantemente, sem que possamos jamais dizer que constituem significações universais.

Podemos considerar que existem dois tipos de concepções políticas diante do desejo. Por um lado, uma razão formalista que procura captar chaves a partir das quais ela tentará ter acesso a uma interpretação inequívoca, a uma hermenêutica; por outro, uma razão aparentemente louca que parte da ideia de que a universalidade deve ser buscada na singularidade, e que esta última pode se tornar o verdadeiro suporte de uma organização política e micropolítica que é muito mais racional do que aquela que conhecemos atualmente.

HISTÓRIA DE UMA MULHER

Tomemos o exemplo da paciente da qual nos falou Carlo Sterlin.[2] Três meses antes do nascimento, vômitos gravídicos pela boca da mãe; aos seis meses, alergia alimentar; aos três anos, eczema generalizado; problemas escolares aos seis anos; aos vinte anos, crises de angústia; aos trinta anos, vaginites não específicas; aos quarenta anos, tentativas de suicídio. Componentes semióticos muito diferentes parecem envolvidos em cada etapa desse quadro clínico.

No caso dos *vômitos gravídicos* pela boca da mãe, a expressão dos distúrbios não passa por um sujeito localizado, a doença passa de uma pessoa para outra. (Protótipo dessa situação: "os pais bebem e as crianças brindam"). Eu diria que estamos na presença aqui de uma organização semiótica que concerne um funcionamento simbólico. Essas *semióticas simbólicas* não envolvem um locutor e um ouvinte perfeitamente discerníveis. A fala não desempenha um papel de primeiro plano, a mensagem não passa por cadeias linguísticas, mas por corpos, ruídos, mímicas, posturas etc.

---

2   Psiquiatra do Douglas Hospital responsável por convidar Félix Guattari. [N. E.]

Aos seis meses: *alergia alimentar*. Não posso definir a diferença entre os vários componentes semióticos simbólicos implicados nessa alergia e os vômitos gravídicos, mas uma coisa me parece óbvia: com a alergia, sua importância aumentou. De fato, desde o nascimento da criança, são os ruídos, as impressões de calor e frio, a luz, os choques, a relação com a face do outro que começaram a constituir as coordenadas de um mundo. A questão é: por que esse novo mundo se cola à pele da criança? Recusa de entrar nele, de se conectar com ele?

Aos seis anos de idade: *problemas escolares.* Isso, obviamente, implica a chegada da linguagem com força total. E não qualquer linguagem, mas a do professor, a do poder adulto. Muitos destinos se cristalizam na escola primária! A trajetória intelectual de uma criança está, como se sabe, em grande parte condicionada por seu meio de origem. Não há necessidade de calcular o QI. A máquina escolar modela, seleciona implacavelmente as crianças. Estamos diante de *semióticas significantes.* Observemos que, com a escola, entramos nas leis da sociedade, das quais escapavam os vômitos e o eczema. Não se pode punir razoavelmente uma criança que tem eczema! Mas não hesitamos em fazê-lo se ela não sabe fazer uma conta de adição. Começa a se desenhar a série dos poderes microssociais: família, escola, poderes locais, e de um em um chegamos ao poder de Estado. Um terapeuta que não se interessa pela vida cotidiana da criança, por sua família e por suas relações com o fora, que só presta atenção às estruturas puras, às puras cadeias significantes, aos complexos, aos estágios supostamente universais de desenvolvimento, deixaria de fora o essencial daquilo que ocorre no nível da realidade e da economia do desejo.

Aos vinte anos: *crises de angústia.* São talvez síndromes esquizofrênicas que aparecem apenas em determinado período da vida. Alguns psicanalistas afirmam descobrir a esquizofrenia já aos três ou quatro anos de idade. Mas como tais distúrbios podem ser seriamente determinados antes da puberdade? Como em tais síndromes entram em jogo os componentes semióticos puberais (um novo tipo de relação com o mundo, ansiedade diante do desconhecido, repressão por parte do entorno etc.), a análise deve ser direcionada para as formações de poder correspondentes: as da escola secundária, da escola profissional, dos clubes esportivos, das atividades de lazer etc. Todo um outro segmento da sociedade ameaça cair sobre o desejo do adolescente, desligá-lo do mundo e levá-lo a se retirar para dentro de si mesmo.

Aos trinta anos: *vaginites não específicas*. Mudamos novamente de registro e é, sem dúvida, o problema da vida conjugal que passa para o primeiro plano.

Aos quarenta anos: *tentativa de suicídio*. Vemos aparecer as formações de poder médico, policial, religioso... Não fiz nada além de lembrar brevemente quais poderiam ser as direções principais da análise: o continente desconhecido das formações de poder, ou seja, um inconsciente *diretamente* no *socius* e não enterrado nas pregas do cérebro ou em complexos estereotipados. O analista não pode permanecer neutro em relação a essas formações de poder. Não pode se contentar em mimetizar a atitude do especialista em busca das substâncias alergênicas de um eczema, por exemplo. É toda a política de interpretação baseada em códigos pré-fabricados que devemos questionar aqui. A análise dos componentes específicos, quando estamos na presença de um problema micropolítico essencial (que, por definição, é transversal a vários domínios heterogêneos), não é uma pura questão de forma; ela implica, acima de tudo, a prática do que eu colocaria no registro de uma micropolítica que envolve tanto o objeto estudado ou tratado quanto o desejo daqueles que realizam essa análise.

O caráter redutor do formalismo estruturalista se deve à relação que ele estabelece entre as chamadas estruturas ditas profundas e as estruturas manifestas. Isso diz respeito, em particular, à questão da dupla articulação linguística, que envolve, por um lado, um sistema de signos que não têm sentido enquanto tais (fonemas, grafemas, símbolos) e, por outro, cadeias de discursos que carregam significação (monemas etc.). É como se o nível formal tomasse o controle das significações, engendrasse e produzisse, não sabemos como, as significações. Mas estas não caem do céu, não surgem espontaneamente de uma sintaxe ou semântica generativa! Elas são inseparáveis das formações de poder que as geram no interior de relações de força flutuantes. Não há nada aqui de universal ou automático.

DIVERSOS SISTEMAS DE CODIFICAÇÃO

Na tentativa de esclarecer o *status* dos diversos sistemas de codificação, procedendo ou não por signos, no sentido em que os semióticos e os linguistas definiram os signos, eu gostaria de propor uma série de distinções que não têm outra finalidade a não ser identificar o funcionamento prático do que eu chamaria de *máquinas de signos*. (Notemos, contudo, que na realidade continuamos lidando com o entrelaçamento de vários desses sistemas, estamos sempre na presença de *semióticas mistas*.)

Antes de mais nada, devemos ter cuidado para não confundir codificações naturais com codificações semióticas. Para um certo número de linguistas, como Roman Jakobson, o código genético pode ser comparado ao código linguístico. Ambos os sistemas utilizam uma gama restrita de elementos discretos que entram em composição para formar mensagens complexas – por exemplo, os quatro radicais químicos de base do código genético que servem para fabricar proteínas. A comparação pode ir bastante longe, já que podemos dizer que certas combinações cumprem o papel de "pontuações" nas sequências orgânicas. (Jakobson observou outras características comuns a esses sistemas, como a linearidade do modo de codificação.) Mas os biólogos parecem bastante reservados quanto ao alcance a ser dado a esse tipo de paralelismo. François Jacob, em particular, considera que seria melhor enfatizar as diferenças do que as semelhanças. Na codificação genética, não há locutor e ouvinte, não há sujeito para interpretar as mensagens, que, portanto, conservam uma certa rigidez que não encontramos no discurso, cujas sequências são abertas aos eixos de substituição e transposição (eixo sintagmático, eixo paradigmático). As transformações genéticas, diferentemente das transformações linguísticas, envolvem quebras, mutações e todo um processo de seleção que constitui um imenso desvio.

Essa primeira distinção deveria permitir evitar as assimilações algo mágicas entre linguagem e "natureza", e que se escoram sobre um fantasma arcaico que consiste em imaginar ser possível "tomar o poder" sobre as coisas e a sociedade simplesmente dominando os signos que elas põem em movimento. (Aqui encontramos a velha loucura das bruxas e dos cabalistas, com suas estatuetas e *golens*). É claro que existe um domínio no qual os signos têm uma eficácia direta sobre as coisas – o das verdadeiras ciências experimentais, que colocam em jogo toda uma tecnologia material e todo um tratamento complexo das máquinas de signos. Aliás, é o que nos levará a distinguir os sistemas significantes das semióticas assignificantes.

MATÉRIAS E SUBSTÂNCIAS DE EXPRESSÃO

Mas antes gostaria que nos detivéssemos na distinção proposta por Hjelmslev entre matéria de expressão e substância de expressão. Quando uma criança pequena balbucia, ela maneja uma *matéria de expressão* fônica e, então, à medida que se integra aos formalismos dominantes, ela transformará essa matéria no que chamamos de *substância de expressão* fonológica, ou seja, uma substância semiológica particular. Isso não significa, no entanto, que "a matéria não semiologicamente formada seja informal". Hjelmslev esclarece que ela pode ser formada cientificamente. Devemos, portanto, distinguir as matérias cientificamente formadas etc. das substâncias semiologicamente formadas. Essa distinção não é inútil dado o uso que pode ser feito dela na prática. Tomemos, por exemplo, a seguinte sequência: "Estou desempregado, vou a uma agência de empregos e me dizem que sou velho demais". Exprimir essa sequência oralmente, ou por escrito, ou em filme, ou em vídeo para uma reportagem, muda completamente a dimensão da mensagem simplesmente porque passamos de uma substância de expressão para outra.

É a conjunção de matérias de expressão diferentes que modifica o alcance pragmático da mensagem. Um eczema é formado científica ou semiologicamente? Uma vaginite reativa não específica implica como componente dominante, nessa ou naquela fase de seu desenvolvimento, semióticas significantes do campo social ou a intervenção de uma codificação assemiótica dependente de vírus, bactérias etc.? O que depende de situações sociais, relações de força, linguagem, dinheiro, relações de parentesco? Afirmar que o significante está em toda parte (e que, por consequência, a interpretação e a transferência são eficazes em toda parte) é ignorar o fato de que cada um desses componentes de codificação (semióticos ou não) pode "tomar o poder" sobre as situações e objetos com os quais somos confrontados. Me parece, ao contrário, que não devemos dar prioridade a um modo de acesso em detrimento de outro, não deve haver prioridade dogmática. A prioridade deve ser reavaliada pela análise da situação.

SEMIOLOGIAS SIMBÓLICAS

Portanto, já temos uma primeira distinção entre as máquinas de signos que funcionam constituindo uma substância semiológica autônoma – uma linguagem – e aquelas que funcionam diretamente como codificação "natural", independentemente da linguagem. Talvez devêssemos falar de sinais, em vez de signos. (A diferença entre um sinal, por exemplo, um sinal hormonal, e um signo linguístico reside no fato de que o primeiro não produz significação, não engendra o sistema de redundância estável que permitiria a um sujeito tomá-lo como idêntico a uma representação.)

Passemos agora a uma segunda distinção. O sistema significante é separado das representações significantes e dos objetos a que se refere; a relação significante-significado, dizem os linguistas, é imotivada, arbitrária. Mas existem tipos de signos que mantêm uma relação de analogia ou correspondência entre eles e as representações que significam: são os chamados signos icônicos. Por exemplo, a sinalização rodoviária, que não envolve o uso de uma máquina linguística. Linguistas e semióticos acabaram gradualmente por considerar que os ícones, ou os diagramas, ou qualquer meio de expressão pré-verbal, gestual, corporal etc. dependem da linguagem significante e são apenas meios de comunicação imperfeitos. Esse é, em minha opinião, um preconceito intelectualista, que apresenta imensos inconvenientes quando se trata de crianças, loucos, primitivos ou qualquer pessoa que se expresse em um registro semiótico que eu classificaria sob a rubrica das semióticas simbólicas.

As semiologias simbólicas são, por exemplo, a dança, a mímica, uma somatização, uma crise de nervos, um ataque de choro... todo meio de expressão que se manifesta de forma imediata, imediatamente compreensível. Uma criança que chora, seja qual for sua nacionalidade, deixa claro que sente dor. Não é necessário um dicionário. Tentaram colocar essas semióticas simbólicas na dependência das semiologias linguísticas sob o pretexto de que elas só podem ser decifradas, compreendidas e traduzidas pelo uso da linguagem. Mas o que isso prova? Não é porque você pega um avião da América para a Europa que você dirá que esses dois continentes dependem da aviação. Todos os tipos de povos existiram – e alguns ainda sobrevivem – fora das semióticas significantes, especialmente da escrita. Seu sistema de expressões (em que a fala entra em interação direta com outras formas de expressão: ritual, gestual, musical etc.) não é empobrecido por isso! Pode-se até mesmo pensar que certos grupos étnicos resistiram muito tempo à implantação das línguas escritas – da mesma forma que resistiram à intrusão de certas tecnologias – porque sentiam que esses sistemas significantes iam destruir seu modo de vida, seu modo tradicional de desejar. As crianças, os doentes mentais, muitas vezes manifestam o que mais importa para eles sem recorrer a semiologias significantes. O especialista, o tecnocrata da coisa mental, o representante do poder médico ou escolar se recusa a ouvir tais modos de expressão. Por exemplo, a psicanálise elaborou todo um sistema de interpretação que lhe permite relacionar tudo e qualquer coisa à mesma gama de representações universais: uma árvore é um falo, é a ordem simbólica etc. É impondo tais sistemas de tradutibilidade que os especialistas assumem o controle das semiologias simbólicas com as quais as crianças, os loucos etc. tentam salvaguardar da melhor forma possível sua economia de desejo. A semiologia significante dos poderes dominantes não os deixa em paz nunca; ela lhes assedia permanentemente: "Na realidade, é isso que você queria dizer, você não acredita em mim, talvez eu esteja me expressando mal, então eu vou corrigir minha interpretação, e isso até que eu faça você aceitar o próprio princípio da tradutibilidade geral de todas as suas expressões simbólicas". Para o psicanalista, tornou-se uma questão de poder da maior importância conseguir que todas as expressões de desejo estejam sob o guarda-chuva da *mesma* linguagem interpretativa; é o meio que ele tem de trazer todos os indivíduos desviados para as leis do poder dominante. Essa é a especialidade do psicanalista!

AS FORMAÇÕES DE PODER IMPÕEM SIGNIFICAÇÕES

Chegamos, agora, diante da questão da relação significação-poder. Todas as estratificações de poder produzem e impõem significações. Em situações excepcionais, conseguimos escapar deste mundo de significações dominantes: por exemplo, alguém que acorda de um choque elétrico pergunta onde está e, em seguida, aos solavancos, transpõe um limiar de significações. Ele se recorda de seu nome e, progressivamente, restabelece as diferentes coordenadas normais, ou melhor, normalizadas do mundo.

O uso de álcool ou drogas é uma tentativa de atravessar às avessas esse limiar de significações dominantes. Mas o que é isso? Que encruzilhada é essa entre os sistemas de redundância, codificação e signos de toda natureza? O que é que reendossamos pela manhã quando nos levantamos: identidade, sexo, profissão, nacionalidade etc.? Esse limiar resulta do recentramento dos diferentes componentes de expressões simbólicas – o mundo dos gestos, dos ruídos,

dos corpos – em suma, por tudo aquilo que na economia do desejo ameaça trabalhar por conta própria. "Vamos, controle--se, você está aqui, você está em tal relacionamento conjugal, tal situação de trabalho, você é responsável por suas ações e, além disso, você tem todo tipo de poder, a começar pelo poder de encher o saco daqueles ao seu redor e o seu próprio..." A significação é sempre o encontro entre a formalização por um determinado campo social de sistemas de valores, de sistemas de tradutibilidade, de regras de conduta e uma máquina de expressões que por si só não tem sentido, que é, diremos, assignificante, que automatiza as condutas, as interpretações, as respostas desejadas pelo sistema.

O sistema de dupla articulação, introduzido por Martinet, mascara a disparidade fundamental da formalização que ocorre no nível do conteúdo e da expressão. Nesse último nível (que Martinet diz ser a segunda articulação), os fonemas, os sistemas de oposições distintivas ou as figuras assignificantes de Hjelmslev; uma máquina extremamente eficiente, uma máquina que chamei alhures de diagramática, articula as operações criativas da linguagem, a qual além disso ela aprisiona em uma sintaxe particular. No nível conhecido como a primeira articulação, o dos monemas, das frases, do texto, das interpretações semânticas e pragmáticas, opera-se a conjunção de todas as formações de poder, seu recentramento, sua hierarquização, que organiza um certo tipo de equivalência, um certo tipo de significação. A máquina linguística está lá para sistematizar, "estruturalizar" essas formações de poder; ela é fundamentalmente um instrumento a serviço da lei, da moral, do capital, da religião etc. No começo, as palavras e as frases adquirem sentido apenas por meio de uma sintaxe particular, uma retórica territorializada sobre cada uma dessas formações de poder local. A hegemonia de uma língua geral, que sobrepõe todas essas línguas, todos esses dialetos, serve de base para instaurar formações de poder econômicos e sociais. É na medida em que a intersecção dos dois modos de formalização – o da máquina linguística como máquina assignificante e o das formações de poder como produtores de conteúdo significado – se realiza centralmente a partir de uma linguagem significante que obtemos um mundo "com sentido", ou seja, um campo de significação homogêneo às coordenadas dominantes.

Os estruturalistas, especialmente os estruturalistas norte-americanos, deixam na escuridão a origem social da formação das significações. Eles dizem gerá-las a partir de estruturas semióticas profundas. Com eles, nunca sabemos de onde vem o sentido: ele chega não se sabe de onde! Ora, repito, o sentido nunca vem da linguagem como tal, de estruturas simbólicas profundas ou de uma matemática do inconsciente; o sentido é modulado por formações de poder sociais bem reais, bem identificáveis, desde que se queira identificá-las. Se, após me ausentar por alguns instantes, eu voltar a esta sala usando um vestido, isso não teria um sentido em si mesmo, a não ser que eu queira me classificar como travesti. Isso não será um problema se aqui todos formos travestis; mas, se estivermos em um seminário de padres, isso ganhará um sentido bem diferente. Em um hospital psiquiátrico, as coisas seriam interpretadas ainda de outra maneira: "Olha, ele não está bem hoje, veja, está usando um vestido". O sentido do meu ato muda se eu for considerado um padre, um juiz, um louco ou uma travesti. A assunção de sentido é sempre inseparável de uma tomada de poder. Trazer seus excrementos numa bandeja a alguém pode provocar um sentimento de abominável *nonsense* em pessoas normais. Mas, para um terapeuta, pode ser um bom sinal, indicativo de uma dádiva, uma mensagem importante, que infelizmente o psicanalista tenderá a reduzir ao seu próprio sistema de interpretações: ele quer expressar sua transferência a mim, eu sou a mãe dele, ele está regredindo etc.

Nas sociedades industriais modernas (capitalistas ou socialistas burocráticas), todas as semiologias simbólicas estão centradas na formação da força coletiva de trabalho. Essa formação começa desde a infância, lutamos desde muito cedo contra a lógica particular da criança, contra seus modos particulares de semiotização. Quando uma criança diz: "Mamãe, eu quero te matar", quando é óbvio que ela adora a mãe, não podemos aceitar esse modo de funcionamento de sua economia desejante e exigimos que ela se explique, preste contas, justifique sua ambivalência. Entretanto, nesse nível das semióticas simbólicas do inconsciente, não há contradição, não há nada para traduzir ou interpretar. Toda vez que a propósito de um desejo surge a pergunta: "o que isso significa?", não há engano: uma formação de poder está intervindo e exigindo uma prestação de contas. A criança é constantemente jogada em sistemas contraditórios de poder, a começar por sua própria potência de expressão, sua própria riqueza, sua própria emotividade, seu desejo de correr, desenhar, que são contrariados por seu desejo de se tornar adulto. Somam-se a tudo isso as restrições que pesam sobre o poder familiar, e que repercutem indiretamente sobre ela. É através de toda uma rede de poderes antagônicos que a criança deve se virar para desenvolver seus próprios componentes semióticos de desejo, discipliná-los, dobrá-los diante do centramento das semióticas significantes do poder dominante, em suma, castrá-los. Às vezes, o sistema inteiro quebra e há debandada, angústia, neurose, recurso ao "especialista" etc.

A significação é sempre a conjunção de um certo tipo de máquina assignificante e da estratificação de poderes que secretam regulamentos, leis, redundâncias, condicionamentos. A significação não é senão essa conjunção, esse ir e vir entre esses vários sistemas de formalização. O que liga as matérias de expressão assignificante à substância do conteúdo significado é a existência de uma máquina de formalização comum. E essa é a máquina significante. Mas não é porque essa formalização comum do conteúdo e da expressão os une numa substância semiológica comum que devemos considerá-los da mesma natureza, da mesma origem. A arbitrariedade da operação de conjunção significante, que os linguistas descrevem entre o que eles chamam de significante e significado, é na realidade uma arbitrariedade política e social: "Aceitem os sistemas de codificação dominantes, tudo está previsto para isso, caso contrário, vocês cairão em sistemas repressivos".

SEMIÓTICAS DIAGRAMÁTICAS

A terceira distinção que comecei a introduzir é a que separa as semióticas significantes das semióticas assignificantes. Depois de Charles Sanders Peirce, os semióticos acharam por bem colocar sob a mesma rubrica o sistema de imagens (ícones) e o dos diagramas, considerando que um diagrama é uma imagem simplificada das coisas. Mas a imagem pode representar mais ou menos que um diagrama, a imagem reproduz numerosos aspectos que um diagrama não retém em sua representação, enquanto o diagrama recolhe, com muito mais exatidão e eficácia do que a imagem, as articulações funcionais de um sistema. Penso, portanto, que devemos separar os dois domínios, pôr a imagem do lado das semióticas simbólicas e fazer do diagramatismo uma categoria semiótica particular, a das semióticas assignificantes, categoria muito importante pois é ela que veremos atuando no domínio das ciências, da música, da economia etc. As semióticas assignificantes, ou diagramáticas, não produzem redundâncias significativas, mas sim redundâncias maquínicas (alguns linguistas evocaram esse campo ao falar de significações relacionais). Charles Sanders Peirce propõe como exemplo de diagramas as representações gráficas, as curvas de temperatura, ou, num nível mais complexo, os sistemas de equações algébricas. Os signos funcionam no lugar dos objetos aos quais são referidos, e isso independentemente dos efeitos de significação que possam existir lateralmente. É como se máquinas de signos diagramáticos tivessem como ideal perder toda a inércia própria, como se renunciassem a toda polissemia que possa existir nos sistemas simbólicos ou nos sistemas significantes: o signo é polido, não há mais trocentas interpretações possíveis, mas uma denotação e uma sintaxe extremamente precisas e rigorosas. Por exemplo, na física, ainda é possível fazer por si mesmo uma representação dos átomos ou das partículas, mas essa representação não pode ser levada em conta na semiotização científica. Outro exemplo: a música, que pode ser comentada ou imaginada, mas da qual não é possível extrair um significado traduzível, identificável por todos. A música, como tal, também coloca em jogo uma máquina assignificante: é na medida em que nos permite escapar das significações dominantes que ela tem um efeito diagramático sobre a inserção do sujeito nas coordenadas espaço-temporais do mundo dos sons.

As semióticas assignificantes podem colocar em jogo sistemas de signos que têm um efeito simbólico ou significante; mas, em seu funcionamento próprio, elas não têm nada a ver com esse simbolismo ou essa significação. Ao contrário, as semióticas simbólicas, como as semióticas significantes, extraem sua eficácia do fato de que elas dependem de uma certa máquina assignificante. Conviria mostrar que, em todos os domínios, as máquinas de signos assignificantes tendem a escapar das territorialidades do corpo, do espaço, do poder social e do conjunto das significações que elas secretam. Isso porque elas são mais desterritorializadas do que as outras. Por exemplo, uma criança acorda reclamando de dor; a mãe começa concluindo disso que a criança não quer ir à escola. Em seguida, mudando de registro, ela decide chamar um médico. Somente ele tem o poder de dizer "seu filho não deve ir à escola". Passamos de uma semiologia simbólica situada no nível do corpo para uma semiologia significante na escala do poder familiar e, em seguida, para algo mais onde uma máquina de poder intervém com sua formidável eficiência social e técnica. Em cada uma dessas passagens, trocamos uma territorialidade por outra, oferecendo um maior poder às máquinas de signos assignificantes. Uma máquina diagramática, a suposta ciência do médico, conjura a máquina diagramática do poder escolar, que por sua vez indefere em parte o poder familiar.

A própria textura do mundo capitalista é formada por esses fluxos desterritorializados que são os signos monetários, os signos econômicos, os signos de prestígio etc. As significações, os valores sociais (aqueles que podem ser interpretados) se manifestam no nível das formações de poder, mas, no essencial, o capitalismo se baseia em máquinas assignificantes. (Por exemplo, as tabelas assignificantes da Bolsa de Valores.) O poder capitalista, no nível econômico, não faz

195

discursos, apenas procura dominar as máquinas semióticas assignificantes, manipular as engrenagens assignificantes do sistema. O capitalismo atribui um papel a cada um de nós: médico, criança, professor, homem, mulher, homossexual. Cada um tem de se adaptar ao sistema de significações que lhe foi destinado. Mas no nível dos poderes reais nunca é esse tipo de papel que está em questão; o poder não está necessariamente localizado no nível do diretor ou do ministro, mas opera nas relações financeiras, nas relações de força, entre grupos de pressão... As máquinas assignificantes não conhecem nem os sujeitos, nem as pessoas, nem os papéis, nem mesmo os objetos delimitados. É precisamente isso que lhes confere uma espécie de onipotência, elas passam pelos sistemas de significações dentro dos quais os sujeitos individuados se reconhecem e se alienam. Com o capitalismo, nunca se sabe onde ele começa e onde termina.

AS QUESTÕES DIAGRAMÁTICAS DO ESQUIZOFRÊNICO

A todo momento somos cercados pelas formações de poder. Não podemos gesticular demais nas nossas sociedades, temos de ficar quietos no nosso lugar, assinar no lugar certo, reconhecer os sinais que são endereçados a nós, ouvir a senha correta e, se cometemos um erro, acabamos na prisão ou no hospital. Em vez de considerar o esquizofrênico um ser paralisado em seu próprio corpo que deve ser tutelado, poderíamos tentar identificar (e não interpretar) como ele funciona no campo social no qual ele se debate e quais questões, transversais, diagramáticas, ele dirige a nós. Não se trata de imitar os esquizofrênicos, de interpretar o papel do catatônico, mas esclarecer em que um louco, uma criança, um homossexual, uma prostituta etc. movem os componentes de desejo no campo social em que nós, "normais", temos o cuidado de não tocar. Sobre o corpo do louco, da criança, de todos e de cada um, ocorrem dramas de ordem simbólica (pré-significante) ou de ordem pós-significante, em que isso nos diz respeito? Nossa função é adaptar o sujeito ao mundo, curar o desvio? O que significa tratar um esquizofrênico? Talvez estejamos menos aqui para tratá-lo do que ele para nos desafiar. Quando digo nós, não somos apenas nós individualmente (e, no entanto, quando você conversa com um esquizofrênico depois de uma cena doméstica, espairece, não vê mais as coisas da mesma maneira, é um excelente tratamento), mas é também um nós em todo o campo social. O esquizofrênico se debate em um mundo onde as relações de signos, onde a produção de significações transborda largamente nossas loucuras e neuroses individuais.

MARY BARNES *OU* O ÉDIPO ANTIPSIQUIÁTRICO

Em 1965, uma comunidade de cerca de vinte pessoas constituiu-se em torno de Ronald Laing.[1] Ela se instalou no subúrbio de Londres, em Kingsley Hall, um prédio velho que por muito tempo foi um dos principais núcleos avançados do movimento operário inglês. Durante cinco anos, os cabeças da antipsiquiatria e os doentes que "faziam carreira" na esquizofrenia exploraram coletivamente o mundo da loucura. Não a loucura de asilo, mas a loucura que cada um traz em si, uma loucura que se propõe liberar para eliminar as inibições, ou os sintomas de toda espécie. Em Kingsley Hall, a comunidade esquecia – ou fazia força para esquecer – a divisão de papéis entre doente, psiquiatra, enfermeiro etc. Ninguém tinha o direito de dar ou receber diretivas, prescrever receitas... Kingsley Hall tornou-se uma parcela de território liberado da normalidade dominante, uma base do movimento da contracultura.[2]

Os antipsiquiatras queriam ir além das experiências da psiquiatria comunitária; segundo eles, estas ainda não passavam de experiências reformistas, não questionavam verdadeiramente as instituições repressivas e o quadro tradicional da psiquiatria. Maxwell Jones e David Cooper,[3] dois dos principais incentivadores dessas tentativas, participaram ativamente da vida de Kingsley Hall. A antipsiquiatria pôde, assim, dispor de sua própria área de inscrição, uma espécie de corpo sem órgão em que cada canto da casa – o porão, a varanda, a cozinha, a escada, a capela... –, cada sequência da vida coletiva funcio-

---

1 Texto publicado originalmente na revista *Le Nouvel Observateur*, 28 mai. 1973. [N. E.]

2 Cf. Joseph Berke, *Counter-Culture: The Creation of an Alternative Society*. London: Peter Owen/Fire Book, 1970.

3 David Cooper, *Psychiatry and Anti-Psychiatry*. London: Routledge, 1967.

nou como engrenagem de uma grande máquina, levando cada um além do seu ego imediato, além dos seus probleminhas, colocando-se a serviço de todos ou oscilando em si mesmo num processo de regressão por vezes vertiginoso.

Território liberado, Kingsley Hall é sitiada por todos os lados; o velho mundo goteja por todas as suas fissuras: os vizinhos protestam contra a vida noturna da comunidade; as crianças do bairro atiram pedras nas vidraças do prédio; os policiais, ao menor pretexto, aproveitam para mandar para o hospital psiquiátrico – o de verdade – os pensionistas mais agitados.[4]

Mas a pior ameaça contra Kingsley Hall virá, na verdade, do seu interior: a comunidade se libertou dos constrangimentos mais óbvios, mas secretamente continuou a interiorizar a repressão e, além disso, sob o jugo das reduções mais simplistas, permaneceu no famoso triângulo – pai, mãe, criança – que serve para encerrar no molde da psicanálise edipiana todas as situações que ultrapassam o quadro dos comportamentos ditos normais.

Deve-se ou não manter um mínimo de disciplina em Kingsley Hall? Lutas internas pelo poder tornam a atmosfera irrespirável. Aaron Esterson, líder da linha "dura" – que passeia com um livro de Stalin debaixo do braço, enquanto Laing carrega outro de Lênin –, é eliminado finalmente e, apesar disso, o empreendimento continuará tendo dificuldades para encontrar um regime de autorregulagem; depois a imprensa, a televisão, os meios "da moda" se intrometem: Kingsley Hall torna-se objeto de uma publicidade espalhafatosa. Uma das pensionistas, Mary Barnes, torna-se uma espécie de vedete da loucura, o que a faz alvo de ciúmes implacáveis.

A partir de sua experiência em Kingsley Hall, Mary Barnes e seu psiquiatra, Joseph Berke, escreveram um livro. Uma confissão de uma ingenuidade desconcertante. Ao mesmo

---

4 Nada comparável, no entanto, com a repressão italiana, que liquidou iniciativas bem menos "provocadoras", e, sobretudo, com a repressão alemã, verdadeiramente feroz, que atacou com uma violência inimaginável os membros do SPK [Coletivo Socialista de Pacientes], em Heidelberg.

tempo, uma aventura exemplar de liberação do "desejo louco" e um dogmatismo neobehaviorista,[5] sacadas geniais e um familiarismo impenitente que se alia ao puritanismo mais tradicional. Mary Barnes – a louca – esclarece em alguns capítulos confessionais aquilo que nenhum "antipsiquiatra" havia mostrado: a face oculta da antipsiquiatria anglo-saxã.

Mary Barnes é uma ex-enfermeira que foi tachada de esquizofrênica. Da mesma forma que poderia ter sido classificada entre as histéricas. Ela leva ao pé da letra as recomendações de Laing a respeito da "viagem". Ela faz sua "regressão à infância" à maneira de um *kamikaze*; seus anos de "descida" a conduzem várias vezes à beira da morte por inanição. Todo mundo se apavora: deve-se ou não mandá-la para o hospital? Isso desencadeia "uma crise gigantesca" na comunidade. Mas é preciso dizer que, em seus períodos de "subida", os problemas do grupo nem por isso se resolvem; ela só admite se relacionar com as poucas pessoas nas quais investe maciçamente seu familiarismo e seu misticismo, isto é, antes de mais nada, Ronnie [Laing], que venera como um deus, e Joe [Berke], que é tudo ao mesmo tempo: seu pai, sua mãe e seu amante espiritual.

Assim, ela constituiu para si uma pequena terra edipiana que entrará em ressonância com todas as tendências paranoicas da instituição. Seu gozo se concentra na consciência dolorosa – que a atormenta sem tréguas – do mal que ela desencadeia em torno de si. Ela se opõe ao projeto de Laing e, no entanto, esse projeto é o que existe de mais precioso para ela! Quanto mais se sente culpada, mais ela se castiga, mais se agrava o seu estado, desencadeando reações de pânico à sua volta. Ela reconstituiu o círculo infernal do familiarismo, mas envolvendo pelo menos vinte pessoas – o que só agrava os estragos!

---

5 Behaviorismo: teoria do começo do século XIX que reduzia a psicologia ao estudo do comportamento definido como interação entre os estímulos exteriores (*stimuli*) e as respostas do sujeito. O neobehaviorismo tende a reduzir todos os problemas humanos a questões de comunicação e informação, deixando de lado os problemas sociopolíticos do poder em todos os níveis.

Ela se faz de bebê. Deve ser alimentada na mamadeira. Passeia nua, coberta de merda, mija em todas as camas, quebra tudo ou se deixa morrer de fome. Tiraniza Joe Berke, impede-o de sair, persegue sua mulher – a tal ponto que, um dia, não aguentando mais, ele a esmurra. Implacavelmente, há a tentação de voltar aos bons e velhos métodos dos hospitais psiquiátricos! Joe Berke se pergunta: como é que "um grupo de pessoas empenhadas em desmistificar as relações sociais das famílias perturbadas acaba se comportando como uma delas?".

Felizmente Mary Barnes é apenas um caso-limite. Nem todos se comportam assim em Kingsley Hall! Mas não é ela quem coloca os verdadeiros problemas? Temos mesmo certeza de que a compreensão, o amor e todas as outras virtudes cristãs, conjugadas a uma técnica de regressão mística, bastam para exorcizar os demônios da loucura edipiana?

Laing é, seguramente, um dos que mais se empenharam na demolição da psiquiatria. Ele transpôs os muros dos hospícios, mas tem-se a impressão de que ele permaneceu prisioneiro de outros muros que tem dentro de si; ele ainda não conseguiu se desvencilhar da pior das sujeições, do mais perigoso dos *double bind*:[6] o do "psicanalismo" – segundo a feliz expressão de Robert Castel[7] com seu delírio de interpretação significante, suas representações de fundo falso e seus irrisórios abismos.

Laing acreditou que podia desmantelar a alienação neurótica, centrando a análise na família, nos "nós" internos. Para ele, tudo parte da família. No entanto, gostaria que conseguíssemos nos libertar dela. Gostaria que nos fundíssemos no cosmo e explodíssemos a cotidianidade da existência. Mas seu modo de explicação não consegue livrar o sujeito desse domínio familiarista que ele queria apenas como ponto de partida e que, no entanto, ele recupera a cada esquina. Ele tenta resolver as dificuldades refugiando-se

---

6 Duplo vínculo contraditório que se situa no plano das comunicações entre o sujeito e sua família e que o desestabiliza completamente.

7 Robert Castel, *Le "Psychanalysme"*. Paris: Maspero, 1973.

numa meditação de estilo oriental, que não poderia impedir por muito tempo a intrusão de uma subjetividade capitalista que dispõe de meios bastante sutis. Não é possível reconhecer a importância do Édipo: enquanto não se atacar frontalmente essa mola essencial da repressão capitalista, nada de decisivo mudará na economia do desejo e, portanto, no estatuto da loucura.

Nesse livro, trata-se a todo instante de fluxo de merda, mijo, leite ou pintura. Mas é significativo que quase nunca se trata de fluxo de dinheiro. Não sabemos muito bem como a comunidade funciona desse ponto de vista. Quem controla o dinheiro, quem decide as compras, quem é pago? A comunidade parece viver de brisa: Peter, o irmão de Mary, sem dúvida muito mais envolvido que ela num processo esquizofrênico, não suporta o estilo boêmio de Kingsley Hall. Tem muito barulho, muita bagunça, e o que ele quer mesmo é se manter no emprego.

Mas sua irmã o atormenta; ele é obrigado a se instalar com ela em Kingsley Hall. Proselitismo implacável da regressão: você vai ver, você vai fazer a sua "viagem", vai poder pintar, vai até o fundo da sua loucura... Mas a loucura de Peter é muito mais inquietante. Ele não se interessa por esse tipo de aventura! Talvez se possa perceber aqui a diferença entre uma verdadeira viagem de esquizofrênico e uma regressão familiarista de estilo pequeno-burguês. O esquizofrênico não é muito versado em "calor humano". Seu estilo é outro, mais para o lado dos fluxos desterritorializados: fluxos de signos cósmicos "milagrosos", mas também fluxos de signos monetários. O esquizofrênico não desconhece a realidade do dinheiro – mesmo que o use de maneira incomum –, assim como não desconhece nenhuma outra realidade. O esquizofrênico não se faz de criança. O dinheiro é, para ele, um meio de referência como qualquer outro, e ele precisa dispor do maior número possível de sistemas de referência para poder se manter distante. A troca é, para ele, um meio de evitar as misturas. Em suma, Peter gostaria que não o amolassem com essas histórias invasivas de comunidade, que ameaçam sua relação singular com o desejo.

A neurose familiarista de Mary é completamente diferente: ela está continuamente reconstituindo pequenas territorialidades familiares; é uma espécie de vampirismo do "calor humano". Mary se agarra à imagem do outro; por exemplo, ela pediu a Anna Freud que a analisasse – mas, na sua cabeça, isso significava que ela se instalaria na casa de Anna com seu irmão e que eles passariam a ser seus filhos. É essa operação que ela tentou repetir com Ronnie e Joe.

O familiarismo consiste em negar magicamente a realidade social, evitar todas as conexões com os fluxos reais. Somente são possíveis o sonho e o isolamento infernal do sistema conjugal-familiar, ou então, nos grandes momentos de crise, um pequeno território fedendo a urina para se retrair, solitário. Foi assim que Mary Barnes funcionou em Kingsley Hall, como missionária da terapêutica de Laing, como militante da loucura, como profissional.

Graças a essa confissão, aprendemos mais da antipsiquiatria do que com a leitura de uma dúzia de obras teóricas sobre o assunto. Podemos, finalmente, entrever as sequelas do "psicanalismo" nos métodos de Laing e de seus amigos.

Do Freud dos *Estudos sobre a histeria* às análises estruturalistas da última moda, todo método psicanalítico consiste em reduzir qualquer situação por três crivos:

— *a interpretação:* uma coisa deverá sempre significar outra coisa diferente dela própria. A verdade não pode mais ser apreendida na atualidade das intensidades e das relações de forças, mas somente por meio de um jogo de chaves significantes;

— *o familiarismo:* essas chaves significantes são essencialmente redutíveis a representações familiares. Para atingi-las, procede-se por regressão, induzindo o sujeito a "recuperar" sua infância. De fato, uma certa representação "impotencializada" da infância, uma infância da memória, uma infância mítica, uma infância como refúgio, como negativo das intensidades atuais e que fica sem nenhuma possibilidade de relação com aquilo que foi positivamente a infância;

203

— *a transferência:* no prolongamento da redução interpretativa e da regressão familiarista, o desejo é reinstalado num espaço debilitado, uma miserável terrinha identificatória (o divã do analista, seu olhar, sua suposta escuta). Sendo regra do jogo que tudo o que se apresenta seja reduzido em termos de interpretação e imagens de papai-mamãe, nada mais resta senão proceder à derradeira redução da bateria significante, que passará a funcionar com um só termo: o silêncio do analista, contra o qual virão se chocar todas as questões. A transferência psicanalítica, espécie de desnatadeira da realidade do desejo, faz o sujeito cair numa vertigem de abolição, numa paixão narcísica que, embora seja menos perigosa que a roleta-russa, ainda assim o conduz – se tudo correr bem – a uma irreversível fixação em sutilezas derrisórias que acabarão por expropriá-lo de qualquer outro investimento social.

Todo mundo está cansado de saber que esses três crivos funcionam muito mal com os loucos: suas interpretações, suas imagens são muito distantes das coordenadas sociais dominantes. Em vez de renunciar a esse método, Kingsley Hall optou por tentar aprimorar os crivos para reforçar seus efeitos. Assim, a interpretação silenciosa da análise dual é substituída por uma interpretação coletiva – e barulhenta –, uma espécie de delírio de interpretação comum. É verdade que o método tem uma nova eficácia: ele não se contenta mais com o jogo de espelhos entre as palavras do paciente e o silêncio do analista; há também as coisas, os gestos, as relações de força. Joe Berke, caindo na esparrela da regressão de Mary Barnes, grunhe, finge-se de crocodilo, morde, belisca, faz Mary rolar na cama... coisas ainda um tanto raras entre os psiquiatras comuns.

Eles estão quase lá! Estão prestes a desembocar em outra prática, em outra semiótica. Vão romper as amarras dos princípios sagrados de significância e interpretação. Mas não. Toda vez o psicanalista se recompõe, reinstitui suas coordenadas familiaristas. E cai em seu próprio jogo: quando Joe Berke precisa sair de Kingsley Hall, Mary faz de tudo para impedi-lo. Agora não é só a análise que é interminável, a sessão também! Somente se zangando é que Berke consegue se libertar de sua "paciente" por algumas horas e participar de uma reunião sobre a guerra do Vietnã.

A contaminação interpretativa tornou-se sem limites. Paradoxalmente, Mary é a primeira a romper esse círculo: por meio da pintura. Em alguns meses, ela se tornou uma pintora famosa[8] e, no entanto, nem nisso a interpretação perdeu seus direitos: se Mary sente-se culpada quando tem aulas de desenho, é porque o *hobby* de sua mãe era a pintura e ela se sentiria contrariada se soubesse que a filha pinta melhor do que ela. Do lado do pai, a coisa não é melhor: "Agora, com todas essas pinturas, você possui o pênis e o poder do seu pai se sente muito ameaçado".

É com comovente empenho que Mary se esforça para engolir toda essa bagunça psicanalítica. Ela destoa da atmosfera comunitária de Kingsley Hall: não quer se relacionar com qualquer um. Ela rejeita os outros porque quer ter certeza de que a pessoa que se ocupa dela esteja bastante impregnada do pensamento de Ronnie: "Quando adquiri a noção de seio, de um seio protetor, o seio de Joe, um seio que eu poderia mamar sem ser despossuída de mim mesma, nada mais me reteve. [...] Quando Joe enfiava o dedo na minha boca, ele estava me dizendo: 'Olha, eu posso entrar em você, sem dominar, sem possuir e sem roubar você'".

Aqui, o próprio psicanalista acaba sendo excedido pela máquina interpretativa que ele contribuiu para pôr em marcha. Ele confessa: "Mary interpretava tudo o que fazíamos por ela (ou pelos outros) como elemento da psicoterapia. Se o carvão não era entregue a tempo, era psicoterapia, e assim por diante, até as conclusões mais absurdas". Isso não impediu

---

8 Suas exposições, na Inglaterra e no estrangeiro, lhe propiciaram certa notoriedade. Haveria, aliás, muito a dizer a respeito dessa espécie de reinserção, ao estilo "arte bruta", que consiste em lançar no mercado um artista louco... como uma vedete de *music hall* para a grande vantagem dos produtores desse gênero de espetáculo. O essencial da arte louca é estar além e aquém das noções de obra ou das funções de autor.

Joe Berke de continuar a se debater com suas próprias interpretações, cujo único objetivo era fazer com que sua relação com Mary entrasse no triângulo edipiano:

> A partir de 1966, pude desvendar que papel eu desempenhava para ela: 'mamãe' tomava a dianteira, quando ela era a bebezinha Mary; 'papai' e 'Peter, seu irmão', disputavam o segundo lugar. Eu me esforçava, quando Mary me assimilava a outra pessoa, para fazê-la perceber isso, a fim de ajudá-la a escapar da sua teia de aranha e preservar meu próprio sentido de realidade.

Mas ele não conseguiu vencer essa teia: Mary conseguiu que toda a casa caísse dentro dela.

Vejamos agora a técnica da regressão à infância e da transferência: desenvolvidas em um meio comunitário, elas acentuam seus efeitos de "desrealização". No face a face analítico tradicional, a relação dual, o caráter artificial e delimitado do roteiro da "sessão" constituem uma espécie de barreira protetora contra os transbordamentos imaginários. Em Kingsley Hall, Mary Barnes confronta-se com uma morte real ao fim de cada uma de suas "viagens" e a instituição inteira é tomada de uma tal tristeza e angústia – bastante reais – que Aaron Esterson volta aos velhos métodos da autoridade e da sugestão: Mary estava à beira da morte por inanição e ele a proíbe brutalmente de continuar o jejum.

Alguns anos antes, foi com a mesma brutalidade que um psicanalista católico a proibira de se masturbar, explicando-lhe, como ela conta, que era um pecado ainda mais grave do que dormir com um rapaz sem ser casada. E, de novo, funcionou. Na verdade, esse retorno à autoridade e à sugestão não é o correlato inevitável dessa técnica de regressão que atira para todos os lados? Brusca reviravolta à beira da morte, um papai-polícia sai das sombras. O imaginário, sobretudo o do psicanalista, não constitui de forma alguma uma defesa contra a repressão social; ao contrário, ele a convoca secretamente.

Um dos ensinamentos mais ricos desse livro talvez seja nos mostrar a que ponto é ilusório esperar encontrar um desejo bruto, puro e duro, partindo à procura de nós escondidos no inconsciente e chaves secretas de interpretação. Não há nada que possa resolver, pela mágica da transferência, os conflitos micropolíticos reais dos quais o sujeito é prisioneiro. Não há mistério, não há subterrâneos ou mundos invisíveis. Não há nada a descobrir no inconsciente. O inconsciente resta a ser construído. Se o Édipo de transferência não resolve o Édipo familiar, é porque ele permanece profundamente atrelado ao indivíduo familiarizado.

Sozinho no divã, ou em grupo, numa regressão institucional, o "neurótico-normal" (você e eu) ou o "neurótico do psiquiatra" (o "louco") continuam a solicitar e ressolicitar o Édipo. Os psicanalistas, cuja formação e prática, como um todo, fazem com que eles sejam dopados pela droga redutora da interpretação, não poderiam senão reforçar essa política de esmagamento do desejo: a transferência é uma técnica de desencaminhamento dos investimentos do desejo. Longe de moderar a corrida em direção à morte, ela parece acelerá-la, acumulando, como num cíclotron, as energias edipianas "individuadas" naquilo que Joe Berke denomina "a espiral viciosa punição-raiva-culpa-punição". E isso só pode conduzir ao complexo de castração, à renúncia e à sublimação: um ascetismo de quinta categoria. Os objetos da culpabilidade coletiva se revezam e acentuam os impulsos punitivos autodestrutivos, reforçando-os por meio de uma repressão real, feita de raiva, ciúme e medo.

A culpabilidade torna-se uma forma específica da libido – um Eros capitalista – quando entra em conjunção com os fluxos desterritorializados do capitalismo. Ela encontra então uma nova via, uma solução inédita, fora dos quadros familiares, hospitalares ou psicanalíticos. Eu não devia, o que fiz é errado e, quanto mais sinto que é errado, mais tenho desejo de fazê-lo, porque, dessa maneira, consigo existir nessa zona de intensidade da culpabilidade. Só que essa zona, em vez de estar "corporalizada", de estar agarrada ao corpo do sujeito, ao seu ego, à sua família, tomará conta da instituição – a verdadeira patroa de Kingsley Hall, no fundo, era Mary Barnes. E ela sabia disso. Tudo girava em torno dela, que não fazia senão brincar de Édipo, ao passo que os outros estavam presos no edipianismo coletivo.

No dia que a encontrou coberta de cocô e tremendo de frio, Joe Berke teve uma crise de nervos. Ele tomou consciência de "seu poder extraordinário de evocar o pesadelo favorito de cada um e encarná-lo". Assim, em Kingsley Hall, a transferência não é mais "contida" pelo analista, mas parte em todas as direções e ameaça até mesmo o psicanalista. Faltou pouco para que as amarras psicanalíticas se rompessem para valer e as intensidades desejantes, os "objetos parciais", seguissem suas próprias linhas de fuga, sem serem mais perseguidas pelos sistemas de interpretação, devidamente codificados pelos esquemas sociais da "realidade dominante".

Por que essa tentativa desesperada, em Joe Berke, de recolar a multiplicidade esparsa pela qual Mary "experimenta" a dissolução do seu ego e tenta fazer explodir a sua neurose? Por que esse retorno aos polos familiares, à unidade da pessoa, que impedem Mary de se abrir para todo um campo social exterior, de resto potencialmente muito rico?

A etapa inicial da sua reconstituição podia se comparar aos meus esforços para reconstituir um quebra-cabeça do qual eu não possuía todos os elementos. Entre esses elementos esparsos, muitos tinham suas partes convexas cortadas e suas partes côncavas entupidas, tanto que me era praticamente impossível dizer como eles se encaixavam. É claro que esse quebra-cabeça configurava a vida afetiva de Mary, os elementos eram seus pensamentos, atos, associações, sonhos etc.

O que nos prova que a solução para Mary Barnes deveria ser procurada do lado da regressão infantil? O que nos prova que a origem dos seus distúrbios provinha de perturbações, de bloqueios do sistema das comunicações intrafamiliares da sua infância? Por que se recusar a levar em consideração o que se passou *em torno* da família? Efetivamente, constata-se que todas as portas que davam para fora se fecharam brutalmente quando ela tentou transpô-las; por isso, do lado de fora, ela sempre encontrou um familiarismo que, sem dúvida, era ainda mais repressivo que aquele que conhecera na infância. E se os pobres pai e mãe Barnes tivessem sido apenas os retransmissores miseráveis e por fora da tempestade repressiva que desabava no entorno? Mary não estava "fixada" na infância; ela, simplesmente, não encontrou saída! Seu desejo de uma saída real era demasiado violento, demasiado exigente para adaptar-se aos compromissos externos.

O primeiro drama acontece na escola. "A escola era perigosa." Ela ficava paralisada, aterrorizada na sua carteira, confrontava-se com a professora. "Na escola quase tudo me angustiava..." Ela fingia ler, fingia cantar, fingia desenhar... E, no entanto, seu desejo era ser escritora, jornalista, pintora, médica! Um dia lhe disseram que tudo isso era uma maneira de querer ser homem. "Eu tinha vergonha desse desejo de ser doutor. Sei que essa vergonha estava ligada – e lá vem de novo o interpretacionismo – ao enorme sentimento de culpa que me dava o desejo de ser um garoto. Tudo o que tinha de masculino em mim devia ficar escondido, ignorado, em segredo."

Padres e policiais de toda a espécie empenharam-se em culpá-la por qualquer coisa e, em particular, pela masturbação. Quando ela se resigna a ser enfermeira e se alista no exército, é outro impasse. Em determinado momento, quis ir à Rússia porque ouviu dizer que lá "toleravam que uma mulher tivesse filhos e não tivesse marido". Quando decide entrar para um convento, sua fé religiosa é posta em dúvida: "O que é que levou você para a Igreja?".

E, provavelmente, os padres não estavam errados. Seu desejo de santidade não parecia muito religioso. Por fim, tudo acaba no hospício. E, até mesmo lá, ela está disposta a fazer alguma coisa, a se dar aos outros. No dia em que leva para o pensionato um buquê de flores para uma enfermeira, flagra-se dizendo: "Vá embora! Aqui não é lugar para você!". E cansaríamos de identificar os traumatismos sociais, as cacetadas que ela sofreu. Quando se torna enfermeira, seu direito de passar para o ensino superior é contestado. Mary Barnes, no início, não estava interessada na família, mas na sociedade! Mas tudo a fez voltar para a família. E é duro dizer isso, mas até mesmo sua passagem por Kingsley Hall! Visto que a interpretação familiarista era o brinquedo predileto do local, e como ela adorava aquelas pessoas, ela começou a brincar daquilo também. E com que talento!

A verdadeira analista de Kingsley Hall é ela. É ela quem faz funcionar para valer todas as molas neuróticas daquela experiência, toda a paranoia subjacente de seu pai e de sua mãe de Kingsley Hall. Será que ao menos Mary, a missionária, contribuiu para que os antipsiquiatras esclarecessem as implicações reacionárias de seus postulados psicanalíticos?

A RESPEITO DA TERAPIA FAMILIAR

As instituições de todo o tipo responsáveis pelo controle social e pela repressão nunca se apresentam abertamente.[1] Elas assumem a máscara da ideologia supostamente científica e, mesmo quando apelam para proposições teóricas ultrapassadas, procuram dar-lhes uma aparência de novidade.

Durante muito tempo, a psicanálise foi a referência obrigatória para todos os tipos de "psiquiatras" que queriam estar "por dentro". Hoje, ela está começando a sair de moda. Mas o que está em ascensão – o que está ressurgindo – são as técnicas baseadas no condicionamento e na sugestão. Nos últimos anos, houve tentativas de adaptá-las ao gosto da época apoiadas na teoria da informação, na teoria da comunicação e na teoria de sistemas.

Mas o princípio permanece o mesmo. A cada vez pretende-se justificar cientificamente práticas sociais de segregação de populações oprimidas ou marginalizadas – crianças, loucos, desviantes etc. – e dessa forma esforçar-se para endossar as equipes e os equipamentos designados pelos poderes dominantes para administrar essa segregação. As práticas diárias dos assistentes sociais e dos trabalhadores da saúde mental, para serem mais bem aceitas, devem ter o brilho de técnicas altamente especializadas.

A esse respeito, há uma cumplicidade generalizada. A universidade, os funcionários públicos, os meios de comunicação, os próprios "usuários", todos contribuem para acentuar uma pseudodivisão do trabalho nesses campos. Mas esse reforço da especialização não é de forma alguma contrário a uma pseudodemocratização das técnicas. O especialista deve deixar seu escritório e voltar-se para a comunidade. Hoje, estamos tentando transformar e miniaturizar equipamentos muito pesados, por exemplo, os antigos hospitais psiquiátricos, e nos

---

1 Publicado originalmente em *Cahiers Critiques de Thérapie Familiale et de Pratique de Réseaux*, n. 1. Paris: Éd. Gamma, 1979. [N. E.]

esforçamos para difundir ao máximo a ideologia do controle social e popularizar seus princípios de base. A opinião deve ser persuadida de que é porque a segregação e a repressão fazem parte da ordem das coisas que elas devem ser abordadas cientificamente e, no que lhes diz respeito, é legítimo exigir:

— cada vez mais pessoal e equipamentos,
— cada vez mais qualificação e diversificação das funções,
— cada vez mais publicidade e colaboração de toda a sociedade em seus métodos de ação.

É nesse contexto que parece inscrever-se a moda atual das várias formas de terapia familiar. Muitos profissionais da saúde mental e do cuidado infantil sentem que estão andando em círculos. A psicanálise lhes parece demasiado elitista e as alternativas extrainstitucionais, demasiado perigosas. Qualquer que seja sua percepção da natureza reducionista dos métodos sistêmicos, eles os aceitam em nome de sua tão apregoada eficácia. A questão não é negar essa eficácia, mas avaliar seu alcance real. É porque os terapeutas da família estão mais próximos das realidades sociais vivas do que qualquer outro especialista que eles são tão perigosos! Suas "prescrições", mesmo as mais mínimas, põem em dúvida toda uma série de questões micropolíticas que, em última análise, envolve toda a gama de problemas sociais, a própria definição do modo de funcionamento das nossas sociedades. A boa consciência apolítica, a presunção técnica desses especialistas talvez esteja se tornando um dos fundamentos da ordem estabelecida.

Pode-se objetar que é concebível "entregar os anéis para salvar os dedos", que se pode pôr de um lado, por exemplo, certas concepções familiaristas reacionárias e manter, de outro, certos elementos válidos em nível científico e técnico. Mas as coisas não são tão simples! Na verdade, é toda a teoria que é permeada por uma ideologia reacionária difusa. Portanto, não podemos nos contentar com uma contestação teórica global: é em sua prática mais imediata que convém identificar a politização implícita das intervenções da terapia familiar.

A ideia básica, que compromete a validade desse tipo de teoria, diz respeito à especificidade dos níveis. Alguns tipos de problemas, de acordo com essa teoria, remetem exclusivamente à sociedade global (por exemplo, emprego, desemprego, controle social etc.) e outros a conjuntos microssociais que estão muito mais "ao alcance da mão". Os primeiros são do domínio dos especialistas da "grande política"; os segundos, do domínio dos especialistas da psique, da infância e da família. No entanto, as coisas não funcionam assim na realidade! Os desejos mais singulares, os sintomas mais íntimos estão em contato direto com as questões sociais as mais amplas. Por intermédio do pai, da mãe, do professor, do "senhor que fala na TV", é toda a sociedade que se expressa. Em contrapartida, todos os grandes problemas econômicos, sociais e políticos, que parecem estar a mil quilômetros de distância da cabeça das pessoas, colocam em jogo questões de estilo de vida, de relação com o trabalho, com o corpo, com o sexo, com o meio ambiente que são absolutamente essenciais. A questão da energia, por exemplo, não pode ser reduzida a uma série de dados técnicos e econômicos; ela também diz respeito ao porquê das coisas. Por que esse tipo de energia? Para viver em que tipo de sociedade? Relações de produção, relações sociais, relações domésticas, relações conjugais etc., estão cada vez mais entrelaçadas. E não podemos pretender analisar uns sem envolver os outros.

De acordo com a teoria de sistemas, todas as entradas são boas, todos os parâmetros são iguais. É o reino da permutabilidade generalizada. Nisso, ela está bem alinhada ao capital. O desejo mais individual, os dados socioeconômicos interagem igualmente, com direitos iguais, em um determinado conjunto sistêmico. A incapacidade dessa teoria de preservar a riqueza concreta de seus objetos, particularmente a ancoragem sócio-histórica dos agenciamentos microssociais, encontra sua justificação em um de seus postulados básicos, que pode passar despercebido, pois parece ser uma questão de simples bom senso. Esse postulado consiste em admitir que os componentes de um determinado sistema devem ser necessariamente subsistemas da *mesma categoria* do conjunto ao qual pertencem. A ordenação hierárquica dos subsistemas procede, assim, de um "reforço de suas relações definidoras", que é fundado num princípio de *complexidade crescente* à medida que se passa da parte para o todo. Mas, na verdade, nada disso é evidente! Seria fácil apresentar uma infinidade de exemplos, contrários a tal princípio, que ilustram o fato de que o "mais diferenciado" pode perfeitamente refugiar-se dentro de um subconjunto sistêmico, permanecendo na reserva, à espera de condições favoráveis para "retornar ao serviço". Por exemplo, os sistemas cromossômicos são como bancos de possibilidades que só se tornam efetivamente produtivos quando outros sistemas são conectados a eles. Diríamos de tal subconjunto que, na realidade, ele não era um subconjunto e que, enquanto sistema mais rico em termos de suas "relações definidoras", ele era o verdadeiro conjunto sistêmico de partida? A questão não é de modo algum formal. Trata-se de saber se, sob o pretexto de projetar uma Forma, uma Estrutura ou um Sistema sobre o real, condenaríamos a entrada de componentes *heterogêneos*. Uma pequena linha de fuga, um sintoma insignificante podem ser os vetores de uma problemática com consequências incalculáveis em termos de sistema. Decretar que se trata ou não de um subsistema já é fazer uma escolha micropolítica. Sem dúvida, tais escolhas são inevitáveis, especialmente nesse tipo de profissão! Mas o mínimo exigível é uma posição crítica concreta em cada um deles. A análise, aqui, torna-se imediatamente política. Não é um "equilíbrio homeostático" que preside, por exemplo, a rejeição ou aceitação de um indivíduo dentro de um conjunto familiar ou microssocial. São universos, concepções de mundo e relações de força sociais que se buscam, se chocam ou se estratificam. O especialista, nesse nível, intervém muito mais em razão de seu peso social, da capacidade de intimidação representada por seu "capital de saber" do que em razão de uma técnica científica que ele dominaria. É sob a condição de estar claramente ciente de tais mecanismos de poder que se pode esperar fazê-los funcionar contra a ordem estabelecida.

ANTIPSIQUIATRIA E ANTIPSICANÁLISE
[ENTREVISTA A JEAN-JACQUES BROCHIER]

[JEAN-JACQUES BROCHIER][1] *Para você, como começou o que poderíamos chamar de "o caso da antipsiquiatria"?*

[FÉLIX GUATTARI] Primeiro, teve [Franco] Basaglia e [Giovanni] Jervis, que vieram à clínica La Borde por volta de 1965–66 e contribuíram com artigos para a revista *Recherches*. Depois houve não tanto uma clivagem de ideias, mas uma diferença de estilo. Eles não estavam nada interessados em nossas tentativas reformistas ao estilo psicoterapia institucional. A situação na Itália já era muito diferente e as concepções deles eram bem mais militantes. Apareceu em seguida o ramo inglês, com Laing e Cooper, que também publicaram artigos na revista *Recherches*. Eles participaram das jornadas "da infância alienada", organizadas por Maud Mannoni e pela *Recherches*. Seu estilo de ruptura com as instituições também não tinha muita coisa a ver com o da clínica La Borde, aliás nem com o de Maud Mannoni ou de Lacan. Posteriormente, essas diferenças de estilo revelaram divergências mais profundas. Quanto a mim, é verdade que também evolui muito desde então.

O que é a antipsiquiatria?

Antes de tudo, um fenômeno literário, *mass-media*, que se desenvolveu a partir desses dois focos, o inglês e o italiano, mas que também revelou a existência, no que diz respeito a essas questões, de uma vasta opinião pública, no contexto dessa "nova cultura" que começava a surgir. Até então, convenhamos que a única coisa que se conseguiu dizer, escre-

---

1 Entrevista publicada originalmente no número especial da *Le Magazine Littéraire*, "Le mouvement des idées, mai. 1968–mai. 1976", 1976. [N. E.]

ver ou fazer na França interessava apenas a alguns míseros enfermeiros e a um punhado de psiquiatras. A antipsiquiatria conseguiu realmente abrir caminho no grande público.

Hoje em dia, nenhum dos "inventores" da antipsiquiatria se identifica com ela. Laing diz: "Nunca falei sobre isso". Basaglia considera que é uma mistificação que deve ser denunciada. Enquanto isso, na França, ela se tornou uma espécie de gênero literário e cinematográfico. Você pode fazer carreira literária publicando livrinhos no estilo: "Nunca mais serei psiquiatra", "Nunca mais serei enfermeiro", "Nunca mais serei louco"... Alguns grupelhos seguiram nessa linha, como o ciclista [Raymond] Poulidor sempre na cola de [Eddy] Merckx. Mas o que é realmente importante é que a antipsiquiatria marcou um início de conscientização, não só no grande público, mas também naqueles que se convencionou chamar de "os trabalhadores da saúde mental". A descoberta da articulação entre a repressão psiquiátrica e as outras formas de repressão foi, a meu ver, um fenômeno decisivo, cujas consequências ainda não medimos completamente.

No entanto, essa conscientização, por sua vez, foi parcialmente sequestrada por certas correntes psicanalíticas para as quais não custava nada dizer que a psiquiatria era uma infâmia. Subentenda-se: nós, com nosso divãzinho, curamos o mundo sem tocar nele e sem fazer mal a ninguém.

É possível relacionar a antipsiquiatria ao Maio de 68 na medida em que este foi essencialmente uma denúncia das instituições. Ora, o hospital psiquiátrico, como a prisão, era uma instituição de confinamento, geralmente no meio da cidade, que literalmente ninguém via.

O questionamento da prisão e do hospital psiquiátrico foi muito parcial em 1968. Lembro-me de que tive, na ocasião, intensas discussões com amigos como Alain Geismar ou Serge July, em que pretendíamos colocar no mesmo plano militantes vítimas da repressão e o conjunto dos desajustados, dos prisioneiros comuns, dos katangueses, dos psiquiatrizados. Na época, até os espontaneístas do antigo "22 de Março", que estavam se juntando com os maoistas, diziam: "Prisioneiros políticos, sim, direitos comuns, nem pensar! Adictos, não! Os adictos têm de ser denunciados, eles são perigosos, manipulados pela polícia etc.". Pelo fato de querermos falar ao mesmo tempo de questões supostamente políticas e de problemas de loucura, passávamos por personagens barrocos ou até mesmo perigosos. Hoje, isto não espanta mais ninguém. Foi bem depois de 1968 que se acabou percebendo isso, com a criação do GIP (Group d'Informations sur les Prisons [Grupo de informações prisional]) e outras ações da mesma natureza. No entanto, durante os "acontecimentos" de 1968, houve muita agitação nos meios psiquiátricos – mas tudo foi rapidamente sequestrado pelos universitários e pelos patrões por intermédio do chamado movimento dos "colégios de psiquiatria". O GIA (Group d'Information Asiles [Grupo de informações dos hospitais psiquiátricos]), o [jornal] *Le Garde-fou*, os *Cahiers pour la Folie* etc. nasceram muito mais tarde, mais ou menos na esteira do que Foucault e Deleuze faziam no campo das prisões. É preciso, pois, desconfiar das ilusões retroativas da memória! Maio de 1968 talvez tenha liberado as atitudes militantes, mas não liberou as cabeças, que permaneciam completamente poluídas e demoraram muito mais tempo para se abrir para questões de loucura, homossexualidade, drogas, delinquência, prostituição, liberação da mulher etc.

Como está hoje a instituição psiquiátrica?

Está ótima! É o começo do desabamento. Em todos os níveis! Primeiro, no nível material: cerca de metade dos hospitais psiquiátricos "funciona" com menos de 50% de sua capacidade real. Certos hospitais, que custaram milhões, estão praticamente vazios (exemplo: o hospital Les Mureaux). Isso explica em parte o aumento colossal do preço da diária da hospitalização psiquiátrica pública. Desabamento também nas cabeças. Ninguém mais acredita nela! A política de "setor" (fragmentação da instituição psiquiátrica em pequenas unidades, num território correspondendo em princípio a 60 mil habitantes), no melhor dos casos, não deu em nada e, no pior dos casos, levou a um esquadrinhamento insuportável da população. Isso já está bem claro no campo da psiquiatria infantil.

Mas por que os hospitais psiquiátricos estão vazios?

É um fenômeno complexo, existem vários fatores – que vou enumerar sem nenhuma ordem de importância. Primeiro: a desconfiança – fruto, entre outras coisas, do movimento *mass-media* da antipsiquiatria. Segundo, que talvez seja um certo resultado da política de setor: muita coisa hoje é feita fora do hospital. Mas acredito que a difusão maciça de neurolépticos também desempenhou um papel não negligenciável. Não apenas por intermédio dos psiquiatras, mas também pelos clínicos gerais, ou mesmo pela imprensa mais ou menos especializada. Antes que o bebê comece a berrar, já lhe dão um calmante para ficar quieto e dormir. Daí a atenuação ou mesmo o desaparecimento de certos fenômenos de ruptura social que antigamente levavam as pessoas ao psiquiatra ou ao hospital. A partir dos anos 1955, os medicamentos acabaram, nos hospitais psiquiátricos, com aquilo que se chamava de agitação. Em seguida eles afastaram dos hospitais um contingente de pessoas às quais se começou a administrar uma "camisa de força química" em domicílio. Mas as consequências do fenômeno não foram percebidas de imediato. Quiseram continuar a construir hospitais psiquiátricos, porque era uma maneira de relançar a indústria da construção. A ideia era "saturar de leitos" certos departamentos. (Na verdade, o que queriam era financiar a "industrialização" da construção.) Mas os remédios desviaram dos hospitais uma parte da clientela habitual, e certos psiquiatras começaram a esvaziá-los friamente. O que gerou algumas vezes situações de conflito muito difíceis, por exemplo, nas regiões pobres, onde o hospital é o principal empreendimento "industrial"!

Os hospitais estão se esvaziando, a psiquiatria não acredita mais em si mesma. Ora, eles eram feitos para circunscrever, proteger e, sobretudo, confinar os loucos. E a psiquiatria, para curá-los. Qual é, hoje, o estatuto do louco?

A solução do futuro, a solução futurista para a França já é uma realidade nos Estados Unidos. A partir do momento que alguém não está bem, quebra uma vidraça, se droga, ele é decretado esquizofrênico. É empanturrado de neurolépticos, ou de metadona, e pronto. Nos perguntamos se não valeria mais a pena preservar as "nuances" da antiga nosografia! Em alguns estados norte-americanos, os hospitais psiquiátricos foram fechados, mas isso não diminui a repressão psiquiátrica exercida por outras vias. Uma pessoa pode cair nos sistemas de controle psiquiátrico quando, na verdade, não tem absolutamente nada a ver com as categorias psiquiátricas (mendigos, desajustados, velhos etc.). Por outro lado, muitos neuróticos, ou até mesmo os "loucos" das antigas categorias psiquiátricas, não passarão mais pelo hospital, mas pela psicanálise, pelas visitas em domicílio, pelos neurolépticos etc. Se o "louco varrido" passou um pouco de moda, em compensação a loucura psicanalítica invadiu todos os setores. Alguns afirmam, por exemplo, que podem identificar uma esquizofrenia numa criança de três anos, o que é totalmente aberrante! Hoje, quase todo mundo "picha" o hospital psiquiátrico; é bom, mas insuficiente. O que está em questão é um problema global, não apenas o do hospital, mas também o da psiquiatria de setor, das diferentes formas de psicanálise: não podemos mais cometer um lapso sem topar com um fulaninho que nos interprete selvagemente. No limite, alguém como Ménie Grégoire faz parte dos novos equipamentos psiquiátricos!

Então a instituição psiquiátrica desapareceu só para aparecer de novo mais sorrateiramente?

Sim, miniaturizada. Aliás, o que me espanta é que todas as grandes formações repressivas, a escola, o exército, que antes eram constituídas por conjuntos institucionais que formavam um único bloco, tendem agora a ser pulverizadas e espalhadas por toda parte. Esse, a meu ver, é o erro de [Ivan] Illich: em breve, cada um será para si mesmo sua própria miniferramenta repressiva, sua própria escola, seu próprio exército. O superego por toda parte.

Ora, nas grandes entidades repressivas, havia relações de força reais, portanto lutas possíveis. Nas pequenas, todo mundo está acorrentado dentro de sistemas de relações, de influências, de sentimentos, que não se deixam atacar, mas que, em todo caso, implicam outras formas de "liberação". Para mim, a política de setorização da psiquiatria e a psicanálise – aliás, hoje em dia, elas estão muito relacionadas – correspondem a formas tecnocráticas avançadas de esquadrinhamento, de tomada de poder, que ainda estão se buscando, mas que acabarão por se encontrar. E se a política de setor, do ponto de vista do poder, ainda hoje é um fracasso – com exceção do campo da psiquiatria infantil –, nada indica que não tomará um novo impulso. Uma repressão que não precisasse de polícia nas esquinas, que fosse permanente, discreta, no nível do trabalho, da vizinhança, por toda parte, não seria o ideal para o poder? Vale o mesmo para a psicanálise. Ela tende a estar por toda parte, na escola, na família, na televisão.

Mas ela sofreu alguns danos, principalmente graças a Deleuze e a você, no livro O anti-Édipo.

Pura ilusão! Os psicanalistas permaneceram impermeáveis. O que é absolutamente normal: tente pedir aos açougueiros que parem, por razões teóricas, de vender carne. Ou que virem vegetarianos! E, em relação aos consumidores, é ilusão pensar que a psicanálise seja ineficaz! Ela funciona admiravelmente bem. As pessoas pedem mais e mais. E têm razão em pagar caro, pois ela funciona. É um pouco como uma droga. Além disso, ela oferece uma promoçãozinha social que não é de se jogar fora. *O anti-Édipo* provocou, no máximo, uma corrente de ar. O que é engraçado é a palavra de ordem de uma sociedade de psicanálise quando o livro saiu. "É melhor nem tocar no assunto, vai passar sozinho". Foi o que aconteceu! Não, o resultado mais palpável de *O anti-Édipo* é ter provocado um curto-circuito na conexão psicanálise-esquerdismo.

O que me espanta é que as duas principais vítimas da crítica das instituições nesses últimos anos foram nossos dois avós barbudos,

Marx e Freud. De Marx, outros se ocuparam, além de você. Mas Gilles Deleuze e você se lançaram deliberadamente ao ataque de Freud, porque a instituição psicanalítica, por mais que se faça, é Freud.

Freud, mas na França também Lacan. Na França, a psicanálise se implantou muito tarde, com a chegada de pessoas como [Daniel] Lagache ou [Juliette] Favez-Boutonnier na universidade. Antes da guerra, a psicanálise na França não era nada, ou quase nada. Mas ela recuperou o atraso. Depois de vencer resistências enormes, implantou-se por toda parte, em Saint-Anne, nas faculdades... até as editoras transbordam psicanálise. Em outros países, em compensação, faz uns dez anos que o movimento freudiano acabou. Nos Estados Unidos ainda se fala de Jung, mas já faz parte do folclore, como as massagens psicodélicas ou o zen-budismo. Podemos pensar que a França vai seguir por aí. Fique de olho! Na França, a instituição freudiana teve um impulso fantástico com o lacanismo. E o lacanismo não é uma simples releitura de Freud. É algo muito mais despótico, do ponto de vista da teoria e da instituição, algo muito mais rigoroso do ponto de vista do assujeitamento semiótico das pessoas que participam dele. E talvez seja por meio dele que haverá um novo impulso da psicanálise no mundo, a começar pelos Estados Unidos. Não só porque Lacan saiu do seu gueto, mas também não excluo a possibilidade de que ele ou seus sucessores consigam um dia constituir uma verdadeira Internacional Psicanalítica.

Mais tarde, acredito que se distinguirá o lacanismo do freudismo. O freudismo era defensivo em relação à medicina, à psiquiatria, à universidade. O lacanismo, ao contrário, é ofensivo. É um dogma de combate. Quanto a isso, seria preciso ver até que ponto ele influenciou o althusserianismo, e que espécie de consistência ele deu ao estruturalismo em seu conjunto, particularmente por sua concepção do significante. O estruturalismo, sem dúvida, não teria existido, tal como o conhecemos, sem o lacanismo. O poder, a autoridade do estruturalismo, por vezes sectária, não teriam sido possíveis se os lacanianos não tivessem difundido uma concepção matemático-linguística do inconsciente que tende a cortar essencialmente o desejo da realidade. Considerar que o desejo não pode ser fundado – simbolicamente – senão em sua própria impotência, sua própria castração, implica todo um pano de fundo político e micropolítico.

Para você, então, uma nova instituição se criou, o lacanismo?

Sim. Um laboratório, uma tecnologia avançada, o protótipo de novas formas de poder. É maravilhoso conseguir assujeitar alguém à sua pessoa, mantê-la de pés e mãos atadas, financeiramente, afetivamente, sem nem se dar ao trabalho de fazer algum esforço de sugestão, de interpretação ou de dominação aparente. O psicanalista, hoje, não diz nem uma palavra ao paciente. Chegamos a um tal sistema de controle da libido que o silêncio basta. Me faz pensar naquelas formas ideais de pedagogia em que o mestre não precisava mais falar: bastava um aceno de cabeça, o "*nutus* latino", para ele ensinar. (Ele se tornava então um *numen:* a divindade que mexe a cabeça em sinal de aprovação.)

O anti-Édipo *não se interessava tanto por Lacan quanto por Freud e, de tanto querer tirar a poeira da estátua, não deixou muita coisa de pé.*

Não foi deliberado: nós procedemos por etapas e retoques, e é fato que de tanto retocar... Mas o questionamento de Freud, em *O anti-Édipo*, estava muito ligado ao questionamento que fizemos do lacanismo.

No entanto, o que é questionado em O anti-Édipo *não é essa nova forma de poder que constitui o lacanismo. É o próprio Édipo, fundamento do freudismo. E quando o fundamento desaba...*

Assistimos, portanto, a uma evolução inversa: a instituição psiquiátrica se dilui, enquanto a instituição psicanalítica se reforça numa nova forma de poder.

A diferença é que a psiquiatria não funciona e a psicanálise funciona maravilhosamente bem. O que faz com que ela possa até mesmo ressuscitar, um dia, alguns setores da psiquiatria!

A REDE "ALTERNATIVA À PSIQUIATRIA"

A rede que se constituiu em janeiro de 1975, em Bruxelas, sobre o tema da "alternativa ao setor" propõe-se assegurar a circulação das informações sobre as experiências que vêm se desenvolvendo atualmente à margem dos quadros oficiais, organizando encontros tanto de equipes como de pacientes, não só sob a forma de colóquios ou congressos, mas também por meio de manifestações teatrais, festas, produção de vídeo, de filmes etc.[1] Ampliando as formas de expressão habituais, essa rede pretendia contribuir para que a contestação da psiquiatria saísse dos debates de ideias, desvinculadas de toda e qualquer realidade, nos quais frequentemente acaba atolando.

Alguns dos iniciadores dessa rede, que viveram de perto a tentativa de modernização da psiquiatria francesa e se engajaram de boa-fé na chamada política de "setor", acabaram por considerar que nenhum problema fundamental se resolverá nesse campo enquanto não se tiver como objetivo o que eles chamaram de *despsiquiatrização da loucura*. As reformas e as inovações técnicas, quaisquer que sejam, resultarão, segundo eles, apenas na passagem de um modo de confinamento para outro, de uma camisa de força física para uma camisa de força neuroléptica, psicoterapêutica ou psicanalítica. Eles também fizeram uma avaliação severa das diferentes "correntes inovadoras" que só fizeram aumentar o esquadrinhamento da loucura, colocando-se a serviço da ação clássica de reabsorção, adaptação e neutralização da desrazão, descrita por Michel Foucault em sua *História da loucura*.

Nenhum distúrbio mental, nenhuma forma de desvio pode ser separada de seu contexto familiar, profissional, econômico etc. Uma experiência inovadora, enquanto tal, manifesta por si mesma um sintoma social e não escapa a esta

---

1   Texto redigido após discussão coletiva em Bruxelas, jan. 1975. Publicado originalmente em Monique Elkaïm (org.), *Réseau – Alternatives à la psychiatrie*. Paris: UGE, 1977. [N. E.]

regra: desvinculada do contexto dos afrontamentos sociais, e em particular das lutas dos trabalhadores da saúde mental, ela corre o risco de ser isolada e estiolar-se rapidamente, como foi frequentemente o caso das experiências comunitárias inglesas. A perspectiva de uma *alternativa popular à psiquiatria*, sem reduzir a loucura a um simples fenômeno de alienação social, sem reduzir a contestação da opressão psiquiátrica ao rol de uma luta social contra a exploração capitalista, considera que as experiências militantes podem se apoiar simultaneamente nas organizações políticas e sindicais do movimento operário e nas diferentes formas de lutas, de caráter novo, que concernem hoje à condição feminina, à condição penitenciária, à condição da infância, aos trabalhadores imigrados etc. Trata-se menos, em suma, de politizar a loucura do que abrir a política a uma tomada de consciência sobre uma série de problemas que foram ignorados por tempo demais pelas organizações tradicionais.

Após 1968, vimos desenvolver-se, na França, uma infinidade de grupos que se esforçam para operar uma ruptura radical com o modo de abordagem habitual do sistema psiquiátrico clássico. As preocupações maiores desse novo tipo de ação militante estão centradas no que os membros da rede nomeiam "a condição dos psiquiatrizados". Estamos longe do estilo do que foi a primeira "revolução psiquiátrica", que desde a Liberação em 1945 até 1960 agitava algumas dezenas de psiquiatras e um punhado de altos funcionários do Ministério da Saúde! Naquela época os psiquiatras progressistas se propunham "ir ao encontro" dos doentes e "ir ao encontro" dos enfermeiros. Era a política dos "clubes intra-hospitalares" (organizada pela Fédération des Croix Marines [Federação das Cruzes Marinhas]), a política dos estágios de formação para enfermeiros (organizada pelo Centre d'Entraînement aux Méthodes Actives [Centro de Treinamento em Métodos Ativos]), a política de abertura para a população, por meio dos equipamentos extra-hospitalares, tratamentos em domicílio etc. Era também a época em que a psicoterapia institucional esperava fazer com que os doentes, os membros das equipes e a instituição como um todo se beneficiassem das vantagens da psicanálise. Com essa rede internacional, tudo leva a crer que uma página foi virada. Não se quer mais "ir ao encontro"! Procura-se fazer com que as coisas partam dos próprios interessados. A psicoterapia, os tratamentos, a organização, quando necessários, deverão ser autogeridos e os especialistas de certa maneira não intervirão senão como assistentes técnicos.

Tentativas dessa ordem se desenvolveram nos Estados Unidos, nos guetos de South Bronx, em Nova York, com Mony Elkaïm (que faz hoje um trabalho semelhante com a equipe da associação La Gerbe, num bairro pobre de Bruxelas). Na Itália também houve experiências muito interessantes nessa direção, realizadas em particular pela equipe de psiquiatras, psicólogos e enfermeiros reunidos desde 1969 em torno de Giovanni Jervis, em Reggio Emilia. Aqui não são apenas os muros do asilo que eles tentam destruir, mas também os muros do profissionalismo: a medicina mental é feita diretamente com os membros do gueto, com os trabalhadores das fábricas, nos vilarejos, apoiando-se sobre "paraprofissionais" formados na prática.

Infelizmente, com bastante frequência, tais experiências são frágeis. A de Giovanni Jervis está para terminar (apesar de sua equipe permanecer muito unida) principalmente pelos obstáculos políticos ligados às orientações da esquerda histórica italiana, que teme aterrorizar seus parceiros social-cristãos, ao apoiar empreendimentos demasiado inovadores. É necessário, portanto, manter uma ligação constante entre as ações minoritárias de alternativa à psiquiatria e as lutas sociais mais gerais. As campanhas de informação antipsiquiátricas e os debates teóricos sobre a loucura e a repressão psiquiátrica, veiculadas pelos meios de comunicação de massa e a partir de experiências comunitárias, não são suficientes para modificar de maneira duradoura a relação de forças presente. E é com o objetivo de ultrapassar o caráter minoritário, ou mesmo elitista, do qual a antipsiquiatria raríssimas vezes se distanciou, que se constituiu na Itália, em 1973, em torno de Franco Basaglia, a associação Psychiatria Democratica. Ela agrupa cerca de 2 mil médicos, psicólogos, enfermeiros e assistentes sociais em 27 grupos provinciais, com funcionamento muito autônomo, e esforça-se para mobilizar a opinião pública e exercer uma pressão constante sobre os poderes públicos para transformar as estruturas psiquiátricas. Os membros dessa associação consideram que uma tomada de consciência política dos trabalhadores da saúde mental deverá se caracterizar pela recusa da passividade, pela recusa de se tornarem "funcionários do consentimento". Sem deixar de admitir a realidade do problema psiquiátrico (e é aí que reside sua diferença em relação à antiga antipsiquiatria), eles se recusam a fornecer álibis "científicos" a problemas psicopatológicos que remetam a questões de vida social, de organização de trabalho, de urbanismo, de métodos escolares.

É verdade que o surgimento desse novo tipo de intervenção é inseparável das condições muito particulares em que se desenvolvem as lutas sociais na Itália: com efeito, há cerca de dez anos muitos trabalhadores italianos tomaram consciência de novos problemas e organizaram-se para impor reformas concernentes à habitação, aos transportes, às estruturas médicas. A associação Psychiatria Democratica pôde se desenvolver melhor porque soube atrair a escuta imediata de organizações operárias, comitês de empresas, sindicatos, partidos de esquerda que já estavam sensibilizados para esses problemas.

Sem dúvida não é por acaso que essa nova "alternativa militante à psiquiatria" tenha surgido nos países onde a situação dos hospitais psiquiátricos era a mais atrasada (os guetos de Nova York, Itália, Espanha...) e onde as perspectivas ambíguas de setorização não tiveram sequer a possibilidade de criar uma ilusão. Com efeito, se é verdade que as soluções aos problemas psiquiátricos são políticas, antes de serem técnicas, não há por que se espantar que elas se configurem mais claramente em situações de transformação social as mais agudas.

PELO 138° ANIVERSÁRIO DA LEI DE 1838

Dois projetos de lei sobre as liberdades estão atualmente sendo examinados por uma Comissão Especial da Assembleia Nacional, presidida pelo sr. Edgard Faure: um é de autoria dos senhores Edgard Foyer, Claude Labbé, Roger Chinaud e Max Lejeune; o outro é de autoria de todos os parlamentares comunistas.[1] Os socialistas, que começaram toda essa história há mais de dois anos, quando propuseram a abertura de um grande debate sobre uma "Carta das liberdades", acabam de publicar, na forma de um livrinho, os resultados do trabalho do seu próprio comitê de reflexão sobre essas questões.[2] Em cada um desses relatórios, algumas linhas (algumas páginas para o livro socialista) são dedicadas aos problemas de defesa das liberdades individuais no campo da psiquiatria.

A característica comum dessas tomadas de posição, que torna muito relativas suas diferenças em pontos secundários, é que *elas não saem do quadro legal estabelecido pela lei de 30 de junho de 1838 sobre os "alienados"*. Essencialmente preocupadas com a proteção dos indivíduos contra possíveis internações arbitrárias, elas se contentam em apenas cogitar modificações nos regimes de internação estabelecidos pela lei.

Dada a importância das implicações políticas e sociais das questões relacionadas ao estatuto da loucura, parece-me que elas mereceriam muito mais do que um simples ajuste de uma antiga lei reacionária. Esta, não podemos esquecer, não tem apenas como objetivo definir o papel dos quatro personagens – o delegado, o alienista, a família e, muito atrás deles, o juiz – que têm a palavra nessas lamentáveis mascaradas que são as internações de ofício e as chamadas interna-

---

1 Publicado originalmente em *Le Monde*, 10 jul. 1976. [N. E.]
2 *Liberté, libertés. Réflexions du Comité pour une Charte des Libertés animé par Robert Badinter*, prefácio de François Mitterrand. Paris: Gallimard, 1976.

ções "voluntárias":[3] a primeira função da lei de 1838 é, de fato, estabelecer o estatuto legal dos "estabelecimentos públicos destinados aos alienados", ou seja, *legitimar a existência de locais especiais de confinamento para os loucos.*

Diga-se claramente, os textos estudados no Parlamento apenas mascaram os problemas reais, em uma área em que as liberdades individuais não são ameaçadas apenas pelo risco de internação arbitrária, como querem nos fazer acreditar. A arbitrariedade aqui é evidente, de modo que é muito baixa a probabilidade de que uma falha processual possa levar a uma atualização no plano jurídico. Quando é a própria lei que a institui, os poderes repressivos podem dar-se ao luxo de ser escrupulosos! Assim, os casos de internação arbitrária, por mais escandalosos que sejam, apenas desempenham um papel de *trompe-l'œil.* Toda a psiquiatria, inclusive suas formas mais modernas, está impregnada de arbitrariedade, e não apenas por causa dos psiquiatras e seus novos meios – camisas de força químicas, sociais, psicanalíticas –, mas também por causa das práticas da polícia, da atitude dos empregadores, das administrações e do sistema de Seguridade Social, que não respeitam o sigilo médico. (Tente candidatar-se a um emprego após uma ausência prolongada por motivos psiquiátricos!) A arbitrariedade é também o medo do louco, periodicamente reativado pelos meios de comunicação de massa, com a cumplicidade da população...

É a essa segregação social como um todo que uma lei sobre as liberdades deve visar e acredito que a única medida que poderia impactar a opinião e iniciar uma mudança profunda seria a *pura e simples revogação da lei de 1838.* O próprio princípio de uma lei especial, que define o estatuto de espaços de segregação e a tutela de uma categoria da população, deve ser condenado. Por que não uma lei para os estrábicos, os gagos, os ruivos ou os canhotos? Mas essas pessoas não são perigosas, você dirá... Mas por que procurar uma periculosidade específica numa forma de doença? Outras cate-

---

3 "Voluntárias" aqui não significa de forma alguma que é o sujeito quem pede a internação, mas sim a família ou vizinhos.

gorias de população são proporcionalmente muito mais perigosas do que aquelas que são chamadas de "loucas": por exemplo, os empregadores do setor da construção civil ou os motoristas! Aceitar a existência de uma lei que segrega os "doentes mentais" como natural só pode reforçar todas as formas de racismo contra jovens, mulheres, imigrantes, minorias sexuais etc. No nível inconsciente, uma lei pode perfeitamente esconder outra: por trás de uma lei para os "loucos", uma lei para os homossexuais, uma lei para os judeus, uma lei para os metecas, enquanto se espera a criação de instalações especializadas para "soluções finais" de um novo tipo... E não é coincidência se hoje, em vários países, os poderes tendem a recorrer cada vez mais não só à internação psiquiátrica, mas ao próprio tratamento psiquiátrico para ajustar contas com dissidentes políticos e religiosos.

O que é paradoxal na situação atual é que alguns psiquiatras entre os mais representativos da profissão exigiram insistentemente nos últimos anos a revogação da lei de 1838 e sua substituição, no âmbito do Código de Saúde, por regulamentos que estabelecem, nas palavras do dr. Henri Ey, "o estatuto médico-social da profilaxia, da observação, dos cuidados, da pós-cura e da observação dos doentes mentais". Esses psiquiatras acreditam, efetivamente, que o desenvolvimento da chamada política setorial – que consiste em cuidar da população de um distrito ou região em instalações fora do hospital, como os hospitais-dia, casas, atendimento domiciliar, ateliês, dispensários etc. – exige o desaparecimento das grandes fortalezas psiquiátricas e, portanto, da lei que as estabeleceu. A psiquiatria social espera acabar o mais rápido possível com o velho poder da tradição alienista, porque ele só atrasa uma evolução que ela considera irreversível. (Em vários países ou, por exemplo, em alguns estados dos Estados Unidos, os grandes hospitais psiquiátricos já foram fechados.) Mas onde as coisas se complicam é que a desconfiança em relação à psiquiatria se tornou tão difundida que ela não poupa nem mesmo os reformadores mais aparentemente bem-intencionados. Ao pedir a revogação de seu poder de direito, o psiquiatra moderno não está tentando pôr a mão em poderes de fato muito maiores? É o que se pergunta Françoise Guilbert em um livro publicado em 1974.[4] Ela é conduzida a se perguntar sobre o poder exorbitante que seria conferido aos psiquiatras após a abolição da lei de 1838: eles teriam, segundo ela, "a possibilidade de hospitalizar um paciente contra a sua vontade, mesmo que ninguém, nem da família nem da administração, solicite essa medida ou mesmo que a família se oponha".

Voltamos aqui ao debate jurídico sobre a internação arbitrária, que é simétrica, aliás, às campanhas sensacionalistas da imprensa sobre as altas prematuras, supostamente perigosas para a sociedade! Desse ponto de vista, a questão é insolúvel. A partir do momento que se dá aos médicos a responsabilidade de alienar a liberdade de um certo número de pacientes, nenhuma medida judicial *a posteriori* (ou *a priori*, como exigem as leis atuais) permitirá qualquer controle. De fato, nenhuma lei, por definição, poderá basear ou invalidar os critérios "científicos" sobre os quais as decisões médicas dizem se basear. Mas é a "periculosidade" dos próprios alienados e a ameaça de um esquadrinhamento sistemático da população por "psis" de todas as categorias que devem ser colocadas em questão aqui! Vemos isso em particular no campo da infância, em que a internação em instituições especializadas está se multiplicando a um ritmo alarmante! E, nesse campo, não há lei de 1838! O poder de sugestão dos psicólogos, psicanalistas e assistentes sociais é suficiente em si mesmo! Quem está em condições, hoje, de garantir esse tipo muito particular de liberdade que é ameaçada não só por intervenções do tipo *lettre de cachet*,[5] mas também por condicionamentos psicológicos audiovisuais e quimioterápicos que, na maioria das vezes, são aceitos passivamente por

---

4 Françoise Guilbert, *Liberté individuelle et hospitalisation des malades mentaux*. Paris: Librairie Technique, 1974.

5 Literalmente, "carta selada". Símbolo do abuso do poder monárquico francês, esse tipo de instrumento jurídico foi largamente utilizado para aprisionar inimigos da monarquia durante o século XVIII sem necessidade de julgamento, por tempo indeterminado. [N.T.]

aqueles que estão assujeitados a eles? Certamente não são os juízes, advogados, vereadores ou deputados!

Somente se as próprias pessoas interessadas assumirem a responsabilidade direta por esses problemas, a tendência atual para o desenvolvimento máximo de todos os meios modernos de alienação poderá ser revertida. Obviamente, o hospital psiquiátrico e seus sucedâneos terão de acabar em algum momento! Mas quem conseguirá realizar tal liquidação? A administração? Seria inaceitável que pacientes internados há anos nos hospitais psiquiátricos sejam expulsos do dia para a noite e que dezenas de milhares de funcionários sejam simplesmente demitidos! (É o que tem sido feito na Califórnia e o resultado, em geral, é bastante deplorável.) O filme italiano *Matti da slegare* [Loucos de desamarrar], de Marco Bellochio, que descreve uma experiência de conversão de um hospital psiquiátrico na região de Parma, parece apontar o caminho: cabe aos pacientes hospitalizados, às famílias, aos trabalhadores da saúde mental, aos médicos, aos sindicatos, aos comitês de empresa, às associações culturais, aos municípios etc. *assumir a responsabilidade coletiva por esse tipo de problema.*

Atualmente, muitos hospitais psiquiátricos franceses têm uma taxa de ocupação muito abaixo de sua capacidade, o que tem o efeito de inflar artificialmente o preço das diárias, enquanto em outros estabelecimentos existe uma tendência de "ocupar" os leitos, hospitalizando todos os tipos de categorias da população que não eram tradicionalmente da competência da psiquiatria (idosos, mendigos, desempregados etc.) Não é ainda um retorno ao Grande Encarceramento nos hospitais gerais do século XVII, descrito por Michel Foucault em *História da loucura*, mas já é o regime da "Grande Creche"![6] Por que fechar os olhos para esse estado de coisas? Bilhões foram investidos e continuam sendo investidos em instalações que hoje são obsoletas e cujo funcionamento, além disso, é considerado intolerável (veja o exemplo do hospital psiquiátrico de Les Mureaux, 90% vazio). Em vez

---

6 Ver F. Guattari, "Le régime de la grande garderie". *Le Monde*, 10 jul. 1976. [N. E.]

de abandoná-los a estruturas jurídicas repressivas herdadas do século XIX, por que não os deixar seguir sua própria evolução? Os muros dos manicômios tendem a se tornar cada vez mais permeáveis, e isso é bom! Eles apenas agravavam os problemas, provocando artificialmente desmoralização e agitação. De fato, a garantia das pessoas e a condução dos cuidados só podem ser assumidas por equipes que dispõem livremente dos equipamentos que são confiados a elas. A lei de 3 de janeiro de 1968 já definiu, no que diz respeito aos bens dos "incapazes maiores", uma legislação que livra os doentes mentais da lei de 1838. Então por que parar aí? Por que não pôr fim a essa lei, na medida em que ela continua a subjugar pessoas e instituições? Os problemas de saúde mental, antes de serem responsabilidade de especialistas, juristas e autoridades administrativas, deveriam ser responsabilidade da comunidade como tal. Uma lei evolutiva sobre as liberdades deveria dar aos usuários o direito de se constituírem como um *novo poder*, equilibrando os poderes do Estado e os poderes das diversas categorias socioprofissionais envolvidas. A atividade de controle seria inseparável das outras atividades de conscientização pública e solidariedade ativa. Os comitês populares de higiene mental – mas o termo "higiene mental" deve ser rejeitado, pois lembra demais as associações de caridade burguesas – deveriam ser abertos, antes de tudo, aos mais diretamente interessados; eles deveriam poder intervir para ajudar, em todos os planos, as pessoas com dificuldades, monitorar e assistir as equipes especializadas – tanto em intervenções de emergência quanto em problemas de longo prazo, relativos, por exemplo, a questões de trabalho, reciclagem profissional, relações de vizinhança, moradia etc. Os recursos, fundos e direitos do campo *top secret* da psiquiatria deveriam ser transferidos para uma nova forma organização social.

Certamente existe o perigo de que tais "comitês de base" se revelem tão repressivos quanto as famílias, os vizinhos, os policiais da lei de 1838 ou os tecnocratas da setorização. Com efeito, as orientações que indico aqui só fariam sentido se as forças da esquerda, em vez de se limitar simplesmente a ajustar a legislação existente, encorajassem o desenvolvimento de um movimento popular que se encarregasse desse tipo de problema. Em todo caso, no longo prazo, a escolha será inevitável: ou a sociedade encontra os próprios meios coletivos de "tratamento" dos problemas mentais, que ela não cansa de produzir, ou continuará a contar apenas com especialistas e instituições especializadas, o que só agravará o mal, sobretudo porque este é, em grande medida, indissociável, precisamente, do envolvimento permanente de máquinas repressivas na abordagem dessas questões essenciais de desejo e liberdade.

LOUCOS DE DESAMARRAR

Matti da slegare[1] [Loucos de desamarrar] é um filme excepcional.[2] Primeiro, é um testemunho sem precedentes da psiquiatria tradicional e de suas variantes "modernistas", particularmente no campo da infância. Segundo, é uma ilustração viva da política adotada pelos trabalhadores da saúde mental reunidos, na Itália, em torno de Franco Basaglia, Giovanni Jervis e dos militantes do movimento Psychiatria Democratica, sem, no entanto, ser um filme doutrinário: de fato, são essencialmente pessoas comuns que, de uma forma ou de outra, tiveram de lidar com a repressão psiquiátrica e conseguem se expressar sobre o que experimentaram – e fazem isso com uma verdade absolutamente perturbadora. E, por último, é um filme que já pode ser incluído na linhagem da obra-prima de Bellochio *De punhos cerrados* (*I pugni in Tasca*, 1965).

Durante duas horas, pacientes internados há anos, às vezes décadas, em prisões psiquiátricas terríveis, crianças presas nas engrenagens da setorização médico-pedagógica falam, ou melhor, nos pegam pela mão e agitam áreas dentro de nós que normalmente preferimos manter protegidas.

O pequeno Marco, de treze anos, jogado de instituição em instituição, de uma inteligência e vivacidade incríveis, não tenta despertar nossa compaixão.

Perguntam: "Mas então você sente que a sua psicóloga não entende você?". Ele pensa e responde calmamente: "Não, não é isso. Sou eu que não consigo entendê-la".

Mulheres que foram presas e amarradas durante anos, que foram humilhadas, torturadas, contam, sem reclamar, o que sofreram, mas o que querem explicar, acima de tudo, é como elas se organizam para enfrentar o mundo lá fora, que

---

1 Documentário de 1975 escrito e dirigido por Marco Bellocchio, Silvano Agosti, Sandro Petraglia e Stefano Rulli. [N. E.]

2 Texto publicado originalmente na revista *Cinématographe*, n. 18, abr. 1976. [N. E.]

continua a assustá-las. Elas falam dos passeios, da primeira ida ao cinema...

Antigos militantes explicam que consideram que agora é entre os psiquiatrizados e os ex-psiquiatrizados que eles pretendem continuar a luta.

Os operários de uma empresa metalúrgica contam como conseguiram contratar uma dúzia de pessoas com deficiência mental profunda e como essas pessoas conseguiram conquistar o estatuto de trabalhadores de pleno direito. De braços dados com seus camaradas, um homem com síndrome de Down, vindo diretamente de outro planeta, lembra sua chegada à fábrica e como arrancou o sábado e o domingo do calendário porque eram dias de solidão, longe dos companheiros de oficina, dias que ele queria que desaparecessem. Um militante sindical descreve como tudo aconteceu – e pede desculpas por não ter preparado o que tinha a dizer –, mas, a seu ver, a maneira como ele e seus companheiros abordaram as questões da "loucura" e da "deficiência" é talvez mais eficaz do que a dos psiquiatras e psicanalistas... e acrescenta que as coisas não caminharam em sentido único: a amizade e o calor daqueles rostos estranhos mudaram o clima da fábrica. Até então, explica ele, "tínhamos perdido de vista uma certa dimensão humana".

Na minha opinião, esse filme não exige um debate, ele o encerra. Chegou o momento de fechar o caso, o do hospital psiquiátrico – versões arcaicas ou modernistas –, o da setorização, o das instituições médico-pedagógicas, o das psicanálises etc. O que está na ordem do dia não são mais as grandes demonstrações teóricas, as críticas veementes e os programas de todos os tipos, mas ações reais. Na França, ouvimos frequentemente as pessoas dizerem: "Não podemos fazer nada, ninguém se mexe, ninguém quer mudar o próprio estatuto...". Quero acreditar que o nível da luta na Itália encoraja a imaginação e as tentativas inovadoras. Mas alguma coisa tem de ser possível na França, além das reuniões e das cartilhas!

E talvez um dos aspectos do bloqueio atual se deva ao fato de que as experiências comunitárias, as tentativas de subverter a psiquiatria tradicional, por causa de seu estilo, da sofisticação de sua linguagem, se distanciam sistematicamente de qualquer abertura real para a sociedade. Uma militância da vida cotidiana, do tipo apresentado por *Loucos de desamarrar*, é provavelmente a única maneira de influenciar a opinião pública em favor de uma transformação radical do estatuto do "assistido" psiquiátrico. As evidências flagrantes apresentadas pelos militantes operários de Parma talvez tenham muito mais peso e abram perspectivas muito mais reais do que o desenvolvimento mais bem fundamentado dos mais informados entre nós. Não afirmo que a verdade, em princípio, vem sempre do povo, mas me parece claro, no caso presente, que a repressão vem sempre do lado dos "cuidadores", mesmo os mais bem-intencionados. Não afirmo que tudo é simples com a "loucura" ou com a "deficiência" e que recorrer às boas intenções, ao chazinho da vovó ou à atividade comunitária é sempre suficiente para ajudar aqueles que sofrem, mas estou convencido de que devemos pôr um fim a tudo o que cheira a hospital psiquiátrico, jaleco branco, tecnocracia do conhecimento ou do inconsciente, e nos colocar em contato direto com o mínimo senso comum das pessoas diretamente envolvidas no problema. Isso implica, antes de tudo, decidir realmente lhes dar voz, como fez a equipe de Parma.

DEVIR MULHER

As homossexualidades funcionam, no campo social global, um pouco como movimentos, igrejinhas, com seu cerimonial particular, seus ritos de iniciação, seus mitos amorosos, como diz René Nelli.[1] Apesar das intervenções dos agrupamentos de caráter mais ou menos corporativista, como a [revista] *Arcadie*, a homossexualidade continua ligada aos valores e sistemas de interação da sexualidade dominante. Sua dependência da normalidade heterossexual se manifesta por uma política do segredo, uma clandestinidade alimentada pela repressão e também por um sentimento de vergonha ainda vivo nos meios "respeitáveis" (particularmente entre os homens de negócios, letras e espetáculos etc.), sobre os quais a psicanálise reina soberana. Ela rege uma normalidade mais sofisticada, não moral, mas científica. A homossexualidade não é mais um caso de moral, mas de perversão. A psicanálise a transformou em doença, em atraso de desenvolvimento, em fixação na fase pré-genital etc.

Em outro nível, mais minoritário, mais vanguardista, encontramos uma homossexualidade militante, do tipo da FHAR [Frente Homossexual de Ação Revolucionária]. A homossexualidade contesta o poder heterossexual em seu próprio terreno. Agora quem tem contas a prestar é a heterossexualidade. O problema é deslocado, o poder falocrático tende a ser questionado. Em princípio, uma conexão torna-se possível entre a ação de feministas e a de homossexuais.

No entanto, conviria destacar um terceiro nível, mais *molecular*, em que não se distinguiriam mais da mesma maneira as categorias, os agrupamentos, as "especialidades", em que se renunciaria às oposições estanques entre os gêneros, em que se procuraria, ao contrário, os pontos de passagem entre homossexuais, travestis, adictos, sadoma-

---

1 Texto extraído de uma entrevista publicada em *La Quinzaine Littéraire*, n. 215, ago. 1975. [N. E.]

soquistas, prostitutas, entre mulheres, homens, crianças, adolescentes, entre psicóticos, artistas, revolucionários, ou seja, entre todas as formas de minorias sexuais, uma vez entendido que nesse domínio só se pode ser minoritário. Nesse nível molecular, encontramos paradoxos fascinantes. Por exemplo, pode-se dizer ao mesmo tempo: 1) que todas as formas de sexualidade, todas as formas de atividade sexual, se revelam fundamentalmente *aquém* das oposições perso-nológicas homo/hétero; 2) que, no entanto, elas estão mais próximas da homossexualidade e daquilo que se poderia chamar de um devir feminino.

No nível do corpo social, a libido encontra-se efetivamente tomada pelos dois sistemas de oposição de classe e de sexo: ela tem de ser macho, falocrática; tem de binarizar todos os valo-res – oposição forte/fraco, rico/pobre, útil/inútil, limpo/sujo etc.

No nível do corpo sexuado, a libido está engajada, ao con-trário, num devir mulher. Mais exatamente, o devir mulher serve de referência, eventualmente de tela, aos outros tipos de devir (exemplo: um devir criança, como em Schumann, um devir animal, como em Kafka, um devir vegetal, como em Novalis, um devir mineral, como em Beckett).

Por não estar tão longe do binarismo do poder fálico, o devir mulher pode desempenhar esse papel intermediário, esse papel de mediador em relação aos outros devires sexua-dos. Para compreender o homossexual, dizemos que é um pouco "como uma mulher". E muitos homossexuais entram nesse jogo um tanto normalizador. O casal feminino-passivo/ masculino-ativo permanece, assim, como uma referência tor-nada obrigatória pelo poder, para lhe permitir situar, locali-zar, territorializar, controlar as intensidades de desejo. Fora dessa bipolaridade exclusiva, não há salvação: ou então se cai no absurdo, no recurso à prisão, ao asilo, à psicanálise etc. O próprio desvio, as diferentes formas de marginalismo são codificadas para funcionar como válvulas de segurança. Em suma, as mulheres são os únicos depositários autoriza-dos do devir corpo sexuado. Um homem que se desliga das disputas fálicas, inerentes a todas as formações de poder, se engajará, segundo diversas modalidades possíveis, num tal devir mulher. É somente sob essa condição que ele poderá, além do mais, devir animal, cosmo, carta, cor, música.

A homossexualidade, por força das circunstâncias, parece inseparável, portanto, de um devir mulher – mesmo a homossexualidade não edipiana, não personológica. O mesmo é válido para a sexualidade infantil, a sexualidade psicótica, a sexualidade poética (exemplo: a coincidência em Allen Ginsberg de uma mutação poética fundamental e de uma mutação sexual). De modo mais geral, toda organização "dissidente" da libido deve compartilhar de um devir corpo feminino, como linha de fuga do *socius* repressivo, como acesso possível a um "mínimo" de devir sexuado, como última tábua de salvação em face da ordem estabelecida. Se insisto nesse ponto é porque o devir corpo feminino não deve ser assimilado à categoria "mulher" tal como ela é considerada no casal, na família etc. Tal categoria, aliás, só existe num campo social particular que a define! Não há mulher em si! Não há polo materno nem eterno feminino... A oposição homem/mulher serve para fundar a ordem social, antes das oposições de classe, casta etc. Inversamente, tudo o que rompe as normas, tudo o que rompe a ordem estabelecida, tem algo a ver com a homossexualidade ou com um devir animal, um devir mulher etc. Toda semiotização em ruptura implica uma sexualização em ruptura. Portanto, a meu ver, não devemos colocar a questão dos escritores homossexuais, mas procurar o que há de homossexual num grande escritor, mesmo que ele seja heterossexual.

Me parece importante explodir noções grandes e grosseiras como as de mulher, homossexual... As coisas nunca são tão simples. Quando as reduzimos a categorias branco/preto ou macho/fêmea, é porque temos uma segunda intenção, é porque fazemos uma operação redutora-binarizante para nos assegurar de um poder sobre elas. Por exemplo, um amor não deveria ser qualificado de modo unívoco. O amor em Proust nunca é especificamente homossexual. Comporta sempre um componente esquizofrênico, paranoico, um devir planta, um devir mulher, um devir música.

Outra noção maciça cujos danos são incalculáveis é a de orgasmo. A moral sexual dominante exige da mulher uma identificação quase histérica de seu gozo com o do homem, expressão de uma simetria, de uma submissão a seu poder fálico. A mulher *deve* seu orgasmo ao homem. Se ela o "recusa", torna-se culpada. Quantos dramas imbecis são alimentados em torno desse tema! E a atitude sentenciosa dos psicanalistas e dos sexólogos sobre essa questão não ajuda a resolver a situação! De fato, é comum que mulheres bloqueadas com parceiros masculinos cheguem facilmente ao orgasmo masturbando-se ou fazendo amor com outra mulher. Mas o escândalo é muito maior se a coisa é descoberta!

Consideremos um último exemplo, o do movimento das prostitutas. No começo, quase todo mundo dizia: "Muito bem, as prostitutas têm razão de se revoltar. Mas, atenção, temos de separar o joio do trigo. As prostitutas, tudo bem. Mas os cafetões, não quero nem ouvir falar!". E todo mundo começou a explicar às prostitutas que elas deviam se defender, que são exploradas etc. Tudo isso é absurdo! Antes de explicar qualquer coisa, é preciso procurar compreender o que acontece entre a prostituta e o cafetão. Há um triângulo prostituta-cafetão-dinheiro. Mas há também toda uma micropolítica do desejo, extremamente complexa, que está em jogo entre cada polo do triângulo e os diversos personagens, tais como o cliente e o policial. As prostitutas têm certamente coisas muito interessantes a nos ensinar a respeito disso. E, em vez de persegui-las, seria muito melhor subvencioná-las, como se faz com os laboratórios de pesquisa! Quanto a mim, estou convencido de que é estudando toda essa micropolítica da prostituição que se pode esclarecer, sob uma nova luz, partes inteiras da micropolítica conjugal e familiar – a relação de dinheiro entre marido e mulher, pais e filhos e, mais além, psicanalista e cliente. (Teríamos também de recuperar o que os anarquistas da "*belle époque*" escreveram a esse respeito.)

A. CHEGUEI ATÉ MESMO A ENCONTRAR TRAVESTIS FELIZES

O [grupo de teatro musical] Les Mirabelles experimenta uma nova forma de teatro militante, um teatro que se desembaraça da linguagem explicativa, das tiradas cheias de boas intenções, por exemplo, sobre a liberação dos homossexuais! Recorre ao travestimento, ao canto, à mímica, à dança etc. não como meio de ilustração de um tema, para "distrair" o espírito do espectador, mas sim para perturbá-lo, para agitar dentro dele zonas turvas de desejo que ele ainda se recusa a explorar. A questão não é mais a de saber se vamos desempenhar o papel feminino contra o masculino, ou o contrário, mas sim fazer com que os corpos, todos os corpos, consigam se livrar das representações e dos constrangimentos do "corpo social", das posturas, das atitudes e dos comportamentos estereotipados, da "couraça" de que falava Wilhelm Reich. A alienação sexual, que é um dos fundamentos do capitalismo, implica a polarização do corpo social na masculinidade, enquanto o corpo feminino se transforma em objeto de cobiça, em mercadoria, um território ao qual só se poderá ter acesso com culpa e submetendo-se a todas as engrenagens do sistema (casamento, família, trabalho etc.). O desejo, de sua parte, que se vire como puder! De fato, ele deserta do corpo do homem para emigrar para o lado da mulher ou, mais exatamente, para o lado de um devir mulher. O essencial aqui não é o objeto visado, mas sim o movimento de transformação. É esse movimento, essa passagem que o Mirabelles nos ajuda a explorar: um homem que ama seu próprio corpo, um homem que ama o corpo de uma mulher ou de outro homem está sempre implicado secretamente num "devir feminino". O que é totalmente diferente de uma identificação com *a* mulher, e menos ainda com *a* mãe, como queriam nos fazer acreditar os psicanalistas. Trata-se muito mais de um devir *outro*, de uma etapa para tornar-se diferente daquilo que o corpo social repressivo nos destinou autoritariamente. Assim como os trabalhadores, apesar da exploração de sua força de trabalho, conseguem estabelecer um certo tipo de relação verdadeira com a realidade do mundo, as mulheres, apesar da exploração sexual que sofrem, conseguem conservar um certo tipo de relação verdadeira com o desejo. *E elas vivem essa relação essencialmente no nível de seu corpo.* E, se a burguesia não é nada no plano econômico sem o proletariado, os homens não são grande coisa no plano do corpo se não tiverem acesso a um "devir feminino". Daí sua dependência do corpo da mulher, ou da imagem de mulher que frequenta seus sonhos e seu próprio corpo ou que eles projetam no corpo de seu parceiro homossexual. Daí também a contradependência à qual eles se esforçam para reduzir as mulheres ou os comportamentos de predador sexual que eles adotam em relação a elas. A exploração econômica e a exploração sexual não podem ser dissociadas. A burguesia e as burocracias mantêm seu poder justamente apoiando-se na segregação dos sexos, das faixas etárias, das raças, na codificação das atitudes, na estratificação das castas. A reprodução pelos militantes dessas mesmas segregações e estratificações (por exemplo, a recusa a encarar as consequências da alienação concreta das mulheres e das crianças, das atitudes possessivas e dominadoras, da separação burguesa entre vida privada e atividade pública etc.) constitui uma das bases essenciais da esclerose atual do movimento operário e revolucionário. Colocar-se à escuta dos verdadeiros desejos do povo implica que sejamos capazes de nos colocar à escuta de nosso próprio desejo e daquele do nosso entorno mais imediato. Isso não significa em absoluto que devemos passar as lutas do desejo à frente da luta de classes em grande escala. Pelo contrário, cada ponto de junção entre elas trará a estas últimas uma energia inimaginável.

DEVIR CRIANÇA, MALANDRO, BICHA

Permanece na ordem do dia tanto do capitalismo quanto do socialismo burocrático a busca, a experimentação de um sistema autoritário fascista.[1] Muitas forças tendem hoje à liberação das energias populares e do desejo de toda espécie de minorias oprimidas, e para enfrentar essa situação os poderes vigentes não param de reforçar as estruturas repressivas. Mas não necessariamente de maneira maciça. Eles adaptam a repressão de modo que as pessoas possam interiorizá-la mais facilmente. O que não significa que eles a suavizam. Suas formas muito óbvias são mal toleradas e, por isso, o que se busca é uma espécie de miniaturização do fascismo. Não se usam mais, necessariamente, cassetetes ou campos de extermínio: procura-se de preferência controlar as pessoas com laços quase invisíveis que as prendem tanto mais eficientemente ao modo de produção capitalista (ou socialista burocrática) quanto elas o investem de modo inconsciente.

Toda uma série de dispositivos sociais trabalham na produção desses laços que constituem, por assim dizer, a textura das relações de produção. Louis Althusser os definiu como aparelhos ideológicos de Estado. Mas creio que ele se engana ao considerá-los da ordem das superestruturas. O maniqueísmo da oposição entre as superestruturas ideológicas e as infraestruturas econômicas introduz sistemas de determinação em sentido único e simplificações que só servem para confundir as coisas. Mas não deixa de ser interessante agrupar, como fez Louis Althusser, equipamentos como a escola, a prisão, a justiça etc. e instituições como a família, os sindicatos etc. No *continuum* constituído por esses equipamentos e instituições é que se opera a formação coletiva da força de trabalho, ela própria inseparável das "infraestruturas" econômicas. Com efeito, o que é trabalhado pelas forças

---

1 Publicado originalmente como "Autour de l'école". *Les Cahiers Pédagogiques*, n. 152, mar. 1977. [N. E.]

produtivas não são apenas fluxos de matéria-prima, fluxos de eletricidade, fluxos de trabalho humano, mas também fluxos de saber, fluxos semióticos reproduzindo atitudes coletivas, comportamentos de submissão às hierarquias etc. Por exemplo, o trabalho de semiotização que entra no contexto da formação profissional não pode ser dissociado do trabalho de modelagem e adaptação dos trabalhadores às relações existentes na oficina e na fábrica. Nesse sentido, a própria condição da *reprodução das forças produtivas* é precisamente o que se passa nos supostos aparelhos ideológicos de Estado, que poderiam ser chamados, mais simplesmente, de equipamentos coletivos, entendidos em sentido lato. Não se trata, portanto, de reproduzir uma ideologia, mas reproduzir meios de produção e relações de produção.

Desse ponto de vista, o que se passa na escola e na família pode ser relacionado. Com efeito, ambas contribuem para essa mesma "função de equipamento coletivo" da força de trabalho, adaptando as crianças às relações de poder dominantes. Às vezes os papéis dos protagonistas tornam-se até mesmo intercambiáveis. Espera-se do professor primário que desempenhe uma função parental, enquanto os pais são convidados a serem bons "pais de alunos" ou professores em casa. As pessoas, de fato, só servem para enquadrar, "canalizar" – no sentido da teoria da informação – um trabalho de semiotização que passa cada vez mais pela televisão, pelo cinema, pelos discos, pelas histórias em quadrinhos etc. Por não se agenciarem tais processos maquínicos segundo as finalidades assumidas coletivamente, chega-se a uma espécie de intoxicação semiótica generalizada. Quando todas as antigas territorialidades – o corpo, a família, o espaço doméstico, as relações de vizinhança, de faixa etária etc. – são ameaçadas por um movimento geral de desterritorialização, procede-se à recriação artificial dessas mesmas territorialidades, e as pessoas se enroscam nelas, ainda por cima quando sabem que nunca mais as encontrarão em sua forma "original". Daí as modas nostálgicas, que parecem depender menos de um fenômeno de moda do que de uma inquietação geral diante da aceleração da história.

Liberar uma energia de desejo...

Não apenas somos equipados semioticamente para ir à fábrica ou ao escritório, como injetam em nós uma série de representações inconscientes, tendendo a moldar nosso ego. Equipam nosso inconsciente para assegurar sua cumplicidade com as formações repressivas dominantes. A essa função generalizada de equipamento, que estratifica os papéis, hierarquiza a sociedade, codifica os destinos, oporemos uma função de *agenciamento coletivo* do *socius* que não procura mais fazer com que as pessoas entrem nos quadros preestabelecidos, para adaptá-las a finalidades universais e eternas, mas que aceita o caráter finito e delimitado historicamente dos empreendimentos humanos. É sob essa condição que as singularidades do desejo poderão ser respeitadas. Tomemos o exemplo de Fernand Deligny,[2] nas Cevenas. Ele não criou uma instituição *para* crianças autistas. Ele tornou possível que um grupo de adultos e crianças autistas pudessem viver juntos, segundo seus próprios desejos. Ele agenciou uma economia coletiva de desejo que articula pessoas, gestos, circuitos econômicos e relacionais etc. É muito diferente do que fazem em geral os psicólogos e os educadores, que têm uma ideia *a priori* sobre as diversas categorias de "deficientes". O saber, aqui, não se constitui mais no poder que se apoia em todas as outras formações repressivas. A única maneira de "percutir" o inconsciente, de fazê-lo sair de sua rotina, é dando ao desejo o meio de se exprimir no campo social. Manifestamente, Deligny gosta das pessoas que são chamadas de autistas. E elas sabem disso. Assim como aqueles que trabalham com ele. Tudo parte daí. E é para aí que tudo volta. Quando somos obrigados, por função, a cuidar dos outros, a "assisti-los", uma espécie de relação ascética sadomasoquista se institui, poluindo em profundidade as iniciativas aparentemente mais inocentes e mais desinteressadas. Imaginemos

---

2 Fernand Deligny, "Cahiers de l'Immuable", n. 1–3 de *Recherches*, Cerfi, 49, 1975–76.

que "profissionais do autismo", como o pessoal do AMIPI,[3] se proponham fazer "como Deligny", que imitem seus gestos, que se organizem nas mesmas condições... O que aconteceria? Eles não fariam mais do que "aprimorar" sua própria tecnologia microfascista, que até então não tinha encontrado nada melhor do que se aproveitar do prestígio "científico" do neobehaviorismo anglo-saxão. Não é no nível dos gestos, dos equipamentos, das instituições que o verdadeiro metabolismo do desejo – por exemplo, o desejo de viver – encontrará seu caminho, mas no agenciamento das pessoas, das funções, das relações econômicas e sociais, voltado para uma *política global de libertação*.

Quando lancei a ideia, quinze anos atrás, de uma *análise institucional* para fazer frente à psicanálise e de *analisadores coletivos* para desespecializar a abordagem do inconsciente, eu queria mostrar a necessidade de uma abertura dos problemas da vida cotidiana nas instituições para uma micropolítica, uma militância de um novo tipo.[4] Infelizmente, fizeram da análise institucional e dos analisadores as novas engenhocas psicossociológicas e conseguiram encontrar uma forma de colocá-los a serviço de uma melhoria geral das relações humanas, isto é, em última instância, de uma adaptação às diversas situações de alienação.

Hoje, as estratificações mentais e profissionais, no domínio das "coisas sociais", tendem talvez a tornar-se menos óbvias. Começa-se a pressentir vias de passagem – uma "transversalidade" – entre problemas de urbanismo, de burocratização, de neurose, de micropolítica no seio da família com as crianças, no seio do casamento com o falocratismo, de vida coletiva, de ecologia etc. Estamos na presença, talvez, de uma espécie de processo de pesquisa de massa. Não são

---

3   Association d'Aide Maternelle et Intellectuelle pour les Personnes Inadaptées [Associação de ajuda materna e intelectual a pessoas inadaptadas]. Ver a esse propósito a nota de Charles Brisset na revista *Autrement*, n. 4, 1975-76, p. 180.

4   F. Guattari, *Psicanálise e transversalidade: ensaios de análise institucional* [1972], trad. Adail U. Sobral e Maria S. Gonçalves. São Paulo: Ideias e Letras, 2004.

mais os especialistas do pensamento ou da militância que propõem novos modelos, mas pessoas diretamente interessadas que experimentam novas maneiras de viver. No campo da educação, não é mais a aplicação de métodos pedagógicos – no sentido em que se fala dos "métodos Freinet" – que preocupa os professores inovadores, mas de microagenciamentos analítico-militantes capazes de se cristalizar em torno de uma classe, de uma escola, de um grupo de crianças etc. Em que direção se procura um desejo coletivo? Quais intervenções poderiam ajudá-lo a sair das territorialidades que o cercam? O que eu poderia fazer, não enquanto professor, mas na medida em que sinto que aquilo que acontece me diz respeito? É exatamente o contrário das perspectivas do psicologismo e do "psicanalismo". Não se trata mais de restringir o inconsciente, reduzi-lo a complexos universais, a transferências personalizadas, deitá-lo em divãs especializados, submetê-lo ao pretenso saber do analista... mas abri-lo para novas vias – por vezes linhas de fuga minúsculas e, por outras, perspectivas de mudança em grande escala.

Construir a própria vida, construir algo vivo, não somente com pessoas próximas, com crianças – seja na escola ou não –, com amigos, com militantes, mas também consigo mesmo, para modificar, por exemplo, a própria relação com o corpo, com a percepção das coisas, não é, como diriam alguns, desviar-se das causas revolucionárias mais fundamentais e mais urgentes? Toda questão está em saber o que se entende por revolução! Trata-se, sim ou não, de acabar com *todas* as relações de alienação – não somente as que pesam sobre os trabalhadores, mas também as que pesam sobre as mulheres, as crianças, as minorias sexuais etc., as que pesam sobre as sensibilidades atípicas, as que pesam sobre o amor aos sons, às cores, às ideias... Uma revolução, em qualquer domínio que seja, passa por uma liberação prévia de uma energia de desejo. E, manifestamente, só uma reação em cadeia, atravessando as estratificações existentes, poderá catalisar um processo irreversível de questionamento das formações de poder às quais está acorrentada a sociedade atual.

A. AS CRECHES E A INICIAÇÃO

Como evitar que as crianças se conectem às semióticas dominantes a ponto de perder muito cedo toda e qualquer verdadeira liberdade de expressão? Sua modelagem pelo mundo adulto parece efetuar-se, de fato, em fases cada vez mais precoces de seu desenvolvimento, especialmente por meio da televisão e dos jogos educativos. Uma das contradições internas dos empreendimentos ditos da "escola nova" reside no fato de que elas limitam muito frequentemente suas intervenções ao nível das técnicas da aquisição da linguagem, da escrita, do desenho etc., sem intervir no motor dessa modelagem, cujas técnicas não são senão um dos agentes. Um empreendimento educacional não poderia circunscrever de modo válido seu campo a questões de técnicas de aprendizagem ou de socialização. Ele coloca de imediato toda uma série de problemas micropolíticos.

Ao compararmos o que acontece hoje nas sociedades industriais com o que existia nas sociedades pré-industriais, ou o que sobrevive nas sociedades "primitivas", constatamos que nestas últimas a iniciação, a entrada da criança em papéis especificados pelo campo social adulto situa-se em torno de nove a doze anos. Até essa idade, ela não é obrigada a respeitar rigorosamente as proibições do grupo. Só quando é promovida a pessoa de pleno direito, membro do clã, é que deve se dobrar às normas do grupo, o que faz com que ela se beneficie, em contrapartida, do prestígio e das vantagens materiais próprias de cada etapa dessa promoção. Por exemplo, em tribos indígenas da Amazônia, antes da iniciação, as crianças comem fora do círculo dos adultos, devem se virar por conta própria para apanhar os restos; mas podem iniciar livremente relações sexuais que, posteriormente, serão consideradas incestuosas; é como se, antes da iniciação, os atos das crianças não envolvessem verdadeiramente a comunidade. Assim, durante aproximadamente dez anos, elas escapam ao tipo geral de codificação sobre o qual repousa o conjunto da estrutura social. O que não quer dizer que elas escapam completamente a todo e qualquer modo de controle da sociedade: por exemplo, até a idade de dois anos, o comportamento da criança será circunscrito a um território que a coloca nas adjacências da mãe, mas durante todo esse período, por exemplo em certas sociedades animistas africanas, não haverá aprendizagem do controle esfincteriano. A fixação do período de desmame é geralmente muito flexível. Pode ser tardio. Mas a partir do momento que ele acontece a criança vê-se bruscamente forçada a abandonar essa territorialidade materna e submeter-se à lei de uma outra faixa etária, onde terá de respeitar outros tipos de código. Alguns psicanalistas se comoveram com a brutalidade desse tipo de desmame; imputaram-lhe a origem de todos os tipos de distúrbios. Mas aparentemente se trata de uma forma particular de etnocentrismo que consiste em desconhecer as condições particulares de funcionamento da libido nessas sociedades.

Nas sociedades industriais desenvolvidas, toda essa organização de faixas etárias parece ter desaparecido: é como se o processo de iniciação começasse desde a fase *infans*. A iniciação não é mais circunscrita a um período preciso, não se efetua mais segundo um cerimonial particular, por exemplo, naquilo que chamamos de "campos de iniciação". Ela ocorre em "tempo integral"; mobiliza todo o meio familiar e os educadores. Essa iniciação no sistema de representação e nos valores do capitalismo não põe mais em jogo somente pessoas, mas passa cada vez mais pelos meios audiovisuais, que moldam as crianças aos códigos perceptivos, aos códigos de linguagem, aos modos de relações interpessoais, à autoridade, à hierarquia, a toda a tecnologia capitalista das relações sociais dominantes.

Um dos elementos primordiais da evolução dessa iniciação concerne ao primado da escrita na formação semiótica de base da infância. Lembramos que não muito tempo atrás a leitura – de um romance, por exemplo – podia ser desaconselhada às moças: Tolstói mostra mocinhas da burguesia e da aristocracia lendo à noite, escondidas... Davam-se a isso todos os tipos de justificação: a leitura era nociva aos olhos, podia inspirar ideias erradas...

Na realidade, essa proibição se atinha ao fato de que as moças não estavam destinadas a participar, da mesma forma que os homens, das semióticas escriturais enquanto componente essencial da integração ao modo de produção dominante. (Acrescentemos que, sob outras formas, esse tipo de restrição não concernia somente às moças das classes superiores, mas também às crianças das classes pobres.) No presente, o capitalismo pretende mobilizar o máximo de pessoas, de qualquer idade e sexo, e a criança deve estar apta o *mais cedo possível* a decifrar os diferentes códigos do poder. A escola primária, na época de Jules Ferry, ainda punha em jogo ritos de passagem em períodos relativamente tardios da vida da criança; o professor se preocupava principalmente em iniciar as crianças num certo tipo de lei, de disciplina; ele lhes ensinava a permanecer em fila, a falar quando eram solicitados etc. Esse tipo de escola correspondia a um modo particular de organização da produção, por exemplo, aquele das manufaturas, do trabalho em série etc., e da organização militar de "massa". Ao contrário, a formação do trabalhador e do soldado implica, hoje, uma integração máxima nos processos de semiotização escriturais. As crianças, diante da televisão, "trabalham", assim como "trabalham" na creche, com brinquedos que são concebidos para melhorar sua performance perceptiva. Em certo sentido, podemos comparar esse trabalho ao dos aprendizes nas escolas profissionais, ou dos operários metalúrgicos que se reciclam para adaptar-se a novas linhas de montagem. Não seria concebível, na sociedade atual, que um trabalhador pudesse ser formado sem essa preparação na família, na creche, antes mesmo de entrar na escola primária.

As crianças são obrigadas a formar-se desde a mais tenra idade em uma certa *tradutibilidade do conjunto dos sistemas semióticos* introduzidos pelas sociedades industriais. A criança não aprende somente a falar uma língua materna; ela adquire também os códigos da circulação na rua, um certo tipo de relação complexa com as máquinas, com a eletricidade etc. e esses diferentes códigos devem integrar-se aos códigos sociais do poder. Essa homogeneização das competências semióticas é essencial ao sistema da economia capitalista: a "escrita" do capital implica, com efeito, que o desejo do indivíduo, em suas diferentes performances, seja capaz de se adaptar, de se "tradutibilizar", agenciando-se a partir de qualquer ponto do sistema socioeconômico. O capital constitui a própria matriz da tradutibilidade dos valores de troca e de todas as formas de trabalho. A iniciação no capital tem, portanto, como pré-requisito uma iniciação semiótica nos diferentes modos de tradutibilidade e nos sistemas de invariantes que lhes correspondem.

Já passou o tempo em que se dizia a um adolescente: "Você vai ver, no serviço militar vão pôr você na linha, vão fazer de você um homem...". Não é possível esperar tanto tempo! A precocidade do adestramento da criança implica novos métodos. Tende-se a recorrer cada vez menos a sistemas de coerção materiais – a palmatória, o castigo podem ser dispensados – e cada vez mais a técnicas de impregnação audiovisuais que efetuam o mesmo trabalho com suavidade, mas em profundidade muito maior. Talvez estejamos lidando aqui com uma lei geral: quanto mais precoce é a iniciação, mais intenso e duradouro será o *imprinting* do controle social.[5] A iniciação do tipo da escola de Jules Ferry, do tipo do serviço militar operava ainda um *imprinting* muito fraco. Se a impregnação nos modelos imaginários, perceptivos, sociais, culturais etc. é retardada, por qualquer motivo que seja, haverá uma enorme dificuldade para modelar os indivíduos às tarefas que lhes serão atribuídas nas estruturas altamente diferenciadas da produção. Pelo menos na França, as crianças não são mais enviadas para as manufaturas com seis ou oito anos,[6] por isso se tem a impressão de que a escola e as relações familiares foram humanizadas. O que se fez, porém, foi simplesmente trocar a roupa da velha crueldade da iniciação que consiste em extirpar da criança suas capacidades específicas de expressão e adaptá-las, o mais cedo possível, aos valores, significações e comportamentos dominantes.

O essencial, hoje, já não é a aprendizagem humana de uma língua materna. A fala é inteiramente programada pela linguagem, especialmente a linguagem audiovisual. A lin-

---

5   Entendido no sentido que lhe dá a etologia.
6   Vale notar que esse não é o caso na Itália!

guagem que é falada na televisão e nos filmes é apenas uma certa transcrição da fala. A televisão tomou para si uma série de tarefas que cabiam aos professores, às mães de família. É ela a babá, é ela que tomou o lugar, em larga medida, das relações domésticas que se estabeleciam antigamente no quadro das semiologias da fala. A linguagem que ela produz está a serviço de um certo tipo de iniciação nas diferentes engrenagens da produção e do campo social. O imaginário da criança escapa assim, por exemplo, ao sistema dos contos de fadas e até mesmo a um certo tipo de devaneio. A educação televisual modela o imaginário, injeta personagens, roteiros, fantasmas, atitudes, ideais; impõe toda uma micropolítica das relações entre os homens e as mulheres, os adultos e as crianças, as raças etc. Ocupa o lugar de um certo estilo de conversa, de leitura e até mesmo de devaneio.

Um trabalho de creche, portanto, que quisesse engajar-se em outra economia desejante somente conseguiria situar-se na contramão dessa tecnologia adaptativa. O que conta na creche, insisto, não é a técnica, é o efeito da política semiótica dos adultos sobre as crianças. Em que a atitude dos adultos que trabalham na creche favorece a iniciação das crianças nos valores do sistema? Essa é toda a questão! Uma prática analítica numa creche não poderia ser dissociada de um engajamento micropolítico; implicaria, em particular, todo um trabalho de análise do coletivo das atendentes, dos psicólogos, e também um trabalho incidindo sobre as famílias, as pessoas próximas etc. O inconsciente de uma criança é inseparável do inconsciente dos adultos; ela entra em interação, por exemplo, com os conflitos profissionais dos pais, com a competição e as lutas sexuais no seio da família e entre as pessoas próximas, com os modelos de integração que são veiculados pelas crianças mais velhas etc. Os sistemas precedentes haviam confiado ao pessoal das escolas uma tarefa capital: adaptar a criança ao saber e aos valores da sociedade dominante. As máquinas audiovisuais assumiram hoje esse trabalho, provavelmente melhor que qualquer atendente ou educador. Mas, em contrapartida, nas creches e nas escolas, os trabalhadores estão em posição de *lutar contra esses siste-*

253

mas de integração e de alienação. É nesse sentido que se deveria considerar uma luta micropolítica fundamental. É nesse nível que uma série de operações de base é posta em jogo. Ainda uma vez, trata-se não somente de operações concretas de aprendizagem, mas também de aquisição de esquemas abstratos, esquemas relacionais, toda uma iniciação na *axiomática do capital*.

Como encarar tal luta micropolítica? O simples fato de não assujeitar os diferentes modos de expressão semiótica da infância à semiologia da linguagem escrita já não representa uma ruptura importante com o sistema dominante? O fato de que as crianças possam exprimir-se pela pintura, dança, canto, organização de projetos comuns etc., sem que o conjunto dessas atividades seja sistematicamente recentrado nas finalidades educativas clássicas (integração na sociedade e respeito aos polos personológicos e familiares), permite ao desejo delas escapar, em certa medida, à modelagem da libido que tende a assujeitá-la à política capitalista da descodificação generalizada dos fluxos. Não se trata de proteger artificialmente a criança do mundo exterior, criar para ela um universo artificial, ao abrigo da realidade social! Ao contrário, é necessário ajudá-la a fazer frente a essa realidade; a criança deve apreender o que é a sociedade, o que são seus instrumentos. Mas isso não deveria efetuar-se em detrimento de suas próprias capacidades de expressão. O ideal seria que sua economia de desejo conseguisse escapar ao máximo à política de sobrecodificação do capitalismo, suportando ao mesmo tempo, sem traumatismo maior, seu modo de funcionamento. Não se trata, pois, de escapar completamente aos fluxos decodificados do capitalismo, mas controlar relativamente sua incidência. Recusar fazer a criança "cristalizar-se" prematuramente em indivíduo tipificado, em modelo personológico estereotipado, não significa que se buscará transformá-la em marginais, delinquentes, revoltados ou revolucionários! Não se trata aqui de opor uma formação a outra, uma codificação a outra, mas criar condições que permitam aos indivíduos adquirir meios de expressão relativamente autônomos e, portanto, relativamente não recuperáveis pelas tecnologias das diversas formações de poder (estatais, burocráticas, culturais, sindicais, de *mass-media* etc.).

Ao atingir a idade adulta, se jamais ela decidir assumir as roupas e os papéis que o sistema lhe apresenta, convém que ela possa fazê-lo sem que eles lhe colem à pele a ponto de não mais poder desfazer-se deles, a ponto de investir por si mesmos os valores repressivos dos quais eles estão impregnados.

B. A FOSSA DAS CRIANÇAS

A criança é enviada para a escola.[7] O louco é enviado para o manicômio. E o que se faz da criança louca? Constrói-se para ela uma escola em um manicômio. Todas as manhãs, crianças rotuladas como deficientes ou psicóticas são levadas sob escolta até o professor do hospital psiquiátrico. O papel deste último: fingir ensiná-las a ler, escrever e contar. Na realidade, a classe é uma verdadeira coleção de feras. As tentativas de ensinar terminam em gritos e brigas generalizadas. Ele está trancado com as crianças. Sete fechaduras sofisticadas foram contadas na sala de aula. As janelas ficam trancadas, mas está previsto que a qualquer momento ele possa chamar reforços por telefone. Um dia, ele se recusa a ser um cúmplice desse sistema: abre as portas e as janelas e devolve a liberdade às crianças. Pensa que talvez seja uma situação excepcional. Faz uma investigação pessoal entre seus colegas que ocupam uma posição semelhante e, atônito, descobre que, ao contrário, era ele que estava em uma situação privilegiada em comparação com alguns deles. Há hospitais psiquiátricos onde se pode ver: "crianças amarradas às cadeiras, às paredes da sala de aula, o dia todo [...] barras de ferro para aquelas que não querem aprender gramática ou conjugação [...], camas que não são feitas meses a fio sob o pretexto de que as crianças as desfazem o tempo

---

7   Texto publicado originalmente em *Le Nouvel Observateur*, 21 jul. 1972, escrito com base no depoimento de um professor de hospital psiquiátrico. [N. E.]

todo..., cobertores que são verdadeiros trapos de cinquenta centímetros por cinquenta centímetros..., pavilhões onde o cheiro é insuportável..., barracas onde as crianças são amontoadas como animais domésticos...".

Ele constata que o departamento em que ele trabalha é "melhor que os outros": as instalações são modernas e bem equipadas; ele recebe o material didático que ele pede; há "reuniões de balanço"... Do que ele está reclamando? Eles não estão tentando melhorar a situação gradualmente? No entanto, ele vê tais reformas como totalmente insuficientes. "Somos ricos para os pobres", escreve ele, mas o encarceramento continua implacável. A melhoria das condições materiais não é desprezível, mas para a administração é apenas um meio de esquivar-se do lado visível do escândalo. O que importa é a atitude dos adultos e as técnicas utilizadas para conseguir que as crianças internalizem o sistema repressivo.

Quando elas se perguntam: "Por que somos más?", algumas garotas respondem: "Porque os nervos são mais fortes do que nós".

Mas, para o novo professor, a maldade em si não existe. O que lhe interessa são as relações sociais: "As pulsões de morte são muito fortes no hospital para que haja uma mudança radical da instituição". Sejamos claros, ele está falando das pulsões de morte e não *da* pulsão de morte que funciona para os psicanalistas como uma espécie de destino, uma espécie de maldição que cada indivíduo carregaria consigo. As pulsões de morte devem ser identificadas, aqui, no nível do grupo. Em vez de uma atitude de renúncia diante da fatalidade, elas convocam uma intervenção *micropolítica* contra a angústia que brota das paredes, contra essa culpa edipiana que não parece proceder apenas de si mesma, mas que é secretamente manipulada pela instituição. O professor decide entregar às crianças o pouco de poder com que foi investido. Uma nova regra é instituída: "o direito de sair da sala, o direito de não fazer nada, a liberdade sexual, o direito de mudar o horário, o direito de pedir e exigir". O que acontece a partir de então é relatado em um documento notável. Não é uma questão de análise localizada de uma transferência personalizada ou de equivalentes simbólicos do pai e da mãe. O processo analítico, aqui, é orientado pelo grupo de crianças. O professor não interpreta. Ele se envolve de acordo com as suas possibilidades e responsabilidades.

Muito naturalmente, no início, as crianças desconfiam do novo professor; tentam manter seu papel tradicional. Por exemplo, queixam-se às enfermeiras por não fazerem nada na aula... Então, rapidamente, iniciam uma espécie de miniluta de libertação contra a administração e contra o poder médico. Há uma preocupação por parte do pessoal. Gostariam de fazer algo, mas o recém-chegado parece tão determinado a ir até o fim que finalmente decidem neutralizá-lo. Nenhuma intervenção direta, contentam-se em instaurar um clima de incompreensão em torno da experiência. Por exemplo, quando as crianças voltam à noite, já que o professor não é capaz de lhes dar ditados, as enfermeiras cuidam disso e reconstituem, no refeitório, uma escola como acham que tem de ser. Dizem que as inovações propostas só prejudicarão as crianças. "Na realidade, elas estão condenadas, então por que lhes dar alguma esperança?" É melhor se contentar com a melhoria de suas condições materiais! E não seria ainda melhor se elas tomassem consciência, até certo ponto, de sua própria desgraça? O novo professor ainda não chegou ao fim do seu calvário! Ele acabará percebendo que *o desejo das próprias crianças foi condenado* pelo poder adulto. A sociedade deseja inconscientemente sua morte, e algumas delas chegam a desejar essa morte. "Jean revelou lentamente esse desejo de ser destruído, esse desejo de ser coberto de cuspe, espancado ou esmagado no chão por outras crianças."

A expressão das crianças, sua violência, é assim marcada pela representação e pelos modelos veiculados pelos adultos pretensamente normais. Ser livre é tomar uma bebida, chafurdar na obscenidade da sexualidade adulta. Por exemplo, uma das crianças explica que todas as enfermeiras lhe fazem perguntas como: "O que você fez com as meninas?" "Elas pensavam que eu tinha me dado bem..." O trabalho do professor consiste agora em apagar-se diante de um sistema de regras de vida desenvolvidas coletivamente. Após muitas dificuldades, o grupo acaba ganhando o direito de sair do hospital livremente. Houve excitação na primeira viagem a Paris. Para prepará-la, elas escreveram textos, fizeram desenhos, imprimiram jornais que foram vendidos do lado de fora, economizaram...

Tal análise coletiva consiste em deixar emergir a fala e todos os modos de expressão das crianças e esforçar-se para fazê-las controlar uma prática real. Às vezes, uma criança não terá outra maneira de se fazer ouvir a não ser recorrendo à "fala gestual". Em outros momentos, será necessário recorrer a técnicas de gravação para "perceber" o que ela quer dizer; utilizam-se pastiches, mímicas, psicodramas, performances ao ar livre. Os resultados de tais métodos? "Jacques, incapaz de subir num tijolo ou num banco, conseguiu subir a pé, e sozinho, os degraus da Torre Eiffel até o segundo andar. Ele viveu isso como uma vitória..." Os atos de violência se tornaram mais raros. Entretanto, o professor não descarta a possibilidade de violência. Ele acrescenta, no entanto, que com o passar dos dias ele se convenceu de que nenhuma ameaça física levaria a atos perigosos. Consequências sexuais? Ele também não as exclui, mas nesse plano também os riscos devem ser medidos. A internação só os elimina ao custo de agravar os distúrbios. Essa questão deve ser abordada novamente em outro nível. Ela diz respeito a toda a condição da criança. Digamos apenas que estudos demonstraram que os riscos da maternidade são muito baixos nos anos seguintes à puberdade, e que essa experiência mostra que pessoas com alguma deficiência são capazes de se colocar problemas de contracepção. Mais do que outras, as crianças neuróticas e as crianças psicóticas precisam do livre exercício de sua sexualidade, que, aliás, às vezes assume formas muito diferentes da dos adultos. E em nome do que pensamos que podemos proibir essas crianças de ter acesso a tais desejos?

C. GANGUES EM NOVA YORK

A noção de marginalidade é extremamente ambígua. De fato, implica sempre a ideia de uma dependência secreta com a sociedade pretensamente normal. A marginalidade exige recentramento, recuperação. Gostaria de lhe opor a ideia de *minoria*. Uma minoria pode se querer definitivamente minoritária. Por exemplo, os homossexuais militantes nos Estados Unidos são minoritários que não aceitam ser marginalizados. Nesse mesmo sentido, pode-se considerar que as gangues negras e porto-riquenhas nos Estados Unidos não são marginais nos bairros das grandes cidades que eles controlam, às vezes quase inteiramente. Uma simplificação comum consiste em dizer que essas gangues não põem em ação senão mecanismos de autodefesa e que sua existência é apenas a consequência do fato de que o poder político, os partidos e os sindicatos *ainda* não encontraram resposta a esse problema. (Foi na esperança de achar tal resposta que Reagan, quando governador da Califórnia, tentou implantar um colossal centro de pesquisas para estudar meios de reabsorver a violência. Os trabalhos desse centro deveriam orientar-se na direção, apenas caricaturada, do filme *Laranja mecânica* [Stanley Kubrick, 1971].)

Os fenômenos de decomposição por que passam certas grandes cidades dos Estados Unidos tendem a transformá-las em uma verdadeira selva. O papel de *melting pot* da cidade apaga-se diante de uma aceleração das formas de segregação racial e de um reforço dos particularismos que chega até a impossibilidade de circular entre um bairro e outro. (A polícia entra apenas excepcionalmente em certos bairros de Nova York.)

Em vez de considerarmos que tais fenômenos são respostas coletivas improvisadas a uma carência (carência de moradia, por exemplo), deveríamos estudá-los como uma experimentação social feita na marra, em grande escala. De forma mais ou menos consequente, as minorias sociais exploram os problemas da economia do desejo no campo urbano. Essa exploração não propõe formas ou modelos alternativos, não traz nenhum remédio a uma patologia: ela indica, isso sim, a direção de uma nova organização da subjetividade coletiva.

Consideremos um exemplo típico: o do South Bronx, em Nova York.[8] Gangues de jovens, que às vezes reúnem vários

---

8   Ver os documentos audiovisuais de excepcional qualidade sobre as gangues do Bronx produzidos por Martine Barrat.

milhares de indivíduos, esquadrinham uma parte bastante grande desse bairro, cuja extensão é já considerável. Eles se impuseram uma organização muito rígida, muito hierarquizada e até mesmo tradicionalista. As mulheres são organizadas em gangues paralelas, mas permanecem completamente assujeitadas às gangues masculinas. De fato, essas gangues participam, por um lado, de uma economia desejante fascista e, por outro, daquilo que alguns de seus dirigentes chamam de um "socialismo primitivo" (*grass-root*). Destacamos, no entanto, os sinais de uma evolução interessante. Em certas gangues porto-riquenhas de Nova York, nas quais as meninas eram tradicionalmente assujeitadas aos chefes masculinos, apareceram estruturas de organização femininas mais autônomas, que não reproduzem os mesmos tipos de hierarquia; as meninas dizem que, diferentemente dos rapazes, elas não sentem a necessidade de uma tal estruturação. Um outro tipo de organização diferenciando-se, mesmo que parcialmente, da mitologia ligada a uma espécie de culto fálico do chefe parece-lhes desejável, portanto.

A existência dessas gangues traz toda uma série de perguntas:

— como se chegou a isso, principalmente no plano da segregação racial?
— por que os movimentos de emancipação foram forçados a se tornar implicitamente agentes dessa segregação?
— por que os movimentos revolucionários nacionais (Black Panthers, Black Muslims, Young Lords etc.) permaneceram sem domínio sobre esses milhares de gangues que controlam, quarteirão por quarteirão, numerosas cidades norte-americanas?

Assinalamos igualmente que existem nessas gangues uma certa cultura, específica das massas mais deserdadas, um certo modelo de vida, um certo senso da dignidade humana, e poderíamos creditar-lhes também certas intervenções sociais que trazem respostas parciais a problemas que nenhum tipo de poder de Estado conseguiu abordar de forma conveniente até o momento. Foi assim que, no South Bronx, bastou que uma equipe de médicos trabalhasse em conjunto com as gangues para que pudesse se desenvolver um sistema muito original de organização da higiene mental e assistência aos adictos.

Há alguns anos, durante as lutas raciais, o Lincoln Hospital, situado no Bronx, foi ocupado por militantes revolucionários e depois evacuado, ao fim de algumas semanas. Mas todo um andar do hospital continuou a ser ocupado e nunca deixou de ser ocupado, desde esse período, por ex-adictos que se responsabilizaram diretamente pela organização de um serviço de desintoxicação. Essa autogestão de um serviço hospitalar mereceria ser explorada em todos os seus detalhes. Destacamos simplesmente alguns fatos:

— a maior parte da equipe é composta de ex-adictos;
— os médicos não têm acesso direto nem aos doentes nem aos serviços;
— o centro tem sua própria polícia e um *status quo* pôde instituir-se com a polícia do estado de Nova York;
— o estado de Nova York, após lutar muito tempo contra o centro, acabou finalmente subvencionando-o;
— o centro faz uma utilização muito particular da metadona, que é empregada apenas como tratamento intensivo durante alguns dias, enquanto nos serviços clássicos sua administração dura anos e constitui uma espécie de droga artificial que assujeita definitivamente o ex-adicto ao "poder médico";
— um uso muito original dos métodos da acupuntura conduziu a excelentes resultados.

Mas o que talvez seja mais interessante é a conjunção da ação das gangues com esse serviço autogerido. Ela acabou não somente desenvolvendo um sistema de tratamento eficaz (os adictos chegam sozinhos, cambaleando, ao centro), mas também trouxe soluções a um problema mais geral: o do tráfico de drogas. Com efeito, as gangues assumiram o controle da situação, na verdade de forma bastante rude, eliminando os *pushers* (revendedores). Algumas gangues e alguns movimentos negros tomaram consciência da manipulação da qual eram objeto, por parte do poder de Estado, por meio da droga. (A coisa ficou clara quando se descobriu que os estoques de heroína apreendidos pela polícia de Nova York haviam sido substituídos por farinha e revendidos pela polícia, e isso numa escala colossal.)

Infelizmente os exemplos de ações relativamente pacíficas continuam sendo a exceção. Em regra, a violência e o medo, frequentemente alimentados pela polícia, reinam no interior das gangues. Não se pode dizer que uma tal "experiência" nos propõe um modelo de "qualidade de vida". É preciso dizer que certos esboços de organização mais ampla, mais sistemática, são combatidos pelas autoridades, em particular as relações que começavam a se instituir entre as gangues de diferentes etnias (negros e porto-riquenhos, chicanos etc.) e as relações entre as gangues locais e os movimentos implantados nacionalmente.

Sob a sua forma atual, o fenômeno das gangues data de poucos anos atrás. Sucede ao fato de as grandes organizações de luta dos negros e dos porto-riquenhos terem sido engolidas por uma onda de repressão de droga branca que chegou até os mais altos escalões.

D. TRÊS BILHÕES DE PERVERTIDOS NO BANCO DOS RÉUS

LIMINAR

O objeto deste número – a homossexualidade hoje na França – não poderia ser abordado sem o questionamento dos métodos comuns da pesquisa em ciências humanas, que, sob pretexto de objetividade, tomam todo o cuidado para estabelecer um distanciamento máximo entre o pesquisador e seu objeto.[9] Para chegar ao descentramento radical de enunciação científica que a análise de tal fenômeno requer, não basta "dar a palavra" aos sujeitos envolvidos – o que às vezes é um procedimento formal, e até jesuítico –, é preciso antes criar as condições de um exercício total, ou mesmo paroxístico, dessa enunciação. A ciência não tem nada a ver com justas medidas e compromissos de bom-tom! Romper as barreiras do saber vigente – na verdade, do poder dominante – não é fácil. Pelo menos três espécies de censura deveriam ser desmanteladas:

— *a do pseudo-objetivismo* das *pesquisas sociais* – do gênero relatório Kinsey – transposto para o *"comportamento sexual dos franceses"*, que delimita *a priori* todas as respostas possíveis, de modo a fazer as pessoas falarem aquilo que enquadra com o que o observador e o financiador do estudo desejam ouvir;

— *a dos preconceitos psicanalíticos*, que pré-organizam uma *"compreensão"* – na verdade uma recuperação – psicológica, tópica e econômica, da homossexualidade, de maneira que, no prolongamento da sexologia mais tradicional, ela

---

9   O número de março de 1973 da revista *Recherches*, "Trois milliards de pervers, grande encyclopédie des homosexualités", foi apreendido. Como diretor da publicação, fui condenado por atentado ao pudor. A sentença concluiu que o n. 12 da *Recherches* constituía uma "demonstração detalhada de torpeza e desvios sexuais", a "devassa libidinosa de uma minoria de pervertidos". Foi ordenado que todas as cópias fossem destruídas.

263

é mantida no quadro clínico das perversões, justificando implicitamente todas as formas de repressão por ela sofridas. Não se tratará em absoluto aqui, portanto, de "fixação" nas fases pré-genitais, pré-edípicas, pré-simbólicas ou pré-qualquer-coisa que definiriam o(a) homossexual como alguém a quem *falta* algo – no mínimo normalidade e moralidade. A "maquinação" homossexual, longe de depender de uma *"identificação com o progenitor do mesmo sexo"*, rompe com toda forma de adequação passível a um polo parental identificável. Longe de se resolver em fixação no Semelhante, ela é abertura para a Diferença. A recusa da castração no(a) homossexual não significa que ele(a) "brocha" diante de suas responsabilidades sociais, mas, ao contrário, que ao menos potencialmente ele(a) tenta, a seu modo, expurgar dessas responsabilidades todos os procedimentos identificatórios normalizados, que, no fundo, são meras sobrevivências dos rituais de submissão mais arcaicos;

— enfim, a da *"homossexualidade militante tradicional"*. Também nesse domínio a época da *Cabana do pai Tomás* já era. Não se tratará aqui da defesa das legítimas e inocentes reivindicações de minorias oprimidas, tampouco de uma exploração quase etnográfica de um misterioso *"terceiro sexo"*... O(a)s homossexuais falam em nome de todos – em nome da maioria silenciosa – e questionam todas as formas, quaisquer que sejam elas, de produção desejante. Nada na ordem da criação ou do progresso poderá ser feito sem o conhecimento de sua interpelação. Já se foi o tempo daqueles gênios homossexuais que se empenhavam em separar e desviar sua produção de sua homossexualidade, esforçando-se para mascarar que seu *élan* criador se originava em sua ruptura sexual com a ordem estabelecida.

Lembrete para os surdos: a bicha, não mais do que o esquizofrênico, não é *em si* um revolucionário, o revolucionário dos novos tempos! Estamos apenas dizendo que, entre alguns outros, ele *pode* ser, ele *pode* vir a ser o lugar de uma ruptura libidinal maior na sociedade, um dos pontos de emergência da energia revolucionária desejante, da qual a militância clássica permanece desconectada. Nem por isso perdemos de vista que existe também uma loucura de asilo infinitamente infeliz, ou uma homossexualidade edípica infinitamente envergonhada e miserável! E, no entanto, convém ficar à escuta, mesmo desses casos de extrema repressão.

Maio de 68 nos ensinou a ler nos muros e, desde então, começamos a decifrar as pichações nas prisões, nos asilos e, hoje em dia, nos mictórios. É todo um *"novo espírito científico"* que aguarda ser refeito!

CARTA AO TRIBUNAL

No decorrer dos últimos anos, a posição do(a)s homossexuais na sociedade evoluiu muito. Constata-se nesse domínio, como em muitos outros, uma defasagem entre a realidade e a teoria psiquiátrica, a prática médico-legal e a jurídica. A homossexualidade é sentida cada vez menos como uma doença vergonhosa, um desvio monstruoso, um delito. Essa evolução acentuou-se nos últimos anos, quando as lutas sociais levaram em consideração problemas que antes elas deixavam de lado, como a vida nas penitenciárias, nos hospitais psiquiátricos, a condição feminina, a questão do aborto, da qualidade de vida etc. É assim que um movimento político homossexual, considerando-se uma minoria marginal, defende sua dignidade humana e reivindica seu direito de cidadania. Alguns desses movimentos, por exemplo nos Estados Unidos, chegaram a unir sua ação à ação de movimentos de luta contra a Guerra do Vietnã, movimentos de emancipação dos negros e dos portoriquenhos, movimentos feministas etc.

Na França, a evolução foi diferente: o movimento revolucionário homossexual, a Frente Homossexual de Ação Revolucionária (FHAR), desenvolveu-se logo de cara no plano político. Não houve uma conjunção de movimentos homossexuais marginais e movimentos políticos: os problemas da homossexualidade foram colocados diretamente a partir de um movimento político. Esse movimento maoísta espontaneísta, agrupado em torno do jornal *Tout*, egresso de Maio de 68, negava-se não só a aceitar que a homossexualidade fosse uma doença ou uma perversão, como também acabou considerando que toda a vida sexual normal lhe dizia diretamente respeito. Da mesma forma, o Movimento de Liberação das Mulheres (MLF) considera hoje que a homossexualidade feminina é não apenas uma forma de luta contra o chauvinismo masculino, mas também um questionamento radical do conjunto das formas de sexualidade dominantes.

A homossexualidade seria, portanto, não só uma dimensão da vida de cada um, como também estaria implicada em toda uma série de fenômenos sociais como os das hierarquias opressivas, do burocratismo etc. A questão, desse modo, fica deslocada: os homossexuais, homens e mulheres, recusam o estatuto de minoria oprimida e pretendem conduzir uma ofensiva política contra a servidão de todas as formas de sexualidade ao sistema de reprodução e aos valores das sociedades capitalistas e socialistas burocráticas. Trata-se, portanto, mais de transexualidade do que de homossexualidade: trata-se de definir o que seria a sexualidade numa sociedade livre da exploração capitalista e das relações de assujeitamento que ela desenvolve em todos os níveis da organização social. Desse ponto de vista, a luta pela liberdade da homossexualidade torna-se parte das lutas de liberação social.

Esses temas desenvolvidos por essa corrente de pensamento é que foram explorados no número da *Recherches* pelo qual fui processado – como diretor da revista – por "atentado ao pudor". Na verdade, esse número da *Recherches* não fala, fundamentalmente, senão de problemas políticos. A acusação de pornografia é apenas um pretexto, fácil de invocar nesse domínio particular; o essencial é reprimir para "servir de exemplo".

A *Recherches*, assim como um certo número de publicações atuais, tenta romper com a prática do rádio, da televisão e da maior parte dos meios de imprensa que consiste em selecionar as informações em função dos preconceitos vigentes, fazer-se árbitro da decência e da indecência, transpor em linguagem "conveniente" a expressão de pessoas envolvidas num problema; em suma, substituí-las. Sobre a situação nas penitenciárias, terão a palavra um juiz, um policial, um ex-preso, desde que apresente um caráter excepcional – por exemplo, que tenha cometido um crime passional –, mas nunca um prisioneiro médio. Isso também acontece com os doentes mentais – em última instância, um louco criador poderá se fazer ouvir –, mas nunca serão solicitados testemunhos sobre a vida miserável no hospital psiquiátrico.

Assim, quisemos dar diretamente a palavra aos homossexuais. E o que aconteceu? Reprovaram a nossa inconveniência. Mas de que natureza é essa inconveniência, senão política? De fato, o que diz este número da *Recherches* e o modo como ela o diz estão obviamente aquém daquilo que se pode encontrar não somente nas publicações vendidas nos *sex-shops* – nosso objetivo não era fazer concorrência! –, mas também daquilo que se encontra nas publicações científicas. A originalidade deste número – o que choca e por isso somos acusados – é que, possivelmente pela primeira vez, homossexuais e não homossexuais falam desses problemas por sua própria conta e de uma maneira inteiramente livre.

AS DROGAS SIGNIFICANTES

O principal é evitar as atitudes simplistas em relação a esse fenômeno, quer se trate de pura medicalização, psiquiatrialização, psicologização, sociologização, criminalização ou o que for. Suas raízes estão aquém de todas essas "especialidades".[1]

Não se pode separar o mecanismo da delinquência e da criminalização do mecanismo da droga em si. Essas drogas são tão caras, envolvem um estilo de vida tal que aprisionam o viciado em uma espécie de gueto. Temos aqui uma máquina econômica infernal da qual somente poderemos escapar se houver *uma distribuição gratuita de drogas*. Talvez sob controle médico; mas essa questão só pode ser considerada se uma nova abordagem não repressiva e, portanto, um novo equilíbrio de forças entre as pessoas envolvidas e as autoridades públicas puderem ser estabelecidos. No fim das contas, o resultado certamente seria muito menos catastrófico do que a situação atual, que leva os adictos a viver em permanente ansiedade e pânico, o que secreta um ambiente especial que desenvolve mitos sobre o consumo de drogas pesadas, todo um proselitismo que constitui, aliás, a única forma de sobrevivência dos traficantes de drogas. Esse é o problema. Não se trata de teorizar indiscriminadamente sobre uma suposta escalada das drogas leves para as pesadas, mas desativar os sistemas de indução que levam ao proselitismo. Você consegue imaginar que as pessoas sifilíticas, para sobreviver, sejam forçadas a espalhar a sífilis? Parece-me indispensável que as drogas pesadas circulem livremente, com a possibilidade de oferecer ao usuário uma escolha em uma gama de produtos de substituição. As modalidades de organização dessa distribuição para fins terapêuticos teriam de ser definidas com os próprios grupos de usuários, com os trabalhadores do serviço social, com os médicos etc. Mas o primeiro princípio

---

1   Trecho de uma conversa com Claude Olivenstein, François Châtelet, Numa Murad e outros. [N. E.]

seria proibir qualquer intrusão repressiva da parte de juízes e policiais nesse campo.

A mitologia "científica", que consiste em definir o mecanismo das drogas pesadas como envolvendo processos químico-biológicos radicalmente diferentes dos de outras drogas, é simétrica à mitologia veiculada pelos próprios viciados em drogas. O álcool é uma droga extremamente perigosa, e não é porque circula livremente que há mais alcoólatras crônicos ou mais casos de cirrose hepática. A regulamentação no campo das drogas pesadas se fará por si mesma. E sem dúvida, com um regime de liberdade, se chegará a uma diminuição do volume de consumo, em razão da perda de intensidade do mito e do desaparecimento dos líderes proselitistas.

Antes de condenar tal orientação, conviria estudar em detalhes a experiência que foi realizada na Inglaterra. É verdade que muitos adictos se recusaram a ser cadastrados ou então associaram o uso das drogas distribuídas legalmente com drogas ilegais. Mas a análise deve se concentrar no contexto institucional dessa experiência, que sem dúvida não evitou completamente a dependência econômica e a criminalização. Repito, a descriminalização sem ambiguidade é um pré-requisito incontornável. Se ela não puder ser obtida das autoridades públicas no nível do consumo e do pequeno tráfico, será necessário talvez que um certo número de associações e grupos militantes assumam a responsabilidade de organizar uma distribuição alternativa. Foi o que foi tentado em Vincennes sob condições difíceis. Mas pelo menos permitiu que se alcançasse um mínimo de controle coletivo sobre a qualidade dos produtos.

O quadro mais geral do problema, em minha opinião, é que os antigos modos subjetivos de territorialização colapsaram. Há fenômenos do tipo daquilo que chamo de "ecos de buracos negros" que conduzem as pessoas a se agarrarem custe o que custar a territorialidades, objetos, rituais, comportamentos compensatórios ou evasivos, sejam eles os mais derrisórios ou os mais catastróficos. Desse ponto de vista, podemos situar na mesma série tanto a paixão de um jovem por sua motocicleta ou pelo rock, a paixão de uma criança por suas bonecas, a reterritorialização de uma gangue de bairro em um emblema, a de uma dona de casa em seus bens de consumo, a de um funcionário em uma promoção ou função hierárquica etc. A questão da droga se desloca, então, para a questão das vias de passagem entre as diferentes drogas, sociais, materiais, psicológicas etc. Por que se "reterritorializar" em uma droga e não em outra, em um caminho "socialitário" ou em algo que terá consequências desastrosas para o indivíduo ou para as pessoas ao seu redor?

A característica comum das drogas pesadas que nos leva a colocar no mesmo nível fenômenos tão diversos quanto os suicídios disfarçados dos motoqueiros de Rungis, a intoxicação audiovisual generalizada etc., é, a meu ver, a existência de um certo tipo de buraco negro subjetivo que eu qualificaria de microfascista. Os buracos negros abundam, proliferam em todo o campo social. A questão é saber se a subjetividade os faz ecoar de tal forma que a vida inteira de um indivíduo, todos os seus modos de semiotização dependem de um ponto central de angústia e culpa. Proponho a imagem de um buraco negro para ilustrar o fenômeno de inibição dos componentes semióticos de um indivíduo ou grupo que é assim cortado de qualquer possibilidade de vida externa. Pela expressão "eco de buracos negros", estou visando à ressonância de vários sistemas de bloqueios.[2] (Exemplo: você tem uma dor estomacal e só pensa nisso; você "somatiza", investe uma zona erógena nessa dor, desconta em sua esposa, seus filhos etc., e todos esses campos entram em ressonância.)

Poucas pessoas conseguem sair incólumes do mundo das drogas pesadas, além de algumas bandas de rock que têm um modo de expressão pública que lhes permite "teatralizar" sua condição. As outras, digo sem meias-palavras, estão em uma merda terrível. Seria uma mistificação tentar usar os poucos indivíduos que conseguem articular algo de sua experiência como usuários de drogas para apoiar a mitologia das drogas pesadas.

---

2   Ou de catástrofe, no sentido de René Thom.

A distinção entre as drogas pesadas e as drogas leves é, no fim das contas, bastante artificial. Parece não ter fundamento clínico. Há um uso pesado das drogas leves e um uso leve das drogas pesadas. É sempre o mesmo sistema nervoso que é atingido na "chegada", e há razões para acreditarmos que, em última análise, é tudo uma questão de densidade, intensidade, modo de administração e agenciamento material, social e subjetivo das drogas.

Em outras palavras, o que conta são não apenas as características físico-químicas, mas também o modo de compra, o ambiente, o contexto, os mitos etc., e a questão é saber se tais agenciamentos complexos levam ou não a uma individuação reforçada da subjetividade, indo na direção de uma solidão sem saída, de um cerco social e neurótico.

O enquadramento, o controle social aprisionam a maioria dos indivíduos entre situações extremas:

— uma solidão sem escapatória,
— uma completa incapacidade de aceitar qualquer forma de solidão, um apelo constante a todos os modos de dependência, a todos os "gatilhos" (esporte, TV, casamento, trabalho, hierarquia).

As drogas pesadas me parecem ligadas à primeira situação e as drogas leves à segunda, exceto que, às vezes, começam a superá-la.

As drogas leves são consumidas por pessoas que constroem para si uma microeconomia de desejo, agenciamentos mais ou menos coletivos no interior dos quais as drogas intervêm apenas como um componente.

Pode-se dizer que uma droga é leve a partir do momento que deixa de ir na direção de tal individuação subjetiva, tal cerco, tal corte das realidades externas. Ela se presta ao estabelecimento de *agenciamentos coletivos de enunciação*, permitindo a certos indivíduos eliminar inibições, questionar seu modo de vida, suas preferências morais e políticas, seu ambiente material e social.

Um dos elementos constitutivos do mito das drogas pesadas reside na ideia de que elas favorecem uma produção original, específica. Haveria, assim, uma cultura ligada à droga. (Tema particularmente explorado pela "Geração Beat"). Essa mistificação me parece bastante paralela àquela que foi estabelecida em relação à chamada arte psicopatológica. Consideremos, por exemplo, os dois curtas-metragens de Henri Michaux sobre as drogas alucinógenas. Eles têm, de fato, pouco a ver com a experiência da droga! Algumas imagens são muito bonitas, mas o que o filme ilustra é obviamente a *literatura* de Henri Michaux, e de modo algum os modos de semiotização específicos da droga. É absurdo imaginar a existência de uma arte específica dos loucos, das crianças, dos adictos etc. O fato de uma criança ou um louco produzirem obras de arte não implica de maneira alguma que sua produção seja essencialmente infantil ou louca! Alguns meios de adictos desenvolvem uma certa cultura, mas não se pode inferir disso que as drogas produzem um modo específico de expressão!

Estudos antropológicos e linguísticos talvez um dia mostrem que, longe de pertencer a um mundo marginal, a uma cultura particular, as drogas desempenharam um papel fundamental em todas as sociedades, em todas as áreas culturais e religiosas. Podemos pensar que foi seu uso, já no Paleolítico, que contribuiu para a primeira "decolagem" da linguagem humana (que chamei, aliás, de "perversão paradigmática"). Mas as drogas solitárias do capitalismo funcionam muito raramente no modo coletivo, por exemplo, o do xamanismo. É toda a nossa sociedade que está adicta, que torna suas drogas "pesadas", que as associa cada vez mais a um gosto de catástrofe, a uma pulsão de fim de mundo. Não há mais nada a dizer, mais nada a fazer! Só nos resta seguir o movimento! O fascismo, o stalinismo eram drogas coletivas pesadas. A sociedade de consumo miniaturiza a corrida à passividade e à morte. Não há mais necessidade de construir campos de extermínio; nós os construímos em nós mesmos.

Basicamente, a divisão entre drogas leves e pesadas passa entre um novo estilo de vida – prefiro chamá-lo de "revolução molecular", em vez de uma nova cultura – e os aspectos microfascistas das sociedades industriais capitalistas e socialistas burocráticas. Serei sempre solidário com os adictos, sejam quem forem, contra a repressão. Mas isso não implica nenhuma apologia das drogas pesadas, que considero essencialmente microfascistas. Não como moléculas, mas como agenciamentos moleculares de desejos que cristalizam a subjetividade em uma vertigem de abolição.

A maneira pela qual as drogas e a psicose são assimiladas, ou melhor, sutilmente diferenciadas me parece sedutora, mas perigosa. Com a psicose, estaríamos diante de uma tentativa de superar o desmantelamento semiótico do corpo, ao passo que com as drogas estaríamos diante de uma vontade micropolítica, de uma vocação para realizar por si mesmo esse desmantelamento. Acho que essa ideia não se sustenta. Sempre tento partir da ideia de agenciamento, da primazia do agenciamento sobre os componentes. O agenciamento, em minha opinião, não é o delírio, o sintoma, as alucinações; é algo que envolve muito mais e muito menos do que a pessoa, que inclui segmentos de *socius*, das estruturas econômicas, das funções orgânicas, do ambiente ecológico etc. Os adictos não têm um grau maior de iniciativa do que os loucos. Sinto, em torno dessa questão, uma responsabilização, uma culpabilização, da qual desconfio. Um louco é um louco, e não é culpa dele! Mas um adicto é um escroto; ele procurou! Qualquer coisa que possa fornecer suporte pseudocientífico a esse tipo de fantasia coletiva me parece ter de ser desmontada e examinada com uma lupa.

Temos de pôr um fim à responsabilização, à culpa coletiva. Algumas pessoas ficam presas num campo de possibilidades micropolíticas que lhes deixam uma saída, e outras estão num impasse completo. Isso depende tanto de fatores objetivos quanto de fatores micropolíticos no nível do agenciamento de enunciação mais imediato, mais íntimo. Há aqueles que, em uma inundação, conseguem agarrar-se a uma prancha e aqueles que são levados pela correnteza. Devemos chegar a uma espécie de lógica, não dupla, mas tríplice, multiplicada, polífona, que ao mesmo tempo dá total responsabilidade e total irresponsabilidade aos indivíduos, dependendo do agenciamento micropolítico dentro do qual eles são considerados.

A. A ESCALADA DAS DROGAS

Em uma simplificação que se presta a mal-entendidos, Jean Balthazar afirma que eu defendo "o aprendizado livre da droga e uma maior circulação dela...". Em minha "polêmica" com Olivenstein, eu simplesmente disse que a venda livre de drogas pesadas – em farmácias, com prescrição médica, em dispensários ou por qualquer outro processo – *causaria menos danos do que o atual sistema clandestino*, que frequentemente obriga os adictos a se tornarem traficantes e proselitistas. Além disso, não há outra maneira de controlar – o que é indispensável – a qualidade dos produtos em circulação! (Ninguém ignora os estragos causados pelas drogas traficadas, a falta de assepsia etc.)

Embora existam, de fato, "adictos felizes", é preciso admitir que sua condição é, na maioria das vezes, lamentável ou mesmo trágica. Isso justifica a repressão, os controles policiais? Na verdade, é exatamente o contrário, e os "especialistas" que prestam seu pretenso apoio científico à repressão estão simplesmente jogando o jogo de um controle social e de um enquadramento cujos dispositivos são cada vez mais amplos.

Como qualquer outra pessoa, o adicto deve ter a liberdade de se tratar, ou de se recusar a se tratar, ou de recusar um método particular de tratamento; de minha parte, estou convencido de que nenhuma forma de tratamento pode ser eficaz se não for correlacionada com o fato de os próprios adictos assumirem a responsabilidade por essas questões. (Cf. a experiência do "Detox Service" no South Bronx, em Nova York.)

Mas isso, obviamente, implica uma cessação ou neutralização prévia de todas as formas de repressão contra os adictos!

Tenta-se justificar a repressão para conter o risco de contaminação e de uma propagação dos "vícios" para as drogas pesadas! Esse argumento é mistificante de várias maneiras. Em primeiro lugar, como a própria polícia admite, a repressão atual não limita de forma alguma a propagação do fenômeno das drogas. Em segundo lugar, várias experiências ao redor do mundo mostraram que a normalização da distribuição de drogas não aumenta o número de usuários. Todos sabem que a cirrose hepática e o *delirium tremens* não aumentaram nos Estados Unidos após o fim da proibição! E o problema do vício em álcool – apesar do que dizem alguns especialistas – não é fundamentalmente diferente do problema do vício em drogas pesadas.

Quanto à suposta escalada, que levaria necessariamente do baseado ao crack, ninguém nem ousa mais falar dela, tamanha a má-fé do argumento!

A MISÉRIA DE HOJE

Os sociólogos registram, na França de 1978, a existência de mais de 2 milhões de subproletários, crianças sem rumo e miseráveis de todos os tipos.[1] Todos os lados afirmam estar analisando essa "questão preocupante". Jean Schmidt, de sua parte, contentou-se em aproximar um pouco mais a sua câmera dos rostos dos marginais da rua de la Huchette, estender um microfone atento aos mendigos, aos adictos, aos alcoólatras perdidos que assombram o centro da capital. O choque é insuportável. As estatísticas se confundem. Sentimentos de pena, repugnância, revolta, impotência e rejeição se misturam inextricavelmente. Os discursos de poder e o consenso dominante tornam-se subitamente inaudíveis.

Seu filme, *Comme les anges déchus de la planète Saint-Michel* [Como os anjos caídos do planeta Saint-Michel] (1979), vai muito mais longe do que um simples documentário; ele olha muito mais de perto as realidades atuais da marginalidade do que uma investigação jornalística poderia ter feito. Isso porque a "objetividade" da investigação social é substituída pela exploração realizada pelos próprios frequentadores desses "territórios de miséria", para usar a expressão de um deles. Eles não têm apenas de responder a um questionamento externo porque, de fato, o filme é concebido para que eles possam se questionar com toda a liberdade – talvez pela primeira vez na vida com tanta seriedade, com tanta intensidade – sobre o significado de sua condição, sobre a responsabilidade da sociedade em relação a eles, sobre a função real dos organismos assistenciais... Jean Schmidt pegou as coisas como elas vieram; ele não tentou selecionar as palavras para obter os melhores efeitos na edição; ele registrou tanto os clichês que estão em quase todas as esquinas como as fulgurantes sacadas poéticas, as tiradas

---

1 Publicado originalmente em *Le Monde*, 25 jan. 1979, e na revista *Création Recherche Image*, n. 1, jan. 1979. [N. E.]

declamatórias para os curiosos e as mais insuportáveis imprecações racistas.

A revelação mais perturbadora que emerge, em minha opinião, desses testemunhos tem a ver com o caráter inexorável dos procedimentos de segregação que vitimizam os marginalizados nos chamados países desenvolvidos. O cerco, o confinamento parecem proceder menos de métodos diretos de coerção do que de um sistema de *dependização* com várias cabeças.

Ela é *fisiológica* com a fome, o frio e o vício em drogas de pobre (álcool, éter...).

Ela é *psicológica* e poderíamos até dizer *etológica*, com insegurança permanente e as sucessivas tomadas de posse dos mesmos espaços por vagabundos, mendigos, bandidos, traficantes, policiais e turistas.

Ela é *institucional*, com o inevitável recurso a assistentes sociais e instalações comunitárias (o labirinto do centro de reeducação, a prisão, o serviço psiquiátrico, o abrigo noturno, o hospital geral...).

Finalmente, ela é da *ordem do espetáculo*, por exemplo, para os jovens que improvisam "esquetes" na praça do Centro Pompidou, com o objetivo de sensibilizar, mas também intimidar os turistas.

Até mesmo a esperança parece ser manipulada, corrompida, "equipada" pelas autoridades públicas, associações caritativas e movimentos políticos.

Dois exemplos tirados do filme:

— um grupo de marginais, com a ajuda de um educador, tenta criar uma cooperativa autogerida para a busca de trabalho temporário. Mas fica imediatamente claro que tal projeto não pode ser implementado sem a "proteção" das tutelas administrativas;
— o mesmo grupo participa de uma luta de bairro contra o despejo dos inquilinos de um prédio expropriado. Mas imediatamente após a vitória, ou seja, após a negociação do realojamento com a prefeitura, todos voltam ao isolamento e alguns à violência gratuita, à loucura...

Qualquer que seja o seu mérito, tais tentativas estão condenadas, na melhor das hipóteses, a um sucesso precário, com pouco futuro e, na pior das hipóteses, à institucionalização, ao sequestro pelos mecanismos tentaculares de reabilitação/readaptação. Isso não significa, no entanto, que não devam ser realizadas! De fato, não se pode negligenciar o benefício, talvez imenso, que um ou outro, em particular, pode tirar dessa "dose de esperança", por mais efêmera e ambígua que seja. Mas é óbvio que nenhuma solução real pode ser encontrada aí, ou pelo menos unicamente aí. A indubitável dedicação de alguns assistentes sociais, assim como as reformas em pequena escala, nunca chegarão à raiz dos problemas. Somente uma profunda transformação de toda a sociedade, a começar pelo que se convencionou chamar de forças populares e movimento operário organizado, será capaz de provocar uma mudança real na condição dos marginais.

Não podemos mais falar sobre essas coisas apenas em geral, à distância... Não podemos mais apoiar a ideia de que elas cabem apenas aos "especialistas". Nessa direção, podemos considerar que um filme como o de Jean Schmidt e sua equipe constitui uma forma exemplar de intervenção. Ele não se contenta em denunciar um escândalo: ataca diretamente a sensibilidade entorpecida, "drogada", infantilizada pelos meios de comunicação, de uma opinião pública que "não quer saber". Ele bate de frente com ela ao pôr tais imagens e verdades sob o seu nariz.

A JUSTIÇA E O FASCISMO ORDINÁRIO

A. PRISÃO EM FLAGRANTE

De modo geral, não gostamos de saber o que acontece nos bastidores da justiça, nas delegacias, prisões, penitenciárias, manicômios, asilos etc.[1] Para andar de cabeça erguida e a consciência tranquila, o cidadão civilizado-branco-bem--informado-são-de-espírito prefere não olhar com atenção, no meio-fio das calçadas, os acertos de contas microssociais e a multidão de ilegalidades que se perpetuam em nome da lei, em nome da educação e da reeducação, em nome da assistência, da saúde etc. Portanto, para ser eficaz, uma intervenção neste campo deve ir muito além de uma simples informação jornalística! E o mérito de Christian Hennion é precisamente o de ter conseguido mudar uma parte significativa da opinião de esquerda e um certo número de juízes, contra a maré de preconceitos repressivos habilmente mantidos pela grande imprensa. O fato de que os problemas colocados pelos tribunais de "delitos flagrantes" só dizem respeito a um setor marginal da população não pode nos fazer perder de vista a importância das questões sociais e das mutações de sensibilidade das quais eles constituem uma espécie de placa sensível. Com este livro, uma nova minoria, para a qual, até então, fora negada qualquer voz pública, encontra um primeiro meio de junção com todas as outras lutas minoritárias que talvez amanhã se tornem os lugares de reconstituição de um verdadeiro movimento revolucionário.

O procedimento de "flagrante delito" gostaria de passar por uma forma de justiça suplementar, cujo papel se limitaria a lidar com casos de segunda categoria. Sabe-se que a

---

1 Publicado originalmente como "Application de la loi", prefácio do livro de Christian Hennion, *Chronique des flagrants délits*. Paris: Stock, 1976. [N. E.]

instrução criminal é reduzida ao mínimo; ela é conduzida pela polícia, a quem, na prática, é confiada a tarefa de avaliar o grau de "flagrante" dos fatos incriminados. Nessas condições, tudo o que resta aos juízes é usar seu bom senso na aplicação da lei e dar algumas recomendações paternalistas aos condenados. As crônicas judiciais de Christian Hennion nos convidam a realizar uma autópsia desse pretenso bom senso – impregnado dos preconceitos mais reacionários. O sentimento de revolta diante da insuportável vulgaridade, da repulsiva presunção dos juízes que se arrogam o direito de distribuir meses e anos de prisão em poucos minutos, será acompanhada, no leitor, de um fascínio que pode ser descrito como pornográfico. "Então é isso que se passa na cabeça dessas pessoas!" Longe da pompa dos grandes tribunais, na sala dos fundos que essa justiça dos pobres constitui como que por arrombamento, testemunhamos à exibição impudica da libido judicial. E nosso olhar fica tentado a se prender ao voyeurismo inerente a esse tipo de espetáculo. Como num pesadelo repetido, sentimos que nada foi deixado ao acaso. A civilidade ritual entre juízes, policiais, promotores e advogados, as piadas para iniciados, participam intrinsecamente dos roteiros que são encenados aqui e cujo objetivo essencial é reproduzir um certo tipo de distância social. Há algo de religioso, sacrificial, até mesmo etológico nesse trabalho altamente especializado de segregação social. Tem sido observado com frequência que os móveis da nossa intimidade mais secreta, a mais afeiçoada às solicitações indutoras de culpa, são confortados pelo espetáculo dos pobres coitados que caem nas armadilhas das máquinas repressivas. Elas têm o dom de despertar em nós os ritornelos microfascistas da nossa infância: "Na guerra como na guerra... Tudo o que eles tinham de fazer era não serem pegos... Bem-feito... camarão que dorme a onda leva...". Mas se com os grandes crimes – uma espécie de "caça ao homem" que mobiliza as grandes instâncias policiais e judiciais – nós conseguimos equilibrar a economia neurótica dos nossos impulsos vingativos, com as histórias lamentáveis que fazem o pão cotidiano do flagrante delito,[2] deparamo-nos com os mecanismos grosseiros da perversão judicial que parecem alcançar aqui um verdadeiro ponto de exacerbação. Como os juízes conseguem se sentir à vontade, fazer piadas em tais situações? Que tipo de aberração mental temos aqui? Lendo essas crônicas, torna-se claro que as pessoas que fazem esse trabalho sentem um prazer secreto nisso. Mas que tipo de "delegação de prazer" nós tacitamente lhes demos para que as coisas sejam assim?

Se alguma vez nos esquecemos, os "delitos flagrantes" estavam lá para nos lembrar que a culpa, antes de ser uma questão de procedimento legal, está acima de tudo enraizada na libido inconsciente das sociedades capitalistas. A justiça, dizem, deu um grande passo em direção às "luzes" ao conceder ao acusado o benefício de uma presunção de inocência. Mas isso só se aplica, e muito relativamente, aos casos graves, ou seja, aos julgamentos de ricos ou aos crimes de natureza espetacular. Aqui, não há tempo a perder. O efeito de surpresa, a rapidez do processo e toda uma técnica de desorientação, que, aliás, combina muito bem com o estilo criança obediente, têm a função de delimitar uma norma social média, sancionando as diversas passagens "à margem". A apreciação dos fatos e o papel da lei na determinação da punição são secundários. O que convém tornar flagrante é que as pessoas que passam diante de tal corte "*não são de casa*". O importante é que tudo que é marginal seja registrado, monitorado, esquadrinhado. O racismo nesses lugares parece tão seguro de seu legítimo direito que pode até se dar ao luxo de uma espécie de bonomia: "Alguns meses de prisão não farão mal a esses jovens... esses mendigos não ficarão pior na prisão do que estão nas ruas...". O réu ainda não pôs os pés na corte e já é considerado culpado. A evidência da sua culpa depende menos dos fatos de que é acusado do que de seu *ser* como tal. Não ter residência fixa, ser imigrante, não ser capaz de se explicar claramente na língua dos juízes é em si uma predisposição para a culpa

O prazer microfascista de ter alguém à sua mercê pode se expressar tanto pela violência direta – arrancar as asas de

---

2 Não estamos falando aqui de "ofensas" políticas e sindicais.

uma mosca, estuprar uma mulher – como por uma violência legal – argumentar soberanamente em uma relação de forças irreversivelmente assimétrica – ou por uma violência inconsciente – subjugar um indivíduo por atitudes, por ameaças que ele não pode mensurar. O ato de responsabilizar alguém por um delito – quando na realidade estamos lidando com uma complexa rede de interações sociais e econômicas – consiste, de fato, em reconstituir, para "bel-prazer" das partes presentes, uma espécie de cara a cara animal que se enquadra no que os etnólogos chamam de rituais de submissão. Uma justiça que trata apenas indivíduos, ou seja, que não consegue articular redes microssociais, faz pender inexoravelmente a balança para a violência sadomasoquista. Enlouquecidos pela solidão, dilacerados por impulsos sem objeto, os indivíduos reconstituem cegamente "ambientes" mais ou menos selvagens onde conseguem bem ou mal fabricar uma identidade para si mesmos. Agora, do ponto de vista da economia coletiva do desejo, não há dúvida possível: não há solução de continuidade entre círculos policiais, círculos judiciários, círculos penitenciários, círculos do submundo, gangues de bairro etc. Não há como sair da lógica que acorrenta os indivíduos à culpa e à lei, à delinquência latente ou manifesta.

É possível conceber uma alternativa a essa política de individualização da responsabilidade, de culpa patogênica e de constituição de círculos simetricamente associais e repressivos? Será que finalmente conseguiremos abolir todos esses repugnantes aparelhos policiais, judiciais e prisionais? Sem dúvida acabará por se impor a ideia de que a sociedade, em vez de confiar a órgãos especializados a função de julgar e punir, deve dar meios de todos os tipos, materiais, econômicos, culturais etc., a equipes de assistentes sociais para ajudar as pessoas em dificuldade a se encarregarem diretamente de seus problemas (e não apenas por ocasião de crises graves ou delitos).

Mas, se nos ativermos a essa única orientação, não encontraremos nunca soluções para dois tipos de problemas: o da proteção das pessoas e o da constituição de uma tecnocracia invasiva e repressiva de assistência social. O que está em jogo aqui, a meu ver, é um deslocamento muito mais radical no que eu chamaria de centro de gravidade do cuidado [*prise en charge*]: a responsabilização individual e o apoio exclusivo de órgãos especializados ou equipes médico-sociais deveriam ser substituídos por um *engajamento* [*prise en charge*] *coletivo* resultante de outro modo de organização da sociedade. O indivíduo e a equipe seriam substituídos por novas unidades metabólicas do *socius*. Não se trataria de forma alguma de confiar em formações sociais como as que existem: família, coletividades locais, órgãos especializados, associações, comitês de empresa etc., com seu sistema de representantes e delegados que sempre investem mais ou menos sua função representativa com uma carga libidinal repressiva. Outra "justiça", outra "educação", outra "saúde mental" etc. só se tornarão possíveis no dia em que sistemas comunitários e de autogestão reorganizarem radicalmente o campo social e econômico. Não se tratará mais de responsabilizar alguém por um ato criminoso, um ato associal ou anormal, mas explorar as múltiplas ramificações sociais e políticas que ele coloca em jogo a fim de mobilizá-las, inclusive em áreas que elas afirmam não ser de sua competência. Também não se tratará mais de permitir o despotismo perverso de juízes, educadores, psiquiatras, agentes da lei e burocratas de todos os tipos. A era dos especialistas e delegados será substituída por outras formas de divisão do trabalho, que não terão mais o objetivo de reproduzir normas socioeconômicas, mas o desejo de viver onde quer que se busque.

Uma perspectiva utópica e perigosa, objetarão! Utópica porque implica uma transformação dificilmente concebível do campo social; perigosa porque, no fim das contas, prefeririamos contar com juízes profissionais, sejam quais forem suas falhas, em vez do "pujadismo" de zeladores e motoristas de táxi! A isso, eu responderia que nada nos diz que as convulsões econômicas e sociais, em curso em todos os campos, não exigem uma verdadeira revolução na forma como homens, mulheres, crianças e idosos organizam suas vidas, e que se hoje o povo existe sobretudo como uma massa amorfa, trabalhada pelas representações repressivas do poder, isso se deve em grande parte ao fato de que os movimentos revolucionários, os movimentos de esquerda, não apenas não fazem nada para mudar a situação, mas reproduzem em si mesmos sistemas burocráticos e repressivos semelhantes aos do poder. Eles afirmam falar *em nome do povo* sem tomar nenhuma medida para promover uma cristalização social que leve ao controle direto dos problemas da vida diária e do desejo.

B. O ÓDIO DE TROYES

Talvez estejamos lidando menos com o medo do que com uma espécie de prazer coletivo, um prazer fascista que se desencadeia a partir do momento que, excepcionalmente, um amplo consenso repressivo se estabelece no corpo social.[3] Não acho que seja um fenômeno do tipo "bode expiatório", para conjurar a ação de algo que é assustador. Vejo mais como um movimento libidinal "positivo", ofensivo; o medo é defensivo, ele faz a libido se fechar. Aqui, sente-se que as pessoas estão seguras de si mesmas. Elas querem. Certamente é muito difícil obter um consenso geral no campo da justiça; há sempre motivos ocultos, culpas inconfessáveis. Nesse caso, não há ambiguidade. É *o* crime abominável. A sociedade pode se refastelar, como nos bons velhos tempos das execuções públicas descritas por Michel Foucault em *Vigiar e punir*. Então a questão é: o que torna *esse* ato capaz de desencadear um tal consenso?

Creio que isso se deve, antes de mais nada, ao fato de que Patrick Henry aparece como uma pessoa absolutamente comum: um colega de escritório, um vizinho, alguém com quem se cruza na rua. Que um poder perigoso emane de um meteca, de um louco, de alguém com antecedentes criminais, é um fato normal; o fenômeno foi descoberto, compartimentado, codificado, estamos preparados para ele. O que é intolerável é

---

3 Publicado originalmente no jornal *Libération*, 26–28 fev. 1976, o texto foi elaborado em conversa com Robert Castel sobre o "caso Patrick Henry", um processo judicial de 1976 sobre o assassinato de uma criança que abalou a França e influenciou o debate sobre a pena de morte. [N. E.]

que um fenômeno dessa natureza possa afetar qualquer um! É aqui que entra o mecanismo da unanimidade: é urgente reformar a imagem do branco-normal-adulto-civilizado-falocêntrico-pequeno-burguês etc.; é preciso expulsar essa característica discordante. A ameaça, aqui, não vem de um elemento marginal: o perigo surge do interior do modelo dominante. Sendo assim, o modelo se defenderá, procederá ao exorcismo.

Quando veem uma coisa como essa, as pessoas não se reconhecem mais; assim, para corrigir essa careta, em vez de procurar de onde ela vem, quais são suas extensões, recorre-se à cirurgia: ela não pode ser parte de nós mesmos, só pode ser uma verruga que desfigura o nosso rosto! É preciso, custe o que custar, marginalizar o caso. E o reencontro com uma identidade média ("nós seríamos incapazes de tais excessos") desencadeia uma espécie de júbilo repressivo. No final, pode-se chegar a um fenômeno de "bode expiatório", mas de um modo diferente daquele que consiste em "dar o exemplo", atingindo mais ou menos aleatoriamente uma comunidade cujos membros se desviam da norma. Nesse caso, *inventa-se* um bode expiatório, por histeria coletiva, a partir de alguém que costumava ser um de nós e se tornou um traidor, um renegado. O bode expiatório tradicional é punido, relegado e perseguido, mas ao mesmo tempo pode-se ter pena dele. O que temos aqui é outra coisa, é uma espécie de festa do ódio, uma caçada popular oferecida pelo poder.

Em se tratando de um burguês, um trabalhador, um policial, um funcionário público, um ladrão, um miliciano, um assassino profissional, sabemos o que fazer, assumimos os riscos, mas não por nada! Esse caso é muito estúpido. Não tem nem mesmo o suficiente para escrever um romance policial (a não ser para demonstrar a insondável estupidez da polícia!). Um crime tão lamentável de um cara normal como você e eu, um cara comum, um cara bem integrado, exige um julgamento mais violento, mais unânime, porque somos menos capazes de situá-lo, de julgá-lo. Se ainda fosse uma questão de paixão, ciúme, alcoolismo etc.! É, em suma, uma questão de justiça dentro do modelo dominante. O problema deve desaparecer com o indivíduo.

É possível analisar esse tipo de evento de duas maneiras: podemos dizer que é um passo atrás, uma regressão, um fenômeno residual, ou podemos considerar que é a expressão de uma nova forma de fascismo. Tenho a impressão de que, na atual situação francesa, há um certo número de coisas que nos fazem pensar que um fascismo normal, um fascismo cotidiano, está em vias de se instalar, de adquirir seus direitos, de adquirir uma autoridade, uma legitimidade. Como tudo o que se assemelha, como tudo o que poderia nos fazer pensar em uma alternativa mais ou menos revolucionária, não teve continuidade, não se afirmou, temas antigos ressurgiram. Não é uma nostalgia retrô: exigir a volta da pena de morte hoje é, na França, tão diferente, tão novo quanto o fascismo no Chile; é uma questão que exige uma reflexão original e formas de ação adaptadas.

O fenômeno do consenso microfascista (qualificando-o como tal, não considero que se trata de um fascismo em pequena escala; ele é ainda mais grave porque gangrena todas as engrenagens da vida cotidiana) traduz uma aceitação implícita da arbitrariedade do soberano. É mais fácil entrar nessa de exigir a pena de morte quando se sabe que será Giscard d'Estaing quem "decidirá" em última instância. O investimento microfascista das massas está levando à fusão dos poderes judiciário e executivo. Tenho até mesmo a impressão de que existe uma certa ambiguidade na posição do poder; acredito que ele joga em duas frentes: a da demagogia – é o estilo do jornal *Parisien Libé* – e a do liberalismo giscardiano, que não está muito interessado em sujar as mãos em público. Em resumo, abre-se mão da demagogia poujadista-fascista para assumir o controle dos "sentimentos do populacho".

É até mesmo possível que Patrick Henry não seja executado. O objetivo da operação não é esse; o objetivo é capturar e se aproveitar de todas as formas de microfascismo que atualmente levam ao racismo contra o jovem, contra o árabe, contra o judeu, contra a mulher, contra o gay, contra qualquer coisa...

Por meio de tudo isso, o que é legitimado é o poder judiciário, o poder executivo, o conjunto dos poderes que mantém a ordem. Pessoalmente, devo dizer que não fico mais escandalizado por uma sentença de morte do que por uma prisão. Dez ou vinte anos de prisão é algo que me parece abominável, um verdadeiro pesadelo. Execução, prisão, assassinato, estupro, tudo isso me parece igualmente repugnante. A comutação de uma sentença de morte em prisão perpétua me parece importante apenas na medida em que se pode esperar que talvez o julgamento seja revisto ou que um dia o regime seja derrubado e o cara seja libertado... Mas enfim! Houve um debate no *Libération*, há pouco tempo, sobre o estupro e outro, especialmente na imprensa de direita, sobre a prisão de patrões responsáveis por acidentes de trabalho. Qualquer que seja a complexidade das questões, tenho a impressão de que esses debates não expuseram claramente a ilegitimidade radical do judiciário, do poder de punir.

É claro que é sempre uma boa piada colocar os patrões na cadeia por um tempo, mas talvez seja também uma operação que tende a justificar a existência da justiça e das prisões. Posso compreender perfeitamente que uma mulher apresente uma queixa contra um homem que a persegue, e que haja uma intervenção policial. Há aqui um dado factual, uma relação de forças que é estabelecida em uma sociedade incapaz de metabolizar as relações humanas, a não ser por meio da alienação e da violência. Mas é completamente diferente que se faça desse dado factual um dado de direito, que se justifique, a partir dele, a delegação de um poder de punir à polícia, aos juízes, a órgãos especializados!

A violência está em toda parte, seja no casal, nas crianças, na escola, no trabalho etc. Enquanto não conseguirmos estabelecer novos agenciamentos sociais para lidar com essas questões, cairemos sempre nas instituições e nos representantes da máquina central do poder estatal, que decidem mais ou menos às cegas, às vezes com uma espécie de prazer sádico, como mostram claramente as crônicas de Christian Hennion sobre as prisões em flagrante. (Em quinze segundos, um homem decide o destino de alguém durante meses ou mesmo anos!) O que temos de encarar é que existe *efetivamente* delegação de poder, na medida em que as pessoas não são mobilizadas por essas questões, na medida em que não procuram estabelecer sistemas distintos ao seu alcance.

Querendo ou não, reconhecendo ou não, em última instância nós nos colocamos nas mãos da polícia, dos juízes, das prisões, dos hospitais psiquiátricos etc. O movimento operário, durante décadas, desistiu de atacar as engrenagens intermediárias do poder do Estado; para ele, isso se tornou uma questão distante, que só se colocaria mais tarde, após a tomada do poder, após o advento do socialismo. (Mas vimos o resultado nos países "socialistas"!) Enquanto isso, a arbitrariedade da justiça, o conluio dos juízes com o poder capitalista será denunciado com mais ou menos vigor e, no limite extremo, haverá manifestações a favor de uma "justiça popular".

Por tudo isso, repito, continuamos a apoiar o sistema e evacuamos uma série de problemas relativos à necessidade de lidar em um nível de proximidade humana, no plano da vida diária, com todas essas questões de brutalidade, estupro, tirania etc. É estúpido imaginar, de repente, que o povo vai começar a fazer uma boa justiça, uma boa escola, um bom exército etc. É a justiça, a escola, o exército, o escritório, as relações de alienação entre homem e mulher etc. *enquanto tais* que devem ser mudadas!

A violência dos homens que espancam suas esposas, a violência dos homens que perseguem as mulheres – que não podem andar em paz na rua –, a violência contra as crianças, mas também, em troca, a violência das crianças contra seus pais, seus professores etc., a violência do hospital psiquiátrico, mas também a violência de certos "doentes mentais" contra suas famílias (porque, de fato, muitas vezes a violência é nos dois sentidos)... a violência nas relações hierárquicas, nas relações burocráticas: tudo isso funciona em conjunto. É toda a estrutura social que é constituída de tal forma que não há nenhum meio de regulamentação além do constrangimento, da coerção, da sanção econômica, da intimidação, da humilhação, da culpabilização... Considerando que esse mesmo tipo de violência existe também, de diferentes formas, no movimento operário, nos partidos, nos sindicatos, inclusive nos grupelhos, pode-se dizer que o problema é insolúvel! Mas é encarando-o, reconhecendo sua importância, que talvez possamos começar a encontrar novas respostas.

Se observarmos as coisas setorialmente, na família, na escola, na prisão etc., não há saída. Consideremos, por exemplo, a violência que existe dentro de uma comunidade terapêutica como a mostrada no filme [de Peter Robinson de 1972] *Asylum* (que em francês recebeu o título de *Fous de vivre*), podemos nos perguntar se existe realmente algum "progresso" em relação ao hospital psiquiátrico! Devemos encarar os fatos: não existe solução real nessa escala. Isso não significa que não existam problemas que devem ser levados em conta agora e em todos os lugares. Em outras palavras, a questão da pena de morte, do estupro etc., só podem encontrar uma resposta confiável se forem enxertadas na perspectiva de uma militância da vida cotidiana. Cada situação contém possíveis pontos de entrada para um novo tipo de cristalização do *socius*.

Mas é claro que nenhuma tentativa libertadora será capaz de se manter localmente, se não for apoiada por todo um conjunto de outras tentativas em todos os campos e em todos os níveis. Se não colocarmos o problema nessa escala, não vejo nenhuma razão para se insurgir contra o fato de que as pessoas, de repente, estão exigindo a volta da pena de morte! Matar pessoas, colocá-las na cadeia, é repugnante, mas, no fim das contas, o destino reservado aos velhos ou às pessoas que vivem em guetos, que trabalham como animais, ou mesmo os microclimas de tirania que existem em certos casamentos, em certas famílias, tudo isso equivale! Se uma espécie de analista coletivo tivesse tido condições de falar com esse pobre rapaz sobre o qual recai hoje toda a ira coletiva, ele provavelmente teria encontrado outra saída para os seus problemas. De fato, ele cometeu uma espécie de suicídio (antes de ser "desmascarado", ele foi o primeiro a pedir a pena de morte para tais crimes!).

Não é de forma alguma por compaixão cristã que podemos proclamar: "Somos todos Patrick Henry em potencial". É simplesmente a verdade! Ele caiu na armadilha, não se virou bem, deve ter entrado em pânico quando se sentiu encurralado. Talvez não quisesse ir tão longe! É uma história lamentável, mas não é nem mais e nem menos lamentável do que as estupidezes cometidas por policiais, juízes, jornalistas, ministros e pessoas comuns das quais fazemos parte.

AS RÁDIOS LIVRES POPULARES

A evolução dos meios de comunicação de massa parece estar se movendo em duas direções opostas:[1]

— para sistemas hiperconcentrados, controlados por aparatos estatais, monopólios, grandes aparelhos políticos, e que visam a uma formação de opinião, uma adaptação reforçada de atitudes e padrões inconscientes da população às normas dominantes;
— para sistemas miniaturizados, que abrem a possibilidade de apropriação coletiva dos meios de comunicação e dão verdadeiros meios de comunicação não apenas às "grandes massas", mas também às minorias, aos marginalizados, aos grupos desviantes de qualquer tipo.

Por um lado: cada vez mais centralismo, conformismo, opressão; por outro, a perspectiva de novos espaços de liberdade, de autogestão, de desabrochar de singularidades de desejo.

Como podemos explicar que foi a partir de uma técnica relativamente antiga, como o rádio, que se deu um avanço nessa segunda direção, na Itália e na França, com o fenômeno das rádios livres? Por que não o vídeo, que até recentemente suscitava tanta esperança? Por que não o cabeamento? Por que não o super-8? Seria muito difícil deslindar todos os fatores que permitiram essa "decolagem" da rádio livre! Mas há uma que acho que deve ser particularmente destacada:

— com o vídeo e o cinema, a iniciativa técnica continua sendo, em sua maioria, trabalho de grandes empresas industriais;
— com as rádios livres, grande parte da técnica depende da inventividade das gambiarras daqueles que as promovem.

---

1 Publicado originalmente em *Nouvelle Critique*, jun. 1978. [N. E.]

Entretanto, as escolhas técnicas, aqui como em qualquer outro lugar, sempre recobrem escolhas políticas e micropolíticas. Por exemplo, as opções técnicas no campo da televisão têm sido todas centradas no consumo familiar e individual. Daí uma definição muito restritiva do quadro de programas (a divisão do trabalho entre a técnica, a apresentação e a concepção dos programas; seu perpétuo recentramento em "estúdios" fechados; a vocação nacional dos programas etc.) que inevitavelmente leva a uma passividade absoluta do consumidor. No entanto, no início, nada no plano técnico impunha uma tal escolha política! Desde o início era possível conceber equipamentos para uma produção e um consumo adaptados a "grupos sujeitos" e não a grupos assujeitados. Mas os decididores capitalistas e estatais não tinham nenhum interesse em tal orientação, então a escolha do "peso pesado" triunfou. E hoje há uma tendência de basear a legitimidade dessa escolha na natureza das coisas, na evolução "natural" da tecnologia.

Com as rádios livres, somos confrontados com o mesmo tipo de problema técnico-político. Mas aqui, por causa do confronto com o poder, é o "caminho pobre" que se impõe como por si mesmo. De fato, no estágio atual, só é possível resistir efetivamente às interferências e buscas policiais multiplicando o número de transmissores e miniaturizando o equipamento para minimizar os riscos. (Essa guerrilha diária das ondas não é de forma alguma incompatível com uma "saída" ao ar livre quando a relação de forças se presta a isso: transmissões públicas, dias nacionais etc.)

O ponto que os apresentadores das rádios livres populares[2] enfatizam particularmente é que todos os recursos técnicos e humanos devem possibilitar o estabelecimento de um verdadeiro sistema de *feedback* entre os ouvintes e a equipe de radiodifusão. Seja por intervenções ao vivo por telefone, seja abrindo as portas do "estúdio", seja por entrevistas, seja por ouvintes produzindo programas em cassetes etc. A esse respeito, a experiência italiana mostra o imenso campo de

---

2   Federação das Rádios Livres não Comerciais, rua Keller, n. 1, Paris, 75011.

novas possibilidades que está se abrindo. Em particular, a experiência do grupo de Bolonha que dirige a Rádio Alice e o jornal *A/traverso*. Aqui vemos que o rádio é apenas um elemento em toda uma série de outros meios de comunicação, desde reuniões diárias informais na Piazza Maggiore até jornais impressos, passando por quadros de cartazes, murais, cartazes, folhetos, panfletos, reuniões, atividades comunitárias, festas etc. Estamos muito longe das concepções tecnocráticas dos proponentes franceses das *rádios locais*, que insistem, pelo contrário, na representatividade das pessoas que terão de se expressar nelas, ou das proposições do esquerdismo tradicional, que se preocupa sobretudo com o fato de que somente a "linha certa" e as propostas mobilizadoras podem ser expressas em suas ondas! Nas rádios livres italianas, os debates sérios são frequentemente interrompidos ao vivo por intervenções violentamente contraditórias, humorísticas ou mesmo poético-delirantes. Também estamos longe das concepções dos técnicos modernistas que declaram que hoje o importante é o conteúdo dos programas, o cuidado na produção, e que se referem a toda a mitologia do "olhar moderno", da "nova escuta"... Todas essas "preliminares" relacionadas à qualidade dos porta-vozes, ao conteúdo das mensagens e à forma de expressão se unem. Os "localistas", os militantes e os modernistas têm em comum o fato de que, de uma forma ou de outra, eles se veem como *especialistas*: especialistas do contato, da palavra de ordem, da cultura, da expressão... Ora, precisamente o caminho aberto pelo fenômeno das rádios livres parece ser contrário a qualquer espírito de especialização. O que se torna específico com elas são os agenciamentos coletivos de enunciação que absorvem, "atravessam" as especialidades.

Naturalmente, uma tal tomada da palavra por grupos sociais de todos os tipos não está isenta de consequências! Ela ameaça fundamentalmente todos os sistemas tradicionais de representação social, põe em questão uma certa concepção do delegado, do deputado, do porta-voz autorizado, do líder, do jornalista... É como se num enorme *meeting* permanente – do tamanho do alcance da transmissão – qualquer um, mesmo o mais hesitante, aquele com a voz mais fraca, tivesse agora meios de falar sempre que desejasse! Sob essas condições, é de se esperar que certas verdades encontrem novos sotaques, *novas matérias de expressão*. Há algum tempo, Bertrand Boulin lançou um programa na rádio Europa n. 1 durante o qual as crianças podiam se expressar ao vivo, por telefone, na saída da escola. O resultado foi absolutamente surpreendente e avassalador! Em milhares de testemunhos, certos aspectos da condição real da infância foram desnudados, com aspectos que nenhum jornalista, nenhum educador, nenhum psicólogo jamais teria sido capaz de encontrar. Mas nomes, lugares e circunstâncias precisas também foram comunicados: esse foi o escândalo, a asfixia, a neutralização do programa...

Em 1789, para escrever os *cahiers de doléances* [cadernos de queixas], os porta-vozes do Terceiro Estado tiveram de inventar literalmente um novo meio de expressão, uma nova língua. Hoje, o quarto mundo também está procurando línguas menores para trazer à tona problemas que, na verdade, dizem respeito à sociedade como um todo. É nesse contexto de experimentação de um novo tipo de democracia direta que se encaixa a questão das rádios livres. A fala direta, a fala viva, cheia de confiança, mas também de hesitação, contradição, até mesmo sem sentido, carrega uma carga considerável de desejo. E é sempre essa parte de desejo que tende a ser reduzida, decantada pelos porta-vozes, intérpretes e burocratas de todos os tipos. A linguagem dos meios de comunicação oficiais é decalcada das línguas policiadas dos círculos dirigentes e da universidade; tudo leva, com ela, a uma ruptura fundamental entre o dizer e o fazer. Somente tem o direito de fazer aqueles que são mestres numa maneira lícita de dizer. As línguas do desejo, ao contrário, inventam novos meios e têm uma tendência incoercível de passar ao ato; começam por "tocar", fazer rir, interpelar, e depois fazem com que as pessoas queiram "ir ao encontro" daqueles que falam e das questões que lhes dizem respeito.

Alguém poderia objetar a tudo isso que a França não é a Itália e que existe um grande risco de que a coorte de rádios comerciais privadas e os tubarões da publicidade se enfiem em qualquer brecha aberta no monopólio de Estado! Esse é o tipo de argumento usado para denunciar as rádios livres e justificar a manutenção ou a alteração parcial do monopólio – o que levaria a rádios locais a serviço dos notáveis e sob o controle indireto dos prefeitos! É preciso muita má-fé para pretender introduzir assim, pelo desenvolvimento das rádios populares, a questão da publicidade! Trata-se, naturalmente, de dois problemas distintos: por um lado, há a questão da liquidação do monopólio como condição prévia para o desenvolvimento das rádios livres e, por outro, a questão muito mais ampla do controle da publicidade comercial, mas onde quer que ela seja exibida: muros, jornais, televisão e, possivelmente, rádios livres. Por que contestar a intoxicação publicitária – assumindo que a esquerda está realmente determinada a dedicar-se a ela – deveria implicar controle, censura ou tutela institucional das rádios livres? Com o apoio de muito dinheiro, os anunciantes estão prontos a lançar muitas rádios privadas. Pois bem! Se regularmos a publicidade, ou mesmo se proibirmos a publicidade em todas as ondas de rádio, seria surpreendente se essas pessoas ainda desejassem se lançar em tal aventura! Sim, dirão alguns, mas o governo apoia secretamente os anunciantes (aliás, os notáveis locais também), enquanto reprime as verdadeiras rádios livres, como vimos recentemente com a apreensão dos equipamentos da Radio 93, da Radio Libre Paris e da Radio Rocket.

Quem decidirá, no fim das contas: regulamentação, manobras subterrâneas do poder ou a relação de forças em campo? Que as dezenas de rádios livres atuais sejam retransmitidas por centenas de novos grupos, que segmentos cada vez mais amplos e diversificados da população participem, financiem e protejam essas rádios, e veremos qual será o peso da atual aliança entre o governo, o setor privado e os notáveis locais! O monopólio e a regulamentação não podem realmente proteger o público contra a publicidade – como podemos ver na televisão! E não cabe às próprias massas se organizarem contra a poluição publicitária? As pessoas não são crianças – aliás, as próprias crianças se recusam cada vez mais a ser tratadas como irresponsáveis! Elas não precisam ser protegidas, apesar de si mesmas, contra as "más tendências" que as levariam ao lixo estúpido que os anunciantes preparam para elas! No dia em que seus transistores lhes oferecerem cem possibilidades de escuta, eles saberão escolher o que lhes convém! A atitude cautelosa dos partidos de esquerda e dos sindicatos sobre a questão das rádios livres implica uma concepção antiquada da intervenção das massas no campo social. Textos, petições, regulamentos, delegações são uma coisa, mas a tomada de controle real dos problemas por grupos sociais vivos é outra. Se queremos realmente organizar uma luta em larga escala contra a propaganda, então devemos atacar também todos as formas de violência física e moral, todas as formas de domesticação sobre as quais repousa não só o poder do Estado, o poder do patronato, mas também, em grande medida, o poder das organizações que afirmam combatê-los! Enquanto aguardamos que os burocratas militantes parem de acreditar que podem intimidar por muito tempo aqueles que estão tentando criar, da melhor forma possível, um *instrumento real* de luta contra essas formas de violência e domesticação!

CONCLUSÃO

A grande crise do final do milênio parece se anunciar como a conjunção de todas as convulsões possíveis. Cansaremos de enumerar as áreas que estão à deriva ou evoluindo de forma catastrófica (energia, emprego, meio ambiente, demografia, relações internacionais...). Provavelmente não há razão para esperar um holocausto nuclear! Mas talvez já estejamos vivendo num novo tipo de Guerra dos Cem Anos, consecutivo à explosão de uma multidão de revoluções de "longo prazo", por muito tempo recalcadas.

Em tal clima de milenarismo, os pregadores perambulam pelos meios de comunicação anunciando a morte da política, o fim dos tempos da luta de classes, a implosão do social, a necessidade de retornar aos valores eternos do monoteísmo. Céticas, mas, no entanto, perturbadas e um pouco atordoadas, as populações dos países abastados se agarram às vantagens adquiridas, pedem o retorno aos velhos tempos e, enquanto isso, estão preparadas para confiar em quem quer que prometa fazer todos os sacrifícios necessários às deusas da Ordem e da Segurança.

Enquanto isso, metade da população mundial permanece sem água potável, um terço passa fome o ano inteiro, 500 milhões de seres humanos são analfabetos, 250 milhões vegetam em favelas e outras dezenas de milhões estão presos em campos de refugiados, *gulags*, prisões especiais ou comuns, ou fogem por estradas, ao longo das praias, pelos mares... E todos os especialistas preveem um crescimento monstruoso dessa pirâmide da miséria.

Esse tipo de "ordem" social é mantido apenas por uma expansão contínua dos meios militares e policiais, dos sistemas de controle institucional e dos meios de comunicação de massa. Certos indícios nos incitam a pensar, a esse respeito, que Leste e Oeste, assim como Norte e Sul, estão caminhando para a adoção dos mesmos métodos e talvez tendam a uma unificação geral de seus espaços repressivos.

Para onde a crise está indo? O termo crise é, sem dúvida, uma enganação que mascara um gigantesco empreendimento de remodelagem do capitalismo mundial e de seus dois grandes blocos coloniais: os países do Terceiro Mundo e os países supostamente socialistas. Uma hiperconcentração dos meios de produção, dos recursos econômicos, da pesquisa, das forças militares etc., está levando a uma hierarquização sem precedentes da espécie humana. Continentes inteiros estão sendo transformados em guetos, países outrora prósperos estão se tornando campos de concentração e até mesmo de morte. Um novo estilo de fascismo está se instituindo em escala global.

Nessas condições, temos todos os motivos para acreditar que enormes lutas de desespero e emancipação irromperão por toda parte. Mas que tipo de sociedade, que tipo de ordem social resultará disso? O sinistro desvio da Revolução Iraniana nos faz pensar. A questão na qual os grandes movimentos sociais de hoje estão tropeçando diz respeito à natureza dos poderes estatais e dos poderes dos aparatos políticos e sindicais, ambos ligados, na medida em que estes últimos se tornaram equipamentos institucionais dos poderes estatais. É concebível que a produção moderna, meios de comunicação e trocas racionais possam funcionar sem recorrer aos aparelhos de poder e às castas que controlam o Estado e as formações políticas tradicionais? A construção de uma sociedade socialista não pode mais ser considerada hoje o resultado de uma simples derrubada do poder e da expropriação dos burgueses de seu controle sobre os meios de produção. A revolução social também envolve uma expropriação do poder que as classes operárias dos países industrializados exercem sobre as categorias superexploradas: trabalhadores do Terceiro Mundo, imigrantes, mulheres e crianças vítimas da opressão sexual e familiarista, minorias de todos os tipos. De maneira geral, ela coloca em jogo tudo o que diz respeito ao que chamei de *"revolução molecular"*, em outras palavras, tudo o que diz respeito ao lugar do desejo na história e nas lutas de classe. A questão do comunismo não pode mais ser colocada apenas em termos de abolição da propriedade privada, mas também em termos de apropriação de todos os meios de produção e semiotização por novos tipos de agenciamentos coletivos de enunciação, vida, criação e luta.

Assim, os aspectos "visíveis" da grande crise atual são indissociáveis de seus aspectos inconscientes. A revolução social que virá também será molecular ou não será. Será permanente, envolverá as lutas mais cotidianas, implicará uma análise constante das formações de desejos que contribuem para o assujeitamento às formações de poder que são cúmplices do sistema atual, ou será necessariamente recuperada pelo Estado e pelas burocracias.

APÊNDICE

TELEGRAMA MÁQUINA

Dezenove linhas–máquina

SENTIDO ÚNICO SEM SENTIDO/[1] FEEDBACK MÁQUINAS
TÉCNICAS – ARTE – SOCIUS SISTEMAS SEMIÓTICOS / MÁQUINAS
SEMPRE MAIS DESTERRITORIALIZADAS / LIQUIDAÇÃO
UNIVERSAIS, SIGNIFICANTE ETC. / MÁQUINAS ABSTRATAS
= CRISTALIZAÇÃO DE POTENCIALIDADES, DANÇA MUDA
AQUÉM COORDENADAS TEMPO, ESPAÇO, SUBSTÂNCIAS DE
EXPRESSÃO, MATÉRIA INTENSIVA / ABOLIÇÃO PONTOS FIXOS
TRANSCENDENDO HISTÓRIA / INVARIANTES PROVISÓRIOS
TECIDOS SOBRE PHYLUM MAQUÍNICO / AGENCIAMENTOS
COLETIVOS / RUPTURA ENUNCIAÇÃO INDIVIDUADA / SUJEITO
RESPONSÁVEL – CULPADO OUT / SPLITTING DO EU, FALTA,
PHALLUS, COMPLEXOS ESTRUTURADOS LINGUISTIFICADOS,
TRADUTIBILIDADE UNIVERSAL OUT OUT OUT...
SIGNIFICAÇÃO SEMPRE QUESTÃO DE PODER / SIGNIFICAÇÕES
DOMINANTES / GRAMATICALIDADE DOMINANTE / ESPECIALISTAS
INTERPRETAÇÃO = POLÍCIA DO SIGNIFICANTE / DO LADO DO
DESEJO = POTÊNCIA – RIZOMA / DO LADO DO PODER = BURACO
NEGRO, ARBORESCÊNCIA, HIERARQUIA, MANIQUEÍSMO
DE VALORES / FIM DO QUANTO-A-SI = DEVIR ANIMAL,
PLANTA, COSMOS / DEVIR MULHER, CRIANÇA = DESFAZER
ESTRATIFICAÇÕES DE PODER / RIZOMA, ENTRADAS MÚLTIPLAS =
MÁQUINAS TÉCNICAS, ARTE, SOCIUS, SISTEMAS SEMIÓTICOS –
SENTIDO ÚNICO SEM SENTIDO / MUTAÇÕES MÁQUINAS
ABSTRATAS, PLANO CONSISTÊNCIA uMÁQUÍNICO / ESTRATOS –
REPRESENTAÇÃO – PRODUÇÃO – SIGNO – COISA – SOCIUS,
OUT / RUPTURA OPOSIÇÃO SUJEITO – OBJETO / SEMIOTIZAÇÃO
ABERTA / AGENCIAMENTOS MAQUÍNICOS / PROCESSO COLETIVO
ENUNCIAÇÃO – PRODUÇÃO / SUJEITO TRANSCENDENTAL OUT /
MULTIPLICIDADES / INTENSIDADES DESTERRITORIALIZADAS /

---

1   Texto de abertura da edição de 1977 de *A revolução molecular*.
[N. E.]

TÚMULO PARA UM ÉDIPO

Dedicado a Lucien Sebag e Pierre Clastres

A morte, meu caro, você sabe...[1] qual? Aquela sobre a qual falamos, a morte doce do dormir ou a morte do acabou, não falamos mais?

Quando eu tinha seis ou sete anos, durante todo um período, todas as noites, tinha o mesmo pesadelo: uma dama de preto. Ela se aproximava da cama. Eu tinha muito medo. Isso me acordava. Eu não queria mais dormir. Certa noite, meu irmão me emprestou seu fuzil de ar comprimido, dizendo que bastava atirar caso ela voltasse. Ela não voltou mais. Mas o que mais me espantou, me lembro bem, é que o fuzil (real) não estava carregado.

Isso parte em duas direções ao mesmo tempo. Do lado do jardim – do lado do significado –, é minha tia Emília (irmã do meu pai), um nome todo preto, vestidos pretos, certamente muito chata... Do lado do pátio – do lado do significante –, é o *armário*, um armário-espelho que ficava em frente à minha cama, tudo isso no quarto dos meus pais. Mas sim, mas sim! O armário, a dama de preto, a dama crispada, a arma preta, as armas do eu, artemísia, a miséria dos anos trinta, meu pai, falido, se lançando, com o apoio da tia Emília, na criação de coelhos angorá: com a crise e sem vender, acabamos comendo os coelhos! Papai à beira do suicídio, mas por causa dos filhos...

A morte, o espelho. Eu que estou aqui e que poderia não estar. Eu todo sim. Eu todo não. Eu tudo ou nada.

Essa história de cachorro também. Ele me mordeu ou jogou no chão, sobre os pedregulhos bem em frente à residência dos Maigremont [magromonte], na casa da tia Ger-

---

1   Texto publicado originalmente na revista *Change*, n. 12, 1972, republicado na edição de 1977 de *A revolução molecular* e também na revista *Chimères*, n. 21, 1994. [N. E.]

maine – irmã da minha avó materna –, bem em frente a um cômodo escuro sem nenhum relevo, com uma mesa de bilhar-pilhar e um desses negócios para experimentar roupas, blusas, vestidos, não sei mais: um corpo sem cabeça, um corpo que poderíamos em vão esfaquear, montado em um eixo de madeira, sustentado por uma bola de madeira. Mais tarde, pendurei ali *corpse, body*. Era em um livro de vocabulário de capa azul – como o *Azul do céu* [le *"Bleu du ciel"*]. E, bem mais tarde, pendurei ainda o Corpo sem órgãos deleuziano.

Melhor os dentes que os magros montes do desmame.

Eu, sem nada fazer dizer, um negócio pendurado na seis quatro dois[2] sobre uma lembrança em ruínas da Normandia. A morte nesse jardim. O dente do cachorro. Um cachorro na sacada pronto para se jogar. Um cachorro na noite. O nome do cachorro do nome do pai. Puro sujeito de renúncia, ele quer me dizer que diz. Um *cogito* nos cachorros. E também esse cachorro babando que desce as escadas no fim de *Los olvidados*. Animais, palavras animadas totêmicas da morte. Uma pomba, no jardim de meu tio paterno. Ela incha como uma rã. É uma águia. O *fuzil* do meu pai. Uma águia gigantesca, ameaçadora. Eu atiro, atiro sem parar. É como um *manequim*. Nada a fazer! Esse gigante contra o qual Charlot se obstina em bater. (Ele prende sua cabeça em um poste de iluminação a gás.) Depois de dias refletindo sobre o texto desse sonho, eu acabei entendendo que a pomba e a águia estavam nas duas extremidades do meu antigo endereço – nostalgia – "rua *l'Aigle*, em *la* Garenne-*Colombes*".[3] Territorialidade da infância que se esvai por um lado. Quem serei se não mais de Papai-Mamãe? O pássaro morto voa. Eis-me eu. Irreversível desprendimento de uma pulsão de morte. E, desta vez, o fuzil (*imaginário*) estava carregado.

Chega de cães ambíguos, as grandes merdas de cachorro nos pedregulhos. Tudo ou nada. Águia ou pomba. Não as duas no mesmo lugar. E, de qualquer forma, é: nem nada

---

2   Estrada da Normandia. [N.T.]

3   Literalmente, o nome da rua é "águia" e o da cidade é "buraco de coelho-pombas". [N.T.]

nem nada. Maniqueísmo perverso. Terra natal esparramada, tal como o ovo no prato do meu primo – materno – em Maigremont sempre, na grande cozinha do subsolo. Terra natal descolada, tal como esse pedaço de tela encerada na mesa da outra cozinha.

Seis meses eu fiquei na casa desse tio Charles do jardim com passarinhos. Esperávamos que ele morresse – câncer de fumante. No começo, achávamos que ele duraria alguns dias! Depois disso, nunca mais voltei para a casa – paterna.

Um buraco no muro, no lugar onde normalmente estaria meu *piano*: essa ideia de *vacúolo*. Além, a rua, uma encruzilhada, essa espécie de ilha que ultrapassa a calçada em frente à saída da sala Mutualité. Um pouco mais longe: um grande vendedor de pianos. L.S. estava lá, apoiado no muro. Foi antes ou depois do seu suicídio. Eu não sei. Mas ele já tinha passado através do muro edipiano. É verdade que ele ficou lá! Ele tinha tão mais razão do que eu! Mas não queria saber. Dentro, minha mãe no térreo. No primeiro andar, meu pai talvez. Ou, então, ele se foi – já – não sabemos onde! Como fez meu avô paterno – nunca conhecido, mas como ele jamais deveria fazer.

Mamãe atrás de um guichê. Um trabalho no interior. É o fechamento. Eu chego a tempo. Ou tarde demais. Ela fecha suas contas. Eu insisto. Putz! Ela faz um sinal com a cabeça me mostrando uma porta à direita que abre para o escuro. Silêncio. Terror. Ele não pode ouvir. Isso deveria estar fechado, acabou agora! Ele? Certamente meu pai deitado em seu leito de morte. Ele espera que ela venha fazer-lhe companhia. Uma história de corrente e mal contato; a *lâmpada* vai apagar; tudo está perdido. Consegui reconectar o negócio a tempo...

Eu tenho nove anos, alguns meses antes do começo da guerra; estou na Normandia, na casa da minha avó – materna. Escutamos o "traidor de Stuttgart": Jean-Herold Paquis... Meu avô – por outro casamento –, um homem enorme e gentil, está sentado na privada. A porta fica aberta para que ele possa ouvir o rádio. A seus pés está minha caixa de colagens: pequenas bonecas em papel para as quais eu fabrico vestidos. Vovô está com a cabeça completamente abaixada, apoiada nos joelhos: seus braços pendem. Ele toca meus brinquedos? Tenho vontade de gritar alguma coisa! Silêncio. Eu viro a cabeça, lentamente – uma eternidade –, em direção à *luz* do rádio – estrondo terrível. Caído no cão. Vovó grita. Congestão. Cortar pedaços de orelha. Chamar os vizinhos, sozinho na noite. Gritar, gritar...

"Você quer vê-lo uma última vez?" Um jornal na cabeça. Por causa das moscas... Um jornal nos potes de geleia que vovó tinha acabado de encher... por causa das moscas.

Um cadáver no alto do armário, no lugar dos potes de geleia.

Eu dei um poema para que colocassem no caixão. "Uma rima feliz?" Ele havia me dito: "em vez de *folha morta*, você deve pôr *as folhas se morrem*". "Isso não existe, vovô." "Eu estou falando que sim!" Eu tive de perguntar para outra pessoa, porque – gostava dele – mas talvez ele não soubesse. Ele tinha sido operário. Um tipo engraçado. Grevista. Em Montceau-les-Mines. Eles brigaram. Houve mortos.

Aproximar-se do suicídio. Objeto fóbico. Morrer para conjurar a morte. *Corpse*. *Body*. Carnes convulsivas para acabar com a finitude. A morte na palma da mão, um dedo no gatilho para mil outros gastos e desperdícios. Tirar a tampa. Empurrar a cadeira. Vontade de impotência.

Uma bala na boca, outra no coração. Há exatamente um ano, seu irmão tinha perdido a cabeça. Fuzil de caça. À queima--roupa. Não entendi nada. Militar sem entender. Sua maneira de dizer merda. Furor. Come se tivessem atirado em mim.

Andorinhas inocentes. Cabeleira loira. Bem cedinho no metrô. Volte a me ver, meu pequeno, quando você puder pagar, quando você tiver um prato suficiente... Ela não estava em muito em forma, talvez ela não tivesse nada a ver com essa forma de fato.

Mirou o preto, matou o branco. Diga com sinceridade, você acha mesmo que vou sair dessa? Sua inocência, seu entusiasmo me espantam. É verdade que me sinto muito melhor. Mas é justamente isso que me perturba, porque, de qualquer forma, já é tarde demais. Estou muito velho agora. Não posso recomeçar. A esperança que vocês tentam me dar só me perturba. Vocês estão ouvindo mesmo! Ou é por consciência profissional que vocês fazem de conta que não acreditam? Vocês sabem, eu finalmente sei como. Fico alegre só de pensar. Mas ainda preciso esperar, isso só poderá ser feito na primavera...Vocês vão ver, vai ser bom... Dormir na praia com a maré subindo depois de ter tomado alguns comprimidos, só o necessário para ser levado sem resistência.

Intimidade secreta com todos aqueles que recusam que a morte venha do exterior. Trabalhar o luto por conta própria como um pianista trabalha suas escalas. Uma morte para conjurar o pior? Uma morte que se tornou bem nossa? Mas a outra morte, aquela sobre a qual não há nada a dizer, a que escapa de toda localização, a que faz todas as coisas fugirem! Duas políticas do suicídio: a paranoico-familiarista de Werther e a do incesto esquizo de Kleist. De um lado, uma morte humana e significante, mamãe, você entende, eu não aguentava mais, eu entendo meu filho, eu entendo meu general, nós entendemos uns aos outros, morte piscada, morte miserável; do outro, uma morte orgulhosa, a deriva contemplativa, isso ou outra coisa, o infinito, uma dissolução por inadvertência.

A imagem significante, para convencer, para encenar o ato mortal, seca as lágrimas, fim da encenação! Ela se pendura na morte figural, na morte sem sentido do desejo. No começo, era só um jogo talvez, uma vertigem – me deixe com medo! Mas ela assalta a cadeia maquínica, se quebra, se rasga. A morte da imagem se abre para o desejo mais desterritorializado. A cada ruptura uma outra morte rebelde. Vocês vão se foder com seus papai-mamãe? Porque estou, eu mesmo, todo impregnado, me ofereço ao holocausto. Decidir o indecidível. Me juntar aos "suicidados da sociedade". Recusar os conchavos no ponto preciso em que eles se tornam *politicamente* intoleráveis. Uma morte para apagar a última linha de fuga possível. E para encher o saco do *socius*. Suas armadilhas-para-otários e seu ser-para-a-morte, sua assistência social para ser-para-a-margem, seus coquetéis Eros-Tanatos. O último reflexo nas imagens de geada da espera, a fenda intolerável, enfim a morte diamante do desejo inominável.

O DINHEIRO NA TROCA ANALÍTICA

O dinheiro funciona como um equivalente trucado, no sentido de que o que ele representa, o que ele cristaliza não vale a mesma coisa segundo estamos em um polo ou outro das relações de produção.[1] Ele não tem a mesma dimensão se estamos em uma posição de força, em um sistema fundado na extorsão da mais-valia ou se, ao contrário, estamos na posição de vender nossa força de trabalho. O que está cristalizado é ao mesmo tempo um modo de organização da exploração e um sistema que mascara a luta de classes. O que está assim determinado não são apenas as posições estruturais no plano da produção, mas também a natureza das produções que são codificadas no sistema.

O conteúdo da codificação capitalista se modificou à medida que houve uma diminuição da taxa de lucro em toda uma série de setores da produção. O Estado foi obrigado a substituir o capitalismo privado, por exemplo, com o sistema de salários diferidos, com o controle direto dos equipamentos de infraestrutura, ou em domínios em que a manutenção de um mínimo de ordem social implica instituições como a Seguridade Social, assistência médica etc. Ora, precisamente, essas produções, que não entram estritamente em uma relação bipolar de exploração, estão submetidas a uma espécie de desvalorização. É evidente, por exemplo, que o trabalho cristalizado nas matérias-primas primeiras ou nos bens manufaturados em um país subdesenvolvido não é da mesma natureza daquele que seria de uma zona "abastada". Podemos dizer o mesmo a respeito do trabalho fornecido em um ponto "quente" do sistema capitalista e daquele realizado nos pontos "frios" (o trabalho nas minas do Norte) ou com-

---

1 Comunicação no Congresso da Escola Freudiana de Paris em Aix-en-Provence, mai. de 1971, publicada na revista *Lettres de l'École Freudienne*, n. 9, 1972, e depois republicado na edição de 1977 de *A revolução molecular*. [N. E.]

pletamente desvalorizado (o trabalho dos doentes mentais: terapia ocupacional, pecúlio e equivalentes).

É preciso, portanto, tomar consciência da dimensão do que é veiculado pelo dinheiro na troca analítica – na pseudotroca analítica, pois na verdade, não há troca de serviços entre analisando e analista. Há, em paralelo, dois tipos de trabalho: o trabalho analítico do paciente e o trabalho de escuta e triagem do analista. Na realidade, é totalmente ilegítimo que um fluxo monetário passe de um lado para outro. Em um sistema social diferente, que levasse em consideração esses dois tipos de trabalho, da mesma maneira que as outras produções, tanto o analista como o analisando *deveriam ser pagos*, da mesma maneira que a divisão social do trabalho implica que, em uma fábrica, sejam pagos o trabalho nas oficinas, mas também o trabalho nos escritórios, nos laboratórios de pesquisa etc. Não concebemos que operários especializados sejam obrigados a pagar os desenhistas que preparam a fabricação! Mas, é claro, ficamos aqui no plano da extorsão da mais-valia. E quando o psicanalista é pago, na realidade ele *reproduz* um certo tipo de esmagamento do sujeito nos polos personológicos da sociedade capitalista. É exatamente a mesma coisa quando alguém se consulta com um psicanalista e, dentro de sua estrutura familiar, não está em posição de intervir individualmente nos fluxos monetários – na rotação do "capital familiar", segundo a expressão de Cotta[2] – mediante uma participação direta no ciclo da produção capitalista (a esposa, por exemplo, que faz análise e recebe dinheiro do marido, ou então o filho etc.). Não existindo aqui, em benefício da esposa e da criança, um sistema de salário diferido, uma alocação por um terceiro organismo pagante, sua produção analítica, que deve ser considerada, de fato, um trabalho de formação, em sentido amplo, da força coletiva de trabalho, essa produção é explorada. Transpomos e reproduzimos, na relação analítica, as estruturas de alienação social no seio da família; usamos a família como um substituto.

---

2   Alain Cotta, *Théorie générale du capital, de la croissance et fluctuations*. Paris: Dunod, 1966. [N. E.]

Na medida em que o psicanalista é obrigado a recorrer a tal modo de pagamento, ele cauciona implicitamente uma certa utilização das estruturas da família como meio de esmagar a produção desejante e colocá-la a serviço de uma ordem social regida pelo lucro.

No plano especificamente analítico, me parece essencial deixar claro que a criança que desenha ou faz uma figurinha de massa de modelar para um analista, a esposa que faz análise para "dar um jeito nos seus problemas conjugais", participam da produção social. No plano inconsciente, a extorsão capitalista da mais-valia é reproduzida e, em certo sentido, expandida na relação analítica. E a pretensão da análise em se colocar como um procedimento de verdade deveria impor--lhe, em primeiro lugar, a denúncia de si mesma, na medida em que institui, pelo ato do pagamento, a renovação de uma violência social.

O mínimo seria que exigíssemos dos analistas que parem – sua prática sendo o que é – de justificar a relação de dinheiro com o paciente a partir de leis de uma pretensa "ordem simbólica". Ou então que tirem todas as consequências de sua posição e digam claramente que, para eles, é sobre essa ordem que são fundados os sistemas de segregação! É verdade que, na maior parte das vezes, eles não vão tão longe! Como qualquer capitalista, eles consideram que a exploração do assalariado faz parte da ordem das coisas: "É preciso ganhar a vida!". E, do ponto de vista analítico, é talvez, no fim das contas, a atitude menos perigosa, porque é a menos mistificadora!

O SPK (HEIDELBERG, 1971)

Na perspectiva dos reformadores da psiquiatria, supunha-se que o sistema de internação psiquiátrica se tornaria tolerável a partir de ajustes sucessivos e que a atitude repressiva da sociedade em relação aos loucos mudaria.[1] Mas tudo o que foi feito serviu apenas para mascarar a violência da sociedade "normal" contra a loucura. A modernização das instituições foi correlativa de uma transferência dos pacientes mais difíceis para hospitais fechados e longe das cidades, e as formas mais violentas de coerção só aparentemente foram abandonadas e substituídas, na maioria das vezes por uma camisa de força química. Esse é o ponto em que as reformas atingem o próprio limite. Foi o que aconteceu na Inglaterra e na Itália: Laing, Cooper, Basaglia, Jervis, começaram com essa ação reformista, mas depois tiveram de desistir por falta de apoio. Da mesma forma, na França, houve uma espécie de depressão generalizada na psiquiatria, à medida que esta se modernizava. Os membros do SPK,[2] por outro lado, recu-

---

1   Texto publicado originalmente em *Recherches*, mar. 1973, e republicado na edição de 1977 de *A revolução molecular* como parte do capítulo "Alternativa à psiquiatria". [N. E.]

2   Coletivo socialista de pacientes de Heidelberg. O SPK (Sozialistiches Patientenkollectiv, ou Comunidade Socialista de Pacientes) nasceu na policlínica da Universidade de Heidelberg com grupos terapêuticos de cerca de quarenta pacientes. Esses pacientes e seu médico, o doutor Huber, fizeram uma crítica teórica e prática da instituição e expuseram a função ideológica da psiquiatria como um instrumento de opressão. O trabalho deles encontrou rapidamente uma oposição crescente da clínica psiquiátrica – o diretor qualificou o grupo de pacientes de "coletivo de ódio e agressão". À medida que a repressão crescia, a resistência aumentava. Tornou-se impossível liquidar o SPK por meios formais e legais. Em uma sessão a portas fechadas, o senado universitário decidiu recorrer à força pública. O pretexto foi uma troca de tiros nas proximidades de Heidelberg, em julho de 1971. Culpar o SPK possibilitou liquidá-lo pelos meios mais brutais. Trezentos policiais armados de metra-

saram o reformismo; eles se engajaram em formas de luta completamente novas. Mostraram um dinamismo incrível; em vez de girar em torno dos obstáculos, eles enfrentaram suas dimensões políticas.

Há aqui uma espécie de reversão: a corrente anglo-saxônica, cuja expressão foi mais brilhante no nível teórico, lutou por objetivos políticos bastante confusos, enquanto o SPK, cujas formulações eram muitas vezes da ordem de um hegelianismo um tanto ossificado, criou uma clivagem política inequívoca, que talvez tivesse levado a uma clarificação e a uma superação da antipsiquiatria. Algo completamente novo aconteceu, constituindo uma saída da ideologia e uma passa-

---

lhadoras forçaram a entrada nos escritórios do SPK, helicópteros sobrevoaram a cidade, a Bundesgrenz-schutz (brigadas especiais) foi mobilizada, buscas foram realizadas sem mandado, os filhos do doutor Huber foram feitos reféns, pacientes e médicos foram presos e os réus foram drogados para forçá-los a cooperar. O SPK decidiu então dissolver-se. Dois réus, o doutor Huber e sua esposa, passaram anos na prisão em isolamento quase total, o que até mesmo um juiz descreveu como desumano. Ao tratá-los como louco, e depois como terroristas, por meio de provocação policial (assimilação ao grupo Baader-Meinhof), foi possível levar o caso a um tribunal especial, no modelo dos tribunais nazistas. A defesa estava paralisada. Um dos advogados, Eberhardt Becker, foi acusado de cumplicidade. Outro, Jorg Lang, foi preso. Todos os advogados que assumiram o caso foram perseguidos e afastados mediante uma série de manobras. Advogados foram nomeados pelo tribunal e receberam o processo apenas quinze dias antes da abertura do julgamento, embora a imprensa o tivesse desde o início. Eles foram recusados pelos réus. Em 7 de novembro, no dia da abertura do julgamento em Karlsruhe, os três réus foram trazidos em macas, dois deles amarrados pelas mãos e pelos pés. O casal Huber, que não se via havia quinze meses, foi brutalmente espancado e violentamente separado; no fim, foi expulso do tribunal com o terceiro réu, Hausner. Metade da plateia era composta de policiais à paisana. Parte da audiência também foi expulsa depois que um jovem leu uma declaração internacional de solidariedade com os réus. Antes de deixar o tribunal, ele foi preso, insultado, espancado e deixado sem tratamento por horas. Um atestado médico do hospital de Karlsruhe encontrou inúmeros ferimentos, inclusive um traumatismo craniano.

gem para uma verdadeira luta política. Isso é o que importa em relação aos militantes do SPK, e não o fato de saber se eles confundiam alienação social com alienação individual, ou se seus métodos terapêuticos são questionáveis... Pela primeira vez, a luta psiquiátrica se deslocou para a rua, para o bairro, para a cidade. Como em 22 de março em Nanterre, o SPK se mobilizou para uma luta real – e a repressão não se enganou! Enquanto se tratou de pequenas reformas, os psiquiatras foram deixados em paz, mas quando ficou claro que o SPK estava contaminando a universidade, que ele estava se espalhando para outros meios sociais e outras faixas etárias, a repressão mudou de estilo. Não se contentou mais em encerrar o serviço contestador: ela jogou os médicos na prisão e enviou os doentes para os hospitais psiquiátricos.

Seria interessante estudar os diferentes estágios da evolução do reformismo psiquiátrico. Por exemplo, na França, disse-se durante anos: os psiquiatras devem falar com os enfermeiros. Que revolução! Essa foi a grande missão dos Centres d'Entraînement aux Méthodes d'Éducation Active [Cemea – Centros de treinamento nos métodos da educação ativa]. O próximo passo era fazer com que os pacientes falassem com os cuidadores: isso foi chamado de comunidades. Mas os problemas reais estão em outro lugar. Consiste em determinar as instâncias do poder real. Quem decide o que é feito? Em princípio, é a hierarquia, o que não significa necessariamente a administração, mas também a hierarquia do conhecimento: os psiquiatras, os cuidadores etc.

No caso de Heidelberg, também houve inovações nesse campo: tudo o que foi feito, tudo o que foi decidido, foi sempre pelos próprios "pacientes". Esta é a novidade: não se tratava de "dar liberdade" aos pacientes, como Cooper havia feito em sua primeira tentativa em 1962. Em Heidelberg era uma espécie de tudo ou nada: "Eles nos expulsam do hospital, então vamos continuar lá fora". De uma pequena experiência intra-hospitalar, passou-se a uma luta em massa; de cinquenta passou-se a quinhentos e as coisas se encaminhavam para ir cada vez mais longe. Essa é a expressão de uma nova prática que se aprofunda nas diferenças reais, que traz à tona as verdadeiras causas da repressão. Esta não está ligada apenas às más condições materiais, a um treinamento insuficiente, um conhecimento mal distribuído, informações mal distribuídas etc., mas à maneira como as pessoas experimentam a loucura. A loucura é uma questão que diz respeito a todos, a começar pelos militantes. Essa nova prática não pode se contentar com análises críticas: ela implica um questionamento da repressão no cerne mesmo do projeto revolucionário. Na Alemanha, porém, vimos que o movimento revolucionário e os grupelhos não fizeram praticamente nada para ajudar o SPK. A boa consciência revolucionária consiste sempre em confiar no "que será compreendido" e excluir a energia desejante que só se manifesta sob formas marginais. O caso SPK revelou uma nova prática – do tipo da luta nas prisões, nas escolas, sobre os problemas da sexualidade, do aborto – e colocou a questão de um novo tipo de aliança.

Sempre se disse para os hospitais: "Vai demorar, vocês não poderão tomar medidas decisivas como nas prisões". De fato, talvez demore! Mas, antes de 1968, quem imaginaria que as coisas se desencadeariam de maneira tão brusca? Todos pensavam que a luta contra a repressão nos hospitais psiquiátricos seria mais difícil do que nas prisões ou no setor universitário, porque a repressão era muito mais forte localmente e também porque os militantes estavam menos preparados. As pessoas não estão prontas para ver os loucos marchando em manifestações unitárias! Mas é porque tais movimentos tocam em algumas das energias mais fundamentais do desejo que talvez possam levar ao questionamento mais radical. A luta dos homossexuais e a luta das mulheres já modificou profundamente as concepções do movimento revolucionário. Levar em consideração o desejo na loucura talvez vá ainda mais longe ao desafiar a militância burocratizada.

Dito de uma forma provavelmente excessiva, o SPK é, no plano psiquiátrico, um pouco o que é a Comuna de Paris no plano das lutas proletárias. O que aconteceu no passado, com a psiquiatria institucional na França e a antipsiquiatria na Inglaterra e na Itália, afetou apenas os círculos "esclarecidos", mas no SPK, claramente, pacientes e ativistas descobriram a

315

profunda ligação entre a luta política e a doença. O contexto da doença é alterado pelo fato de que são os próprios pacientes que têm uma prática política, o que é bem diferente de "fazer política" para defender os direitos dos "coitados dos doentes". Ao participar de lutas políticas para mudar seu modo de vida e a si mesmos, eles se colocaram em contato direto com a realidade social e a realidade do desejo.

OS PSIQUIATRAS CONTRA O FRANQUISMO (ESPANHA, 1975)

Para compreender a violência da repressão que se abateu sobre os trabalhadores da saúde mental na Espanha e, na verdade, o medo do governo, temos de voltar ao que aconteceu no hospital psiquiátrico de Conxo, em Santiago de Compostela (Galícia), onde a luta foi mais difícil.[1] Esse hospital, instalado numa abadia muito antiga, depois de ter funcionado como uma espécie de clínica psiquiátrica de luxo reservada a uma rica clientela europeia na década de 1900, tornou-se, após a crise de 1929 e no fim da guerra civil, uma verdadeira prisão psiquiátrica: pacientes acorrentados, espancados por qualquer motivo, amontoados em palhas... Em 1973, administradores tecnocráticos começaram a renová-lo com uma série de medidas em consonância com o reformismo psiquiátrico que se desenvolveu na França após a Liberação: um programa para modernizar as instalações, redução do número de pacientes (de 1500 para 1000), criação de oficinas e contratação de jovens médicos em tempo integral, mas com um rápido retorno ao trabalho em tempo parcial quando se viu que eles tendiam a tomar muito a iniciativa... Após alguns meses, de fato, a situação evoluiu para uma verdadeira luta de emancipação democrática, desafiando todas as estruturas do hospital: abertura total das portas, liberdade para os pacientes, contato com a população, organização de reuniões com os pacientes e o pessoal do hospital etc.[2] Essas transformações desencadearam uma violenta reação fascista: a

---

1 Texto pulicado originalmente no jornal *Libération*, 24 de set. 1975, e republicado na edição de 1977 de *A revolução molecular* como parte do capítulo "Alternativa à psiquiatria". [N. E.]

2 Os funcionários dos hospitais psiquiátricos na Espanha são ainda, com muita frequência, apenas vigias. Aliás, são sempre muito poucos. Em Conxo, há apenas 350 funcionários para mais de mil leitos e, em outras instituições do mesmo tamanho, é comum haver menos de cem funcionários. [N. E.]

imprensa denunciou a "imoralidade" que reinava entre o pessoal e os pacientes, médicos foram presos por propaganda ilegal, incêndios foram repetidamente provocados de fora para criar um clima de pânico e desacreditar o hospital. Finalmente, o governo colocou um de seus homens de confiança à frente do estabelecimento para tomar o controle da situação. Imediatamente ele proibiu todas as reuniões, fechou as portas, reencarcerou os pacientes e aproveitou a greve nacional dos MIR[3] para simplesmente demitir os doze estagiários, os dois médicos chefes, o diretor administrativo e uma assistente social...

O fracasso da tentativa de reforma da prisão psiquiátrica de Conxo não pode realmente ser explicado sem considerarmos as condições mais gerais da luta antifascista na Galícia.

De fato, ela é inseparável da opressão que o poder central inflige há séculos ao povo galego e deu a essa província o aspecto de uma verdadeira colônia: quase metade dos galegos tiveram de partir para outras províncias espanholas ou para o exterior (2,5 milhões na Galícia e 2 milhões no exterior); a língua galega, que é mais próxima do português do que do castelhano, não é reconhecida oficialmente, de modo que a repressão começa desde a escola. Nessas condições, é impossível cogitar qualquer melhoria parcial na sorte dos doentes internados no hospital sem que, de um em um, apareçam todos os outros problemas de emancipação do povo galego. Anteriormente, nas áreas rurais e marítimas, os doentes eram atendidos, dentro de uma organização comunitária muito antiga (a *parroquia*), tanto pela medicina tradicional como pela população em geral. Assim, a internação de um doente, a separação brutal de seu ambiente de origem é experimentada hoje, mais frequentemente do que nunca, como uma medida arbitrária envolvendo toda a comunidade.

---

3 Os MIR (Médicos Internos Residentes) foram criados pela Previdência Social espanhola concomitantemente às residências de saúde (hospitais públicos) onde eles trabalham. Os MIR fizeram greve vários meses na primavera de 1975 para exigir melhores condições de trabalho e aumento de salário.[N. E.]

Em tal contexto, os grandes temas da psiquiatria modernista, como a "setorização" da psiquiatria na cidade, as comunidades terapêuticas etc., só podem revelar sua ambiguidade. O que está em questão aqui não é uma simples modernização de técnicas ou uma melhoria em geral das "relações humanas", mas uma assunção direta de responsabilidade pelo povo dos problemas ligados à alienação psiquiátrica. Apesar da terrível repressão que nossos camaradas espanhóis sofrem, sua luta não deve ser vista como meramente defensiva: ela pode levar a perspectivas que dizem respeito a todos nós. Mesmo antes que convulsões revolucionárias decisivas se desencadeiem na Espanha, eles estão determinados a lutar contra os modelos reformistas das democracias burguesas. Estão procurando uma forma original, uma alternativa popular, a única que permitirá soluções válidas para os problemas da psiquiatria. Obviamente, eles não são, *a priori*, hostis à melhoria das condições de vida dos pacientes nos hospitais existentes, ao aumento dos salários do pessoal ou ao desenvolvimento de instalações extra-hospitalares, mas sabem que não é nessa direção que terão de dirigir sua luta. O principal é não reproduzir os modelos modernistas que são promovidos em toda parte, inclusive na esquerda revolucionária, e implicam que a loucura deve permanecer um assunto para especialistas e equipamentos especializados.

LA BORDE, UM LUGAR HISTÓRICO

La Borde, um lugar histórico.[1] Coisas de todos os tipos sobre-postas. Nesse caso, há improcedência judicial para La Borde? Não, eu não disse isso! Simplesmente acho que é muito cedo para julgar. E, se por acaso houvesse um julgamento da história, já seria tarde demais e não teria mais nenhum interesse! Enquanto isso, cada um continua a fazer suas coisas, cada um no seu canto ou um em cima do outro, uns com os outros e, às vezes, uns contra os outros.

Todas essas pessoas! Os loucos profissionais, é claro, e os profissionais da loucura, mas também os políticos, os mandachuvas, os estetas... "Não é inevitável, assim que La Borde é mencionada, que os maneirismos da linguagem, os jogos de palavras de passe de magia, toda uma doença local do significante assumam seu direito sobre o discurso!" Eu não sei o que pensar. A única coisa que me parece certa, a única coisa que me parece realmente bem-sucedida, é essa coexistência de longo prazo de pontos de vista e modos de vida profundamente irreconciliáveis. Uma máquina de retardar o congelamento das significações, uma máquina de redundância, sem dúvida, mas cuja proliferação é sempre secretamente desviada de seus objetivos confessáveis. Intragável! Daí os mal-entendidos e, às vezes, o ódio. Cada um puxando para si uma coberta indefinidamente extensível. Resignar-se, na sua medida, no seu próprio ritmo – todos os controles de horário de trabalho foram abolidos. Há sempre uma possível rota de fuga.

La Borde não diz respeito a ninguém, La Borde não diz respeito a nada nem ninguém. É um buraco negro; o resul-

---

1   Escrito originalmente como prefácio para o livro de Danièle Sabourin e Jean-Claude Polack, *La Borde, ou le droit à la folie* (Paris: Calmann-Lévy, 1976), e republicado na edição de 1977 de *A revolução molecular* como parte do capítulo "Alternativa à psiquiatria". [N. E.]

tado de um colapso semiótico que remonta a não se sabe quando! Às vezes, ela emite fluxos de sinais-partículas, alguns dos quais retornam na forma de textos, como este livro.

O que é muito mais embaraçoso é esse acúmulo, nas bordas, de pessoas indo e vindo, olhando, apontando – parece que se fez por merecer! Olha, isso é psicoterapia institucional, isso é medicação, seguridade social, psicanálise, antipsicanálise, isso é a Confédération Générale du Travail [CGT – Central geral dos trabalhadores], ela é nova, enfim, relativamente nova! Isso é o que resta da Argélia, do Vietnã, de Cuba, da passagem de Deligny, da Oposição Comunista, dos esquerdistas... Quando as pessoas levam as coisas por esse lado, a discussão não tem fim! É visita em regra! As pessoas discutem de todos os lados e não há como ser louco em paz. Mas eu lhes asseguro que não se trata de um modelo e nunca houve pretensão de ser! No entanto, os textos tendem a provar... Mas, meu senhor, os textos... Como vocês bem sabem, hoje há coisas mais importantes do que La Borde! É verdade, estou falando sério. Vejam o que está acontecendo com aquela rede internacional de Bruxelas, a chamada "Alternativa ao setor". É muito diferente, abre perspectivas muito mais amplas. Não, não estou tentando fugir ou desviar a conversa, mas minha impressão é que La Borde será sempre muito velha e, ao mesmo tempo, nem nascida. Sinto que não consigo me explicar muito bem e sei que tudo isso corre o risco de parecer pretensioso, mas me parece que não se pode, ou não se deve, dizer ou tentar dizer o que, no fundo, é La Borde. E é precisamente essa dificuldade que Danièle e Jean-Claude conseguiram superar: eles escreveram um livro verdadeiro *a partir de* La Borde e que evita o impasse de uma exatidão impossível.

Hoje em dia, tenho a impressão de que as coisas estão indo mal de todos os lados. As prisões relacionadas com o exército, o desemprego, a retomada do controle disciplinar em vários campos... Oh!, nada muito espetacular, nenhuma crise aguda, mas uma estagnação não manifesta. Um limiar parece ter sido ultrapassado: o conservadorismo "liberal" ganhou confiança e agora está diretamente envolvido na restauração dos valores tradicionais – a família, o exército,

321

as coletividades locais –, o ministro da Educação até anunciou o lançamento de uma grande campanha para defender... a ortografia! A velha esquerda, por sua vez, continua esperando na fila, desejando que demore o máximo possível. E os esquerdistas de antes da guerra de 68, como velhos animais de zoológico, continuam a escrutar os pontos problemáticos de turbulência que poderiam animar um pouco seu horizonte imaginário. Mas seu profetismo não funciona mais. Estamos muito longe dos dias em que os promotores maoistas anunciaram a iminente criação de uma Secretaria de Estado para os marginalizados. Um dos esbirros mais antigos do Palácio do Eliseu decidiu até mesmo abrir a temporada de caça – no campo da pesquisa – aos "sociólogos cabeludos"...[2]

Todas essas tiradas a respeito de uma tomada de poder do desejo sobre a realidade só podiam durar muito tempo! É verdade que nada foi resolvido, que a desordem, o desespero e a angústia estão dominando um número crescente de pessoas; é verdade que os componentes econômicos e institucionais da sociedade estão constantemente fugindo uns dos outros e nenhuma perspectiva política credível aparece em nenhum lugar. Mas pouco importa, o essencial não está aí.

O que conta hoje é a nova tecnologia de "restabelecimento da ordem", essa espécie de golpe de força libidinal permanente – cujo protótipo é a imagem da TV – que leva ao investimento insidioso da rostidade vazia e arrogante do poder e torna possível que as declarações mais obviamente mistificadoras sejam aceitas passivamente – por exemplo, sobre a situação econômica, o desemprego, o alcance das concessões feitas aqui e ali... O bom povo da França deve estar convencido de que, seja qual for o impasse existente em qualquer campo, nada nem ninguém será capaz de fazer mudanças fundamentais, e principalmente um governo Mitterrand, sob

---

2 O liberalismo "avançado" não perdendo seus direitos, estava previsto que alguns lugares, no estacionamento do CNRS, fossem reservados àqueles que finalmente decidissem cortar o cabelo. Os mandarins da universidade agem como se não soubessem de nada, mas não parece que estejam descontentes com a questão.

a presidência de Giscard e com a bênção de Marchais – que é, afinal de contas, a alternativa mais extrema que se pode imaginar! Dito isso, podemos começar a considerar as coisas com mais calma. É claro que há problemas, mas também há especialistas, relatórios, projetos de lei, seminários...

O mundo dos que estão no poder, em qualquer nível que se olhe para ele e tanto em Estados capitalistas como socialistas burocráticos, é um mundo de fixidez e mediocrização sistemática de tudo o que está um pouco vivo na sociedade. Os marginais são loucos, e os loucos são o gado que se deve pôr em ordem ou cercar. Os instrumentos de repressão foram miniaturizados de forma que possa ser recuperada qualquer parte do desejo que tenda a escapar das coordenadas do "bom senso", do "realismo" de um sistema social e econômico que, de fato, é em si mesmo uma espécie de racionalismo mórbido. O que desespera a loucura viva das pessoas comuns, de todas aquelas almas perdidas que não veem mais "como dar a volta por cima", é ter, apesar de tudo, de encontrar um lugar – "seu" lugar, digamos – dentro dessa relojoaria social avariada, fedorenta e torturante.

Em resumo, duas loucuras cara a cara! Segundo vocês, não há muito que fazer, já que, no fundo, tudo sempre foi mais ou menos assim, a ordem social pendendo inevitavelmente para o lado da ordem das coisas e a espontaneidade, a loucura, para o lado do nada e da indiferenciação! Mas o que vocês fazem com as lutas de classe, o motor da história? É certo que a feição que elas tomaram, as organizações e as perspectivas que, voluntariamente ou não, elas adotaram, sua relação com o Estado, com a autoridade, com o conhecimento, com as hierarquias, com o desejo, acabaram por separá-las dos verdadeiros motores da história, que hoje se encontram do lado do que está acontecendo em torno das questões de raça, etnia, religião, regionalismo ou então das lutas de emancipação das mulheres, das crianças, das minorias sexuais etc.; ou ainda do lado dos loucos parâmetros da economia, da demografia, da ecologia, da tecnologia e da ciência, que parecem estar em uma verdadeira corrida "pela tangente". O pensamento da fixidez e da ordem cristalizou-se na ideologia e na prática do chamado "movimento operário" e, sob diferentes formas, também não poupa as organizações revolucionárias que pretendem se distanciar dele. Diante do caráter elusivo e incontrolável do metabolismo molecular que funciona na sociedade, o mesmo pânico pálido parece ter tomado conta de todos os que estão no poder, mesmo nos níveis mais modestos. É verdade que a revolução que eles acreditam ter de enfrentar é muito diferente daquela que lhes foi contada nos livros de escola primária ou na escola do militante; não é mais apenas uma questão de luta de classes, de tomar o poder político no nível do Estado, de transformar as estruturas macroeconômicas... Talvez vocês estejam se referindo à famosa questão da "qualidade de vida"? Mas, justamente, essa é uma das maiores preocupações dos meios políticos, e tanto na direita quanto na esquerda... Não, é algo completamente diferente! O que está por vir está longe das previsões dos especialistas ou das projeções e cenários dos futurólogos mais entusiasmados. É, ao mesmo tempo, muito mais simples e muito mais complicado. É outra maneira de ver e sentir as coisas, outra relação com o trabalho, com o corpo, com a sociedade, com o cosmos. Muito antes de uma explosão como a de 1789, muitas coisas haviam começado a mudar em todas essas áreas, a maioria imperceptivelmente, mas acabaram levando a uma completa inversão de perspectiva. Foi assim que vivemos a troca, a filiação, a família, a infância, a honra, a palavra dada, a morte etc., de uma maneira completamente diferente da era feudal. Me parece que algo dessa ordem está ocorrendo atualmente, mas mil vezes mais intenso, mil vezes mais rápido.

O que me permite fazer tais afirmações? Talvez seja simplesmente o fato de eu ser louco e estar perto de pessoas loucas o dia todo. Talvez essas pessoas saibam mais do que as outras sobre essas coisas. Isso não seria surpreendente, porque, para elas, muitos valores dominantes perdem sua evidência *a priori* e as coordenadas do poder já não obliteram completamente a percepção do movimento real do mundo. E quando vocês mesmos, como todo mundo, ficam loucos – pelo menos loucos de alegria, loucos de raiva, loucos de amor ou loucos de tanto rir –, às vezes vocês não ouvem um barulho insólito e insistente que trai a existência de uma falha inquietante no coração das máquinas do poder? Vocês acreditam realmente que ainda seja possível, quando chegar o momento, fazer reparos ou realizar uma troca-padrão?

É porque ele foi escrito a partir de La Borde, é porque ele faz parte de La Borde e La Borde reflete algo dessa face oculta, "radioativa", da sociedade constituída pelas linhas de força e pelas linhas de fuga do desejo, que o livro de Jean-Claude Polack e Danièle Sabourin é muito mais do que um livro *sobre* La Borde. Os sismógrafos da neurose e da psicose, desde que tenham o mínimo necessário de liberdade, talvez tenham se tornado, de fato, bons instrumentos para registrar a progressão dessa revolução molecular. Contudo, isso não significa torná-los objeto de uma nova religião, ou esquecer que sua vocação não poderia ser substituir a invenção de outras formas de viver o desejo, de entender o mundo e, por que não, de se organizar para mudá-lo!

Micropolítica na cozinha

Quando um líder aparece, por exemplo, em um treinamento de grupo, ele ou ela emerge de uma coleção de indivíduos, em função de alianças transitórias. Em uma instituição como La Borde, onde as pessoas vivem juntas, onde muitas coisas são compartilhadas, o que se expressa em tal fenômeno não é apenas o resultado de relações de poder interindividuais, da interação entre várias manobras de sedução e intimidação, mas de constelações microssociais que, embora sejam articuladas em torno de fantasias grupais, não deixam de manifestar um problema muito real, a saber, a forma como as pessoas são joguetes ou agentes de sistemas de alienação. Exemplo: um cozinheiro impõe uma espécie de tirania em seu território. É impossível compreender tal fenômeno sem situar o modo de inserção dessa cozinha na instituição como um todo e nas relações desta última com seu contexto social (relações com as tutelas administrativas, os fornecedores, outras clínicas etc.). Assim, a liderança remete à hierarquia e a hierarquia ao sistema de papéis, de castas, no qual se baseia um certo tipo de relação social. A pessoa que ocupa a posição de líder não trabalha apenas por sua própria conta: ela interpreta a sociedade, no sentido em que dizemos que um músico interpreta uma peça musical; ela "milita" pela defesa de uma visão de mundo, oficia por uma religião implícita. Para compreender esse fenômeno, somos obrigados, portanto, a partir não do elementar para ir em direção ao global, mas do global para compreender novamente o elementar, do molar para o molecular. Isso se assemelha um pouco à abordagem dos etnólogos quando eles estudam uma sociedade segmentária: um conflito no nível da família nuclear remete a segmentos sucessivamente cada vez mais amplos. (É assim que um conflito entre indivíduos pode degenerar em uma vingança generalizada.)

Os mecanismos que podem parecer inevitáveis em um nível microssociológico elementar talvez não sejam mais assim em uma estrutura institucional viva. Essa é, pelo menos, a hipótese na qual repousava, no início, o projeto de análise institucional quando tentava se constituir como uma recusa a aceitar passivamente o desenvolvimento de formações de poder opressivo que deveriam ser analisadas como sintomas que exigem uma práxis específica...

Em outras palavras, em vez de conceber o inconsciente como sendo estruturado a partir de complexos inerentes ao psiquismo, considerava-se que ele é povoado de nós que podem ser desatados. (Os nós são entendidos aqui um pouco no sentido de Laing, mas concentrando-se mais no contexto institucional e social do que no nexo familiar.)

Voltemos ao nosso exemplo: a liderança do cozinheiro é parte de um dispositivo que vai muito além de seu território. A proibição de circulação livre dos residentes da clínica na cozinha é inseparável das tutelas administrativas que pesam sobre o estabelecimento e também das fantasias repressivas que cristalizam papéis, funções, modos alienantes de divisão do trabalho, tanto no nível dos serviços técnicos como no nível dos cuidados.

Todas as máquinas desejantes que têm algo a ver com o fato de comer, com o fato de preparar e oferecer o alimento, serão mais ou menos bloqueadas. Como lidar com tal situação? Outra autoridade (individual ou coletiva) deve intervir? Mas, precisamente, o tipo de economia libidinal que se organiza em torno de fenômenos como o da liderança não é baseado em uma posição sadomasoquista em relação à autoridade? E esse mecanismo sadomasoquista não é exacerbado, mesmo quando se trata de uma autoridade "boa"? Como a análise institucional pode intervir sob essas condições? Ela tentará "transformar" o sintoma de "liderança" em favor de um impulso mais "construtivo" de satisfação pulsional. E, nesse jogo, correrá o risco de cair novamente nas técnicas de normalização, de adaptação... Só podemos sair desse círculo se concordarmos em seguir a "lógica do desejo" até onde ela nos levar.

Na época em que apresentei a ideia de uma análise transversal do inconsciente, eu ainda aceitava que certas técnicas poderiam, como tais, contribuir para modificar o que então chamei de "dados de recepção do superego".[3] De fato, não existe, de um lado, um superego, embutido na pessoa, e, de outro, um contexto social que interage com ela. O inconsciente está tanto no *socius* como no indivíduo, na produção como na representação, no econômico como no "linguístico". E as "técnicas" institucionais, por exemplo, as que consistem em favorecer "rotações" entre as funções, um certo policentrismo de responsabilidades etc., não teriam tido nenhum efeito desalienante se o projeto coletivo que as sustenta, o agenciamento coletivo no seio do qual elas estão inseridas, não for ele mesmo articulado em uma micropolítica de desejo relativa a um campo social muito mais amplo. Não se trata, portanto, de opor o trabalho reformista interno à ação revolucionária externa, nem de dissolver as relações de exploração entre classes sociais, gêneros, faixas etárias etc., em favor de um psicologismo e de uma psicanálise generalizados.

---

3 F. Guattari, "A transversalidade", in *Psicanálise e transversalidade*, trad. Adail Ubirajara Sobral e Maria Stela Gonçales. São Paulo: Ideias e Letras, 2004.

As lutas de desejos, as tentativas de autogestão, a redução permanente dos fenômenos burocráticos dentro dos grupos militantes são inseparáveis uns dos outros. Nessas condições, não se pode mais opor a militância e a análise dos nós do inconsciente. E tentar mudar algo nas condições de vida ou de trabalho torna-se inseparável de um novo tipo de ação que é tanto analítica quanto militante.

A 17ª CÂMARA CORRECIONAL, 1974

Notas para o processo

— Não vou repetir os termos de minha carta ao tribunal; o advogado, doutor Kiejman, me aconselhou a não fazer isso, teria um efeito negativo, ao que parece;

— sou convocado como diretor da revista *Recherches* em razão da sua edição especial sobre a homossexualidade: "Três bilhões de pervertidos. Grande enciclopédia da homossexualidade!";

— o que significa ser considerado responsável por esse número?

- A *Recherches* é a expressão de uma equipe;
- esse número, em particular, foi feito coletivamente;
- todos os participantes pediram para serem considerados responsáveis.

— O que significa responsabilizar alguém por algo?

- Eu sou responsável, eu represento a *Recherches*;
- o senhor representa a lei;
- os deputados representam o povo;
- o presidente da República: a França,
- as universidades: o saber;
- as bichas: perversão.

— A *Recherches* quer pôr fim a esse tipo de *representação*, a todo esse péssimo teatro que funcionários e instituições não cessam de representar.

O que queremos é dar voz àqueles que nunca conseguem fazer ouvir suas vozes.

— No Cerfi, frequentemente somos interpelados a respeito de questões que giram em torno desses problemas. Naturalmente, cabe aos próprios interessados encontrar a resposta! Mas às vezes não podemos nos abster de apresentar nossas próprias ideias.

— Recentemente, o Ministério da Justiça nos perguntou se estaríamos dispostos a estudar o que poderia ser "a disposição espacial de um Tribunal de Justiça".

Há pelo menos um ponto que eu poderia destacar neste momento: os juízes deveriam estar na sala e os oradores, quem quer que seja, deveriam estar *de frente para o público*.

— É possível falar a sério em um tribunal?

- Quando eu era um jovem militante, teria me recusado a participar dessa "mascarada";
- teria dito: "Quer dizer que agora, para se expressar livremente em uma revista, você tem de pagar! Tudo bem, me passa a conta. Não vamos perder mais tempo". E teria jogado um maço de notas ou um punhado de moedas que os oficiais de justiça teriam sido obrigados a recolher. Vocês teriam me condenado por "ultraje" e todos ficariam felizes!
- Hoje, eu penso um pouco diferente. Sei que está acontecendo muita coisa em todo lugar, até mesmo no judiciário, até mesmo na polícia, até mesmo na prefeitura;
- então esse processo me interessa: eu gostaria de saber se tudo está decidido de antemão, se tudo está escrito no "códex" das leis. Nesse caso, reconheço desde já, essa edição da *Recherches* é indefensável. (Embora eu tenha certeza de que os advogados Merleau Ponty, Kiejman e Domenach possam provar o contrário!)

— Para que servem os textos: seja o texto de uma lei, seja um texto da *Recherches*? Eles não são inseparáveis das relações sociais que lhes são subjacentes e do que os linguistas chamam de contexto, o implícito? O essencial não deve ser buscado na própria vida, na evolução do que poderíamos chamar de "a jurisprudência da vida cotidiana". Veríamos que a homossexualidade tem evoluído nos últimos anos, ou pelo menos seu "direito consuetudinário", e é disso que precisamos falar.

— Mas, antes de prosseguir, gostaria de dizer duas coisas, senhor juiz, para enriquecer nosso debate:

1. mande entrar juntas, agora mesmo, todas as testemunhas;
2. conceda a palavra a todas as pessoas presentes na sala que a solicitem.

Esse caso tem dois aspectos:

— um aspecto ridículo;
— um aspecto sério.

O aspecto ridículo: em abril de 1973, eu estava no Canadá, participando de um simpósio realmente apaixonante. Infelizmente, eu não podia adiar meu retorno à França por causa das consultas, cuja data eu não podia mudar. Quando cheguei ao meu domicílio parisiense, com as minhas malas, encontrei várias pessoas com as quais eu tinha compromisso marcado sentadas na escada, em frente à minha porta fechada a cadeado.

Levei algum tempo para entender que o cadeado, grosseiramente aparafusado na porta – que me custou 150 francos para consertar – tinha sido colocado pela polícia após uma busca. As duas testemunhas estatutárias dessa busca foram, na minha ausência, o vizinho do andar de cima e... o chaveiro! Todos os meus papéis, todas as minhas roupas foram revistados, o banheiro foi revirado... Enquanto isso, dez policiais estavam realizando uma busca semelhante na clínica La Borde, onde eu trabalho. *Dezenas* de cartas rogatórias foram emitidas... Para quê? É dificilmente crível! Para encontrar exemplares das edições apreendidas da revista *Recherches*, enquanto a mesma edição estava à venda havia semanas nas livrarias!

Quando protestei diante do juiz de instrução contra tais procedimentos, devo admitir que ele ficou bastante perplexo!

E eu achei que tinha sido um "engano" e que o processo seria adiado *sine die.*

O aspecto sério: o que motivou tanta agitação? O conteúdo ou a expressão?

a. O conteúdo do número

É de uma riqueza certamente excepcional. Em especial no que diz respeito:

— à posição do homossexual na sociedade;
— à forma como diferentes grupos de imigrantes norte- -africanos experimentam a homossexualidade;
— à miséria sexual dos jovens;
— às fantasias racistas que, às vezes, são transmitidas nas relações de dependência sexual etc.;
— à masturbação: testemunhos extremamente interes- santes foram reunidos sobre esse tema relativamente desconhecido. Mas as testemunhas citadas hoje pre- cisariam de pelo menos três horas para tratar desses diferentes temas.

b. O modo de expressão do número

Ele é que foi alvo da repressão. E, sem dúvida, porque não se encaixa em nenhuma estrutura preestabelecida,

— não é nem um livro de "arte";
— nem uma revista pornográfica;
— nem um romance erótico reservado às elites;
— nem um texto apresentado sob a aparência austera de um artigo científico.

A noção de autor e obra não é mais relevante. Quando o juiz de instrução me perguntou, por exemplo, de quem era tal artigo, mesmo que eu tivesse concordado em responder, eu não teria sido capaz de fazê-lo. Na verdade, na maioria das vezes, trata-se de relatórios, discussões e montagem de tex- tos, o que torna impossível determinar a parte que pertence a cada pessoa! Até mesmo o *layout* foi feito coletivamente, e algumas frases foram tiradas diretamente de pichações! Como a lei poderia encontrar os responsáveis! Em vez de perguntar sobre o fundo, preferiram a saída mais fácil: responsabilizaram o diretor legal!

— É irresponsável dar voz às pessoas, sem precaução, sem literatura, sem uma tela pseudocientífica? (Mesmo que a pesquisa científica, em um segundo nível, funcione com base em documentos descobertos desse modo.)

De que outra forma se pode conceber qualquer estudo em psiquiatria, pedagogia ou em campos ligados à justiça?

É realmente perigoso deixar as pessoas se expressarem como desejam, deixá-las dizer as coisas como as sentem, com sua linguagem, com suas paixões, com seu excesso?

Devemos instituir uma força policial para sonhos e fantasias? De que adianta reprimir a expressão pública da espontaneidade popular nas paredes, nas estações de metrôs, como em Nova York?

Como não compreender que proibir a expressão, nesse nível, só pode encorajar formas de atuação que, sem dúvida, terão inconvenientes muito maiores para a organização social?

Acredita-se que a expressão do desejo é sinônimo de desordem, de irracionalidade.

Mas a ordem neurótica que impõe ao desejo passar pelos modelos dominantes é talvez a verdadeira desordem, a verdadeira irracionalidade.

É a repressão que torna a sexualidade vergonhosa e, às vezes, agressiva.

O desejo que pode se abrir para o mundo deixa de ser destrutivo e pode até se tornar criativo.

Esse julgamento é político. Ele põe em questão uma nova abordagem da vida cotidiana e do desejo e as novas formas de expressão que irromperam a partir de 1968.

Será que finalmente aceitaremos deixar as pessoas se expressarem sem ter de passar por "representantes"? Será que aceitaremos que elas produzam seus próprios jornais, literatura, teatro, cinema etc.?

A violência gera violência.

Se reprimirmos as novas formas de expressão do desejo social, estaremos nos encaminhando para revoltas absolutas, reações de desespero e até mesmo formas de suicídio coletivo (como foi o fascismo de Hitler sob certos aspectos).

Portanto, também cabe aos juízes escolher. Eles estão *a priori* do lado da ordem dominante?

Ou são capazes de ouvir outra ordem que esteja se procurando para construir outro mundo?

A QUESTÃO DOS TRIBUNAIS POPULARES

Michel Foucault denuncia, com razão, a falsa divisão de papéis entre as duas partes envolvidas em um processo e a instância judicial supostamente neutra.[1] Um teatro de marionetes onde os mecanismos da justiça reescrevem para três personagens estereotipados as situações mais complexas, fabricam um "caso", inventam destinos a partir dos conflitos e dos dramas mais lamentáveis. Para compreender melhor o fascínio de um certo número de revolucionários por essa ideia de "tribunais populares", seria preciso relacionar dois tipos de obsessões maniqueístas: a do pessoal da justiça, relativa à "verdade dos fatos", e a dos militantes de grupelhos, relativa à "causa justa".

Mas como podemos discutir calmamente essas questões com os novos "jovens quadros", mas sem jogar para baixo do tapete o funcionamento burocrático de suas próprias organizações? Eles não pretendem representar precisamente uma certa justiça, uma ordem, uma lei? Não há justiça sem juiz, não há ordem sem guardião da ordem, não há lei sem poder, sem relação de força. Vejamos o que diz Victor: "nós somos o verdadeiro poder. Nós é que colocaremos as coisas no lugar...". Será que Michel Foucault se deixa intimidar? Ele hesita num momento que, a meu ver, ele enuncia o mais profundo. Em resposta à pergunta bastante insidiosa de Victor: "Como você normalizará a justiça?", ele responde: "Isso precisa ser inventado". De fato! As instituições revolucionárias não podem ser programadas em nome de uma lei histórica ou moral. E ele explica que deveria se tratar de "instâncias de elucidação política". Em resumo, algo que não interpreta, que não sobrecodifica, que explicita "como funciona", que conecta e desconecta os sistemas para superar o obstáculo. Digamos uma instância de análise e intervenção micropo-

---

1 Publicado originalmente em *Les Temps Modernes*, n. 310, jun. 1972, e republicado na edição de 1977 de *A revolução molecular*. [N. E.]

lítica, que nunca deixa o plano molecular da energia desejante. Não se julga um estupro num plano moral, tampouco se reduz a questão ao estabelecimento "objetivo" dos fatos. Há menores, uma jovem, um advogado, um assassinato, um estupro, mulheres idosas vigiando policiais, juízes, jornalistas, militantes. Tudo isso se agencia de uma certa forma. A primeira coisa a fazer, se queremos encontrar o caminho, é não esmagar toda a complexidade do evento na simples pergunta: "Quem é o culpado?". Quando "temos" o culpado, quando finalmente podemos exclamar: "Foi ele", acreditamos, ou queremos fazer acreditarem, que encontramos a solução para o caso. Que absurdo ignóbil! E tudo o que se espera para saudar a conclusão do julgamento é um sacrifício no altar da lei. E lá vêm os esquerdistas pedindo uma justiça melhor! Em resumo, bons juízes, bons policiais, bons patrões! Ouve-se em eco o coro dos zeladores e dos taxistas: "Restabelecer a pena de morte, prender os loucos, cortar o cabelo dos hippies...". A própria ideia de justiça é reacionária. A ideia de uma justiça popular, de um tribunal popular, apresentada pelos maoistas também é reacionária. Ela vai na direção da internalização da repressão. "As massas inventarão"... Não uma nova justiça, um novo código e bons juízes! Ou, se chegarem a isso, é porque estão caindo no fascismo. Elas inventarão uma "instância de elucidação política" que porá fim à individuação da responsabilidade, à reificação da culpa. Elas substituirão a pergunta: "Quem fez isso?" por: "Como foi agenciado, como chegamos a isso?". Elas elucidarão politicamente, maquinicamente, um agenciamento de desejo bloqueado: "O que podemos fazer?". "Sou contra a ideia de que o sistema penal seja uma vaga superestrutura... todo um idealismo é drenado através disso...", diz Michel Foucault. Fundamental! A repressão do desejo opera na *infraestrutura*, em um nível anterior à diferenciação da energia perceptiva, produtiva, sexual etc. Lutar contra o fechamento da antiprodução no desejo, contra o cerceamento repressivo do *socius* e a desfiguração do processo desejante. Sobre a distinção entre plebe proletarizada e não proletarizada: o que me parece necessário aprofundar é a ideia esboçada por Foucault de um desprendimento de uma "vanguarda" pela máquina de escrever: "Uma ética na alfabetização", o atropelamento da lei pela luta, de tal maneira que o capitalismo dispõe de um fluxo de mão de obra "superdecodificada" que viria como adjacência aos maquinismos industriais. Isso implica que o poder deve começar imediatamente a infiltrar nessa vanguarda sua moralidade, seu ideal de vida etc.

O trade-unionismo, a social-democratização foram fases, mas fases de quê? Da integração de uma parte da classe operária nas fantasias dominantes, nas fantasias de individuação paranoica, enquanto no nível pré-consciente, onde ocorriam as lutas de interesse, emergia uma consciência de classe autônoma e puritana. O tempo da sobrecodificação na história é sempre o tempo do tédio e da depressão. O movimento operário está contaminado: espírito de seriedade, liquidação de toda espontaneidade.

Deveríamos, portanto, distinguir entre:

1. uma classe operária bem-educada por extração das massas. Fluxo "superdecodificado", instância mais desterritorializada em sua relação com a máquina e a mais arcaica em sua relação com a família, o poder etc.;
2. uma pseudovanguarda por destacamento seletivo (os bolcheviques falavam de "destacamento da classe operária"). Um exército de burocratas em potencial. Aqui, a máquina de escrever não é mais suportada passivamente; ela é plenamente assumida. Ela trabalha contra o desejo e a serviço do poder com uma escrita, com uma fala esmagada, saturada de "palavras de ordem", impregnada com as palavras da ordem dominante;
3. um resíduo esquizofrênico. O lúmpen. Tudo o que foge, tudo o que não entra no conluio ou não encontra um lugar onde se encaixar;

Uma máquina revolucionária deveria determinar suas conexões com estes três níveis hierárquicos: as *fileiras* e as *castas*, atualmente inseparáveis da *classe* operária, só podem ser desfeitas na medida em que uma estratégia de formações dese-jantes é elaborada. A máquina revolucionária não é extraída da classe, não é destacada da casta burocrática. É uma forma-ção de subversão desejante. O desejo toma seu lugar na luta de uma forma pré-pessoal. O que conta não é um suposto progresso entre formas de organização do proletariado que tenderiam a organizá-lo como um grande exército centrali-zado. É a multiplicidade desejante que se enxameia ao infi-nito. É a subjetivação maquínica que contamina tudo (por exemplo, a guerra popular no Vietnã). A formação revolu-cionária está aquém das castas e das classes, ela "duplica" a ordem molar.

Máquinas multiformes começam a funcionar em escolas, fábricas, bairros, creches etc. Uma máquina de guerra revolu-cionária não dirige essa multiplicidade, não a totaliza. O par-tido, o secretário-geral – Victor – não é o "corpo sem órgãos do movimento". Há máquinas desejantes revolucionárias, mais ou menos espontaneístas, multicêntricas, e depois, *ao lado*, uma máquina centralista, uma máquina de guerra contra o poder.

Recusemos, portanto, a alternativa exclusiva entre o espontaneísmo impotente da anarquia e a sobrecodificação burocrática, militar e hierárquica dos bolcheviques. O que é militarmente poderoso é uma máquina, mas apenas uma máquina *entre* outras. Não se deseja por intermédio de uma estrutura delegada.

O desejo das massas não proletarizadas não tem a mesma rela-ção com o maquinismo daquele das massas proletarizadas. No entanto, ambos têm de lidar com o mesmo maquinismo social.

Salvaguardar o desejo nômade, o desejo "bárbaro", o desejo de expulsar aqueles que estão fora do circuito. Reserva de energia para despertar de seu torpor os trabalhadores integrados, preocupados com os boletos do fim do mês e as notas dos filhos na escola. Pretender disciplinar o lúmpen, os katangueses,[2] é *castrar* a classe a mais maquínica do ponto

---

2   Em Maio de 68, os *katangais*, assim qualificados pelos estudan-tes da Sorbonne, eram os contestadores que não eram estudantes. Correspondem ao que os meios de comunicação (e os imbecis) cha-

de vista da economia do desejo; é trabalhar a serviço da burguesia, a serviço da integração.

A recusa de uma instância terceira dominadora não implica renunciar à construção de poderosas máquinas de guerra revolucionárias, cuja necessidade depende da natureza do objeto a ser destruído. Não se combatem os tanques com os punhos. *Uma máquina de guerra não significa um embrião de máquina de Estado.* É exatamente o oposto! O Estado como antiprodução deve ser imediatamente degenerado. A máquina de guerra revolucionária deve ser imediatamente concentrada! O poder da máquina não é a imagem do objeto que ela pretende destruir. A contaminação imaginária que desenvolve essa confusão é o resultado de uma mentalidade congenitamente burocrática.

---

maram de "*lascars*" [valentões], "*racailles*" [gentalha] ou "*casseurs*" [vândalos], em março de 2005. Ver o artigo de Guattari, "O estudante, o louco e o katanguês", in *Psicanálise e transversalidade*, trad. Adail Ubirajara Sobral e Maria Stela Gonçalves. Aparecida: Ideias e Letras, 2004. [N. E.]

PROGRAMA

[APÊNDICE] PROGRAMA

NÃO CONSIDERAR O DESEJO; COMO UMA SUPERESTRUTURA
SUBJETIVA MAIS OU MENOS EM ECLIPSE[1]
FAZER O DESEJO PASSAR POR ALGO PERTENCENTE
À INFRAESTRUTURA, E A FAMÍLIA, O EU E A PESSOA,
À ANTIPRODUÇÃO.
ABANDONAR UMA ABORDAGEM DO INCONSCIENTE
PELA NEUROSE E PELA FAMÍLIA E ADOTAR UMA MAIS
ESPECÍFICA DOS PROCESSOS ESQUIZOFRÊNICOS, DAS
MÁQUINAS DESEJANTES.
RENUNCIAR À APREENSÃO DE UM OBJETO COMPLETO
SIMBÓLICO DE TODOS OS DESPOTISMOS.
DESFAZER-SE DO SIGNIFICANTE.
PERMITIR-SE ENTRAR SUTILMENTE NAS
MULTIPLICIDADES REAIS.
NEM O HOMEM NEM A MÁQUINA PODEM SER TOMADOS
INTEIRAMENTE COMO CONSTITUTIVOS DO DESEJO: SUA
RELAÇÃO É QUE É CONSTITUTIVA DO PRÓPRIO DESEJO.
PROMOVER UMA OUTRA LÓGICA, UMA LÓGICA DO DESEJO
REAL, ESTABELECENDO O PRIMADO DA HISTÓRIA SOBRE
A ESTRUTURA. PROMOVENDO UMA OUTRA ANÁLISE
DESEMBARAÇADA DO SÍMBOLO-MILITANTISMO E DA
INTERPRETAÇÃO, E UM OUTRO MILITANTISMO QUE SE DÊ OS
MEIOS DE SE LIBERAR POR SI MESMO DAS SIGNIFICAÇÕES DA
ORDEM DOMINANTE.
CONCEBER AGENCIAMENTOS COLETIVOS DE ENUNCIAÇÃO
QUE ULTRAPASSEM O CORTE ENTRE O SUJEITO DE
ENUNCIAÇÃO E O SUJEITO DO ENUNCIADO.
OPOR AO FASCISMO DO PODER AS LINHAS DE FUGA ATIVAS
E POSITIVAS QUE CONDUZEM AO DESEJO, ÀS MÁQUINAS DE
DESEJO E À ORGANIZAÇÃO DO CAMPO SOCIAL INCONSCIENTE.

---

1   Texto publicado originalmente na edição de 1977 de *A revolução
molecular*. [N. E.]

NÃO FUGIR EU MESMO OU "PESSOALMENTE", MAS FAZER
FUGIR COMO QUEM FURA UM CANO OU UM ABSCESSO.
FAZER PASSAR OS FLUXOS SOB OS CÓDIGOS SOCIAIS QUE
QUEREM CANALIZÁ-LOS, BARRÁ-LOS.
A PARTIR DAS POSIÇÕES DE DESEJO LOCAIS E MINÚSCULAS,
QUESTIONAR, POUCO A POUCO, O CONJUNTO DO
SISTEMA CAPITALISTA.
LIBERAR OS FLUXOS, IR SEMPRE MAIS LONGE NO ARTIFÍCIO.

SOBRE O AUTOR

PIERRE-FÉLIX GUATTARI nasceu em 1930, em Villeneuve-les-
-Sablons, França. Ainda adolescente, envolveu-se com a militância trotskista e o Partido Comunista Francês. Entre 1948
e 1958, foi membro do Partido Comunista Internacionalista.
Em 1951, após abandonar o curso de farmácia, ingressou na
graduação em filosofia na Universidade de Paris–Sorbonne,
onde teve como professores Maurice Merleau-Ponty e Jean-
-Paul Sartre. Durante esse período, entrou para a militância
estudantil comunista e anticolonialista, contribuindo para
a causa política e o financiamento da Frente de Libertação
Nacional (FLN) argelina. Em 1953, abandonou o curso de filosofia e passou a frequentar os seminários de Jacques Lacan,
que se tornou seu analista. No mesmo ano, começou a trabalhar na clínica La Borde, recém-fundada por Jean Oury,
onde ocuparia o cargo de diretor administrativo a partir de
1957. Ao longo das décadas seguintes, participou de vários
grupos de esquerda, alguns dos quais ajudou a fundar, como
a Oposição de Esquerda, a Sociedade de Psicoterapia Institucional (SPI), a Federação dos Grupos de Estudos e Pesquisas
Institucionais (FGERI), a revista *Recherches*, a rede Alternativa
à Psiquiatria, o Centro de Iniciativas por Novos Espaços de
Liberdade (Cinel), a Fundação Transcultural Internacional, a
revista *Chimères* e o partido francês Geração Ecológica. Foi
membro da Escola Freudiana de Paris (EFP) desde sua criação
por Lacan em 1964 até a dissolução em 1980 e manteve uma
prática clínica intermitente nas décadas seguintes. Em 1969,
conheceu Gilles Deleuze, que viria a se tornar seu principal
colaborador, com quem desenvolveria o campo da esquizoanálise, além de ser coautor de algumas de suas principais
obras e coorganizador de uma série de palestras e seminários. Nas décadas de 1970 e 1980, colaborou com o movimento
autonomista italiano, a luta antimanicomial na Alemanha,
em especial junto ao Coletivo de Pacientes Socialistas (SPK),

343

e a Organização pela Libertação da Palestina (OLP). Em 1982, viajou ao Brasil ao lado de Suely Rolnik, onde se encontrou com militantes envolvidos na criação do Partido dos Trabalhadores (PT). Continuou envolvido em projetos políticos e intelectuais até sua morte em 1992.

OBRAS SELECIONADAS

(com Gilles Deleuze) *O anti-Édipo: capitalismo e esquizofrenia* [1972], trad. Luiz B. L. Orlandi. São Paulo: Editora 34, 2011.

Psicanálise e transversalidade: ensaios de análise institucional [1974], trad. Adail Ubirajara Sobral e Maria Stela Gonçalves. Aparecida: Ideias e Letras, 2004.

(com Gilles Deleuze) *Kafka, por uma literatura menor* [1975], trad. Cíntia Vieira da Silva. Belo Horizonte: Autêntica, 2014.

(com Bifo Berardi e Paolo Bertetto) *Desejo e revolução* [1977], trad. Vladimir Moreira Lima Ribeiro. São Paulo: sobinfluencia, 2022.

(com Gilles Deleuze) *Mil platôs* [1980], trad. Ana Lúcia de Oliveira, Suely Rolnik et al. São Paulo: Editora 34, 2020.

Felix Guattari entrevista Lula, trad. Sonia Goldfeder. Rio de Janeiro: Brasiliense, 1982.

Os anos de inverno [1980–85], trad. Felipe Shimabukuro, Graziela Marcolin. São Paulo: n-1 edições, 2022.

(com Suely Rolnik) *Micropolítica: cartografias do desejo* [1986]. Petrópolis: Vozes, 2011.

As três ecologias [1989], trad. Maria Cristina F. Bittencourt. Campinas: Papirus, 1990.

(com Gilles Deleuze) *O que é a filosofia?* [1991], trad. Bento Prado Jr. e Alberto Alonso Muñoz. São Paulo: Editora 34, 2010.

Caosmose: um novo paradigma estético [1992], trad. Ana Lúcia de Oliveira e Lúcia Cláudia Leão. São Paulo: Editora 34, 2012.

Ritornelos [2007], trad. Hortência Santos Lencastre. São Paulo: n-1 edições, 2019.

COLEÇÃO EXPLOSANTE

COORDENAÇÃO Vladimir Safatle

Em um momento no qual revoluções se faziam sentir nos campos da política, das artes, da clínica e da filosofia, André Breton nos lembrava como havia convulsões que tinham a força de fazer desabar nossas categorias e limites, de produzir junções que indicavam novos mundos a habitar: "A beleza convulsiva será erótico-velada, explosante-fixa, mágico-circunstancial, ou não existirá". Tal lembrança nunca perderá sua atualidade. A coleção Explosante reúne livros que procuram as convulsões criadoras. Ela trafega em vários campos de saber e experiência, trazendo autores conhecidos e novos, nacionais e estrangeiros, sempre com o horizonte de que Explosante é o verdadeiro nome do nosso tempo de agora.

TÍTULOS

Petrogrado, Xangai, Alain Badiou
Chamamento ao povo brasileiro, Carlos Marighella
Alienação e liberdade, Frantz Fanon
A sociedade ingovernável, Grégoire Chamayou
Guerras e Capital, Éric Alliez e Maurizio Lazzarato
Governar os mortos, Fábio Luís Franco
A vontade das coisas, Monique David-Ménard
A revolução desarmada, Salvador Allende
Uma história da psicanálise popular, Florent Gabarron-Garcia
A revolução molecular, Félix Guattari
Fazer da doença uma arma, SPK

Cet ouvrage, publié dans le cadre du Programme d'Aide à la Publication année 2023 Carlos Drummond de Andrade de l'Ambassade de France au Brésil, bénéfcie du soutien du Ministère de l'Europe et des Affaires étrangères.

Este livro, publicado no âmbito do Programa de Apoio à Publicação ano 2023 Carlos Drummond de Andrade da Embaixada da França no Brasil, contou com o apoio do Ministério francês da Europa e das Relações Exteriores.

AMBASSADE DE FRANCE AU BRÉSIL
Liberté
Égalité
Fraternité

Dados Internacionais de Catalogação na Publicação (CIP)
Elaborado por Odilio Hilario Moreira Junior – CRB-8/9949

G918r Guattari, Félix [1930–1992]
A revolução molecular / Félix Guattari; título original:
La Révolution moléculaire / organização, tradução e
prefácio por Larissa Drigo Agostinho. São Paulo:
Ubu Editora, 2024 / 352 pp. / Coleção Explosante
ISBN 978 85 7126 140 2

1. Filosofia. 2. Psicanálise. 3. Política. 4. Antipsiquiatria.
I. Agostinho, Larissa Drigo. II. Título. III. Série.

2024–1194   CDD 100   CDU 1

Índice para catálogo sistemático:
1. Filosofia 100
2. Filosofia 1

UBU EDITORA
Largo do Arouche 161 sobreloja 2
01219 011 São Paulo SP
ubueditora.com.br
professor@ubueditora.com.br
 /ubueditora

Título original: *La Révolution moléculaire* (Éditions 10/18, 1980)

© Les Prairies Ordinaires, 2012.
© Ubu Editora, 2024.

[IMAGEM DA CAPA] Vista aérea da manifestação dos trabalhadores do sindicato CGT, durante o Maio de 68, Paris. © MP/Portfolio/Leemage via AFP.

PREPARAÇÃO DE ARQUIVO Helena Leme
PREPARAÇÃO Bibiana Leme e Mariana Echalar
REVISÃO Ricardo Liberal
PRODUÇÃO GRÁFICA Marina Ambrasas

EQUIPE UBU
DIREÇÃO EDITORIAL Florencia Ferrari
COORDENAÇÃO GERAL Isabela Sanches
DIREÇÃO DE ARTE Elaine Ramos; Júlia Paccola e Nikolas Suguiyama (assistentes)
EDITORIAL Bibiana Leme e Gabriela Naigeborin
COMERCIAL Luciana Mazolini e Anna Fournier
COMUNICAÇÃO/CIRCUITO UBU Maria Chiaretti, Walmir Lacerda e Seham Furlan
DESIGN DE COMUNICAÇÃO Marco Christini
GESTÃO SITE / CIRCUITO UBU Laís Marias
ATENDIMENTO Cinthya Moreira

A editora agradece a generosidade de Suely Rolnik na realização desta edição.

TIPOGRAFIA Sharp Grotesk e Arnhem
PAPEL Pólen bold 70 g/m²
IMPRESSÃO Margraf